ROLE PLAY
at Russian Lessons

Student's Book

A. R. Arutyunov
P. G. Chebotarev
N. B. Muzrukov

ROLE PLAY

at **Russian Lessons**

Student's Book

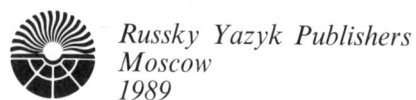

Russky Yazyk Publishers
Moscow
1989

А. Р. Арутюнов
П. Г. Чеботарёв
Н. Б. Музруков

ИГРОВЫЕ ЗАДАНИЯ

на уроках
русского языка

Книга
для учащегося

Москва
«Русский язык»
1989

ББК 81.2Р—96
А 86

Рецензенты:
Кафедра русского языка для иностранных граждан гуманитарных факультетов МГУ
Зав. кафедрой русского языка МАДИ канд. филол. наук И. А. Симонова
В работе над «Книгой для учащегося» принимали участие:
А. Р. Балаян, Т. Г. Волкова, Б. А. Глухов, Я. Б. Коваль, О. Л. Колодий, И. С. Кистина, Е. Г. Ростова, Т. В. Сидорова, А. Ю. Сичкарь, Т. М. Цветкова

Арутюнов А. Р. и др.
А 86 Игровые задания на уроках русского языка. Книга для учащегося: Учебное пособие.— М.: Русский язык, 1989.— 311 с., с ил.
ISBN 5-200-00362-8

А $\frac{4306020102-227}{015(01)-89}$ 39—89

ББК 81.2Р

© Издательство «Русский язык», 1985
© Издательство «Русский язык», 1989, перевод на английский язык

ISBN 5-200-00362-8

Dear friends,
You are just starting to learn spoken Russian with the text-book "Role Play". To introduce you to the content of our joint venture and to achieve mutual understanding between us, we would like, before starting work, to discuss the concept of this course.

So then, "Role Play". Why do we need to play? Does playing help us to grasp a foreign language? We are often asked these questions not only by students but also by teachers.

In order to live and work in the real world, man models reality. Role play is the simplest and a very effective means of modelling, and therefore it occupies an important place in education schemes from pre-school playgroups to the training of cosmonauts.

Role play is the oldest and, it seems, most universal form of teaching all living beings who possess intellect. Even adults who have the most serious professions "act out" the most crucial situations in their life. We turn to role play, for example, when we are planning an important forthcoming conversation or when we are analysing some serious misfortune. A situation can be acted out any number of times, with suitable changes in the conditions and circumstances of the action.

Our course-work consists of several types of exercises which reproduce or imitate situations where there is contact between people. In every made-up situation you have to carry out some form of conduct. The situations are specifically chosen and constructed so that you are forced to use spoken Russian.

The aim of role play in this manual is to achieve a noticeable result using your Russian — for example to arrange the time and place for a meeting, to order a meal, to discuss a problem, etc., and generally to solve any task that isn't a linguistic one.

The educational point of these exercises is for you to learn Russian in conditions imitating or reproducing contact between people in real life. Learning a language in the process of using language as a means of communication is the teaching method employed in "Role Play".

What is communication? It is the exchange of information in the form of speech or written text in a language used by the participants in the act of communicating.

Let us discuss why, with what purpose, what and about what we talk, listen, write and read.

1. Motives for and aims of communication. Psychologists justifiably maintain that all reasonable activity (actions) has its motives and aims. The principle of motivation and expediency also determines our speech. You must agree that we don't speak for the sake of uttering a sentence. As a rule conversations arise because people want to inform and find out, to discuss and come to an agreement, to propose, induce, etc. Even a chance conversation while waiting for a train has a motive—the anxiety of waiting—and a subconscious aim—to calm yourself or the person you are speaking to.

The task of reaching mutual understanding or ensuring co-operation is always an aim of communication. Explaining your position—reaching mutual understanding—achieving co-operation—is the essential strategic plan of discourse.

Communication permeates all spheres of a person's conscious action. There are telling reasons for this. A person is a social being. He can only live and act normally in an environment with other people, together with whom the individual enters into social structures and fulfils social functions. Every one of us is an individual. This is apparent in our social roles—within the family, at work, in our studies, on holiday and so on. The socialization of an individual (his entrance into the structures of society) is the motive which pushes children to master their native language and adults—a foreign language.

Socialization is achieved through communication. Recall the story of Robinson Crusoe. Finding himself outside a social environment he created a conditional talking partner for himself in the form of a diary, with which he discussed his plans and tasks.

Thus communication rests upon aims of the utmost importance—mutual understanding and interaction—and a powerful motive—the requirements of socialization. Society and hence the life of the individual, cannot function without communication. In the absence of the motive or aim, we prefer to maintain silence. We try to do without communication if we can do without another person's help.

Of course language also has other functions, for example cognitive (our knowledge about the world is amassed in words) or aesthetic (we may like the sound of poetry without paying attention to its content). However these functions of language are secondary. They arise from communication or accompany it.

2. The content of communication. Having elucidated the question of why and with what purpose we speak, let us turn to the second question of what we speak about.

The content of acts of communication is the reality around us. It is impossible to speak "about nothing"; everything about which we speak (read, write) relates to the surrounding world or to us ourselves. But what if we look at everything that we say, not globally, but in conformity with each of us?

Try and remember a phrase that either you or someone else said "just like that". With closer analysis it always turns out that even the remark "It's raining again" apart from its linguistic meaning, "the natural phenomenon known as rain is observed once more" also has a pragmatic meaning: "we must take the umbrella" or "we won't be able to go on excursion", or "it's a bad summer this year." We uttered the phrase in order to convey this type of meaning.

The polite phrase "Glad to see you", rather than expressing the emotion of "joy", affirms that the speaker respects the person he is addressing and is interested in establishing contact with him. The phrase "You look wonderful" is a sign of attention and not in the least a compliment.

Hence the content of speech is two-fold. On one level it is information about reality, and on the other the intention behind this information. It is called intention of speech, or communicative intention. The meaning of the information comes from the meaning of the words and the grammatical structure of the text, the intention comes from the meaning of the text.

An act of communication has taken place if the speaker has composed a text with codified meaning and intention and if the listener has assimilated the text and extracted from in both these components.

The difference between meaning and intention can be traced with the help of the text in substituting responses to "I don't understand" — "I refuse to understand you." Compare the dialogues:

— Простите, я вас не понимаю.
— Что вам непонятно? **Какое слово?**

— Я вас отказываюсь понимать!
— Что вам непонятно?
— Непонятно, **чего вы хотите** (добиваетесь).

In the first instance the listener does not have a sufficiently good grasp of the language and therefore doesn't understand the meaning of what he has been told; in the second instance the listener does not understand the intention — the motives and the aims of the speaker. The first conflict is a linguistic one since it is connected with knowledge of the language, and the second conflict is a communicative one and could arise in conversations between people whose native language is the same.

Therefore, what do we speak about? For the most part we speak not about facts of reality but about ourselves with the aid of facts of reality. In order to say in Russian "It is raining" we need to know a fragment of Russian grammar. But we say this phrase not to demonstrate our knowledge of grammar and our powers of observation. We say "It is raining" in order to realize our communicative intentions, which are different every time but always present.

3. Means of communication. The most basic means of communication is unquestionably speech.

The number of situations of intercourse is infinite since their content is a boundless world. This means that there is an endless limit to our communications (spoken or written). But in this case it would be deliberately impossible either to master a foreign language or our native language.

Luckily it is not so. Shakespeare and Tolstoy managed to use a vocabulary of 20-25 thousand words in their works. A diploma'd translator knows 4-6 thousand words of the foreign language. For normal day-to-day purposes we use about 2 thousand words.

How can we succeed in putting limits on an infinite world? In actual fact an enormous number of communicative tasks can be encompassed in combinations from a limited number of communicative intentions, just like an arithmetical problem, however hard, is composed of a sequence of addition, subtraction, multiplication and division.

Remember, for instance, what you spoke about on the telephone a minute ago: who, where, when, why and for what reason. Isn't it so? In our acts of speech we inform, convince, request, agree, share our views and judgment. This means that the number of "types" of communicative tasks is deliberately small, and thus the number of their standard solutions is also small.

We speak only about the things we are interested in ourselves or about the things the person we are speaking to is interested in. The more often a communicative task is repeated, the better the means of its realization in speech are treated. More often than not we have to solve the problem of entering into contact, and look: all languages contain a rich and precise repertory of means of "speech etiquette" formulae for greeting, conversing, excusing, etc.

In every language there is a limited collection of stereotypes of communication. Stereotypes of communication are universal. They do not depend, or only depend to a small degree, on the subject in hand or on the situation of communication. But they do make up to half the text of the average dialogue. By way of an example let's act out the following situation: you need to phone a colleague to find out the time of the meeting tomorrow. The realization of this task will look something like this:

— *Алло!*
— *Можно Николая Петровича?*
— *Я слушаю!*
— *Добрый вечер, Николай. Извини, что беспокою.*
— *Ничего. Что ты хотел спросить?*
— *Когда у нас завтра собрание?*
— *В четыре часа.*
— *Спасибо. Извини ещё раз. До свидания.*
— *До завтра.*

In the dialogue there are 9 speeches and 33 words, of which only two speeches (8 words) are devoted to the "business" part of the conversation, and moreover they are absolutely standard. The other 7 speeches (25 words) make up the "etiquette" part of the conversation, although the two speakers are extremely concise.

We have used this example in order to explain the tactics of your work with role play. In the first chapter (01) of the "Student's Book" we have gathered together short dialogues composed of basic standard tactics of communicative intentions and the most widespread ways of realizing them.

You need to become familiar with the material in this chapter first and foremost in order to use it in working on the other themes in the textbook. In essence your task is to 1) master the outlines of the dialogues in chapter 01; 2) be able to fill in these outlines with real content from the dialogues and models in chapters 02-20; 3) construct your own dialogues in order to carry out role play.

It only remains for us to wish you success!

The Authors

ROLE PLAY 01) Set Phrases

01.001

Меня зовут...
— **Очень приятно.**
My name is...
— **Pleased to meet you.**

— Здравствуйте! Стивен Лейдж из Канады.
— Добрый день! Меня зовут Бунина Ольга Петровна. Добро пожаловать в Москву!
— Очень приятно. Надеюсь, мы увидимся с вами на конгрессе.
— Несомненно. Ведь мы работаем в одной секции.
— Замечательно. Значит, до встречи на конгрессе!
— До свиданья!

01.002

Вы ещё не знакомы?
Have you been introduced?

— Вы ещё не знакомы?
— Нет ещё.
— Познакомьтесь: Майкл, Инна.
— Очень приятно, Инна, у вас очень красивое имя.
— Спасибо.

— Майкл будет работать у нас по своей теме. Он приехал на 10 (десять) месяцев.

01.003

Кто говорит? Я вас плохо слышу.
Who's calling? I can't hear what you're saying.

— Алло! Алло! Я вас плохо слышу... Как вас зовут? Алло! Кто говорит? Ничего не слышу. Перезвоните, пожалуйста.

01.004

Я вас не узнаю́
I don't recognize you

— Здравствуйте, Энн.
— Здравствуйте... Простите, я вас не узнаю́.
— Говорит Виктор.
— Ах, извините, Виктор. Я не узнала ваш голос.
— Это неудивительно. Я звоню вам впервые.
— Действительно. Как вы поживаете?
— Спасибо, хорошо. Я хотел бы пригласить вас в конце недели на просмотр фильма.
— Благодарю за приглашение.

01.005

Как дела?
How are things?

— Здравствуй, Брус!
— Привет. Давно тебя не видел. Как дела?
— Отлично. А у тебя?
— Нормально. Ты ещё будешь здесь?
— Да. Ещё час-полтора. А что?
— Я хотел(а) бы поговорить с тобой.
— Хорошо. Я зайду к вам в отдел.
— Спасибо. (Я) Жду.

01.006

Заходите к нам!
Come and see us!

— Может быть, вы зайдёте к нам?
— С удовольствием. Когда?
— Скажем, сегодня после работы.
— Ну что же. Мне было бы очень приятно, но есть одно обстоятельство...
— Вы уже кому-то обещали?
— Нет, но я приехал не один.
— Вот как?
— Да, с женой.
— Что же вы не сказали сразу? Конечно, мы приглашаем вас вдвоём.
— Отлично. Жена будет рада. Тогда я позвоню жене, что мы заедем за ней. Когда?
— В пять-полшестого.

01.007

А вот и ты!
Fancy seeing you!

— А вот и Том. Сколько лет, сколько зим!
— Кого я вижу! Нина, ты прекрасно выглядишь!
— Как поживаешь, Том? Ты совсем не изменился. Как дела?
— Спасибо. Дела идут (нормально).

01.008

Рад тебя видеть!
Nice to see you!

— Привет! Рад тебя видеть.
— Привет. Давно приехал(а)?
— Только вчера. К началу занятий.
— А где будешь жить? В общежитии?
— Конечно. Где же ещё?
— Ладно. В общежитии встретимся. Я живу в комнате 517 (пятьсот семнадцать). А ты?
— У меня ещё нет комнаты. Я сам(а) к тебе зайду.

01.009

Вы ошиблись
Wrong number

— Алло!
— Попросите, пожалуйста, Дороти Оуэн.
— Вы ошиблись (номером).
— Извините. Ваш номер 229-35-87 (двести двадцать девять — тридцать пять — восемьдесят семь)?
— Нет.
— Ещё раз извините.

01.010

..., если не ошибаюсь?
If I'm not mistaken

— Николай Петрович, если не ошибаюсь?
— Нет, вы ошиблись.
— Извините.
— Бывает.

01.011

Ты мне очень нужен
I really need to see you

— Привет! Я как раз тебя искал.
— Здравствуй. Искал, говоришь?
— Ты мне очень нужен, кроме шуток! Надо кое-что спросить.
— Я не шучу. Что ты хотел? Спрашивай!
— Ты не очень спешишь? Давай отойдём в сторону.

01.012

Ну и хорошо. Рад за неё!
Oh good. I'm glad for her!

— Не знаешь, как дела у Роузмэри?
— Говорят, она уже здорова.
— Ну и хорошо. Рад за неё!
— Да, мы все волновались. К счастью, всё страшное уже позади.

01.013

Кстати, чуть не забыл(а)...
By the way, I almost forgot...

— Кстати, чуть не забыл(а). Ты ведь видишься с Питером?
— Довольно часто. Надо что-нибудь передать?
— Да, есть одна идея. Может быть, он заинтересуется.

— Сказать, чтобы он позвонил тебе?
— Вот, вот. Передай привет и попроси позвонить. Ладно?
— Ладно, передам.
— Можно звонить в любое время. Мой телефон у него есть.
— Скажу, как только увижу. Кстати, Питер спрашивал о тебе.

01.014

Где ты пропадаешь?
Where have you been?

— Алло!
— Наконец-то! Где ты пропадаешь? Я звоню тебе весь день.
— Здравствуй! Я был(а) за городом. Что-нибудь случилось?
— К счастью, ничего плохого. У меня билеты в театр.
— Ну, ты меня напугал(а). Билеты на сегодня?
— В том-то и дело.

01.015

Не время обижаться
Now is not the time to take offence

— Ну что? Дозвонился?
— Нет. Не знаю, куда он запропал.

— И в гостиницу звонил?
— А как же? Как сквозь землю провалился.
— Вот не везёт!
— Везёт-не везёт, а надо его найти.
— Ты говоришь так, будто я виноват.
— Сейчас не время обижаться. Кто отвечает за проведение встречи? Я или ты?
— Я (отвечаю). Я это прекрасно помню.
— Значит, действуй.

01.016

У меня вопрос. Можно?
I've got a question! May I?

— У меня вопрос! Можно?
— Конечно. Спрашивайте. Что вам непонятно?
— Вот здесь. Посмотрите, пожалуйста.

01.017

Обычно так не говорят
You don't often hear it said

— Объясните, пожалуйста, в чём здесь ошибка?
— Это не ошибка. Просто обычно так не говорят.
— А как говорят?
— Говорят так: *меня зовут...*—фамилия и (или) имя.

01.018

А всё-таки?
Well, what is it?

— Вы что-то хотели сказать?
— Ничего, нет. Я думал(а)...
— Ну, а всё-таки?
— Нет, правда, ничего. Извините.
— Смотрите. По-моему, лучше сразу выяснить все вопросы.

01.019

Ах, деканат!
Oh, the dean's office!

— Скажите, пожалуйста, где аудитория № 117 (номер сто семнадцать)?
— 117? Я что-то не знаю такую.
— Это деканат.
— Ах, деканат! По этому коридору, с правой стороны.

01.020

Что делать, извинимся
What else can we do? We'll apologize

— Что он сказал?
— Я тоже не понял(а).
— Давайте сядем поближе.
— А удобно переходить?
— Что делать, извинимся.
— Пошли!

01.021

Повторите, пожалуйста!
Я не совсем понял(а)
Could you repeat that, please!
I didn't quite understand

— Повторите, пожалуйста, ещё раз. Я не совсем понял(а).
— Сравните: *Студент читал. Студентка читала.* В чём различие?
— *Студент — студентка, читал — читал-а.*
— Совершенно верно. Значит, глагол имеет признак рода. Не так ли?
— Спасибо. Теперь понятно.

01.022

Пожалуйста, медленнее и громче!
Would you mind speaking more slowly and loudly?

— Вы меня хорошо понимаете?
— Вполне. Но говорите, пожалуйста, медленнее и громче!
— Да, извините. Я увлекаюсь. Останавливайте меня, не стесняйтесь!

01.023

Почему так официально?
Why so official?

— Товарищ преподаватель, можно спросить?
— Конечно, можно. Только почему так официально?
— Извините, я не знал(а), как обратиться.
— Не смущайтесь. Меня зовут Нина Петровна.
— Нина Петровна. Можно спросить?
— Вот теперь отлично. Так что вы хотите узнать?

01.024

Как вы сказали?
How did you put it?

— Простите, как вы сказали?
— Вы со мной не согласны?
— Нет-нет, я просто хотел(а) записать вашу формулировку.
— Ах, вот что. Попробую повторить.

01.025

Если можно
If I may

— Ева, вы записывали прошлую лекцию?
— Да. Вы хотите посмотреть?
— Если можно. Я хочу проверить, правильно ли я понял.

— Посмотрите. Если только разберёте мой почерк... Ну, как?
— Разобрался. Вот ваши записи. Большое спасибо.

01.026

Вот как? А что с ним?
Really? What's the matter with him?

— Нина Михайловна!
— Слушаю вас, Джудит.
— Джон Моррисон просил передать, что не придёт сегодня на занятия.
— Вот как? А что с ним?
— Он неважно себя чувствует. Пойдёт в поликлинику.
— Спасибо за сообщение. Надеюсь, у него ничего серьёзного.

01.027

Это очень просто
It's very simple

— Покажите, пожалуйста, как сделать запись.
— Посмотрите, это очень просто. Включаем магнитофон. Видите?
— Разрешите, я сам(а).
— Правильно. Теперь нажимаем клавишу «запись».
— И это всё?
— Всё. Повторите теперь сами... Очень хорошо. Позовите меня, если (будет) нужно.
— Спасибо.

01.028

Что значит «ни пуха ни пера»?
What does "No down, no feathers" mean?

— Что значит выражение «ни пуха ни пера»?
— Это пожелание успеха. Дружеское или шутливое. Когда вам это сказали?
— Вчера. Перед экзаменом.
— Видите? Так принято говорить, если другу или знакомому предстоит трудное дело.

01.029

Что ты получил?
Поздравляю!
What did you get?
Congratulations!

— Ну, как сдал? Что получил?
— Отлично.
— Поздравляю! А ты так волновался!

01.030

У меня к вам просьба
I have a favour to ask of you

— У меня к вам просьба.
— Пожалуйста, какая?
— Спросите в своей группе, кто хочет пойти на экскурсию в музей Пушкина.
— В музей Пушкина? Обязательно спрошу! Я думаю, что все пойдут.

— Я тоже так думаю, но нужно спросить.
— Да, конечно. Спрошу на следующей перемене.

01.031

Хорошо, что предупредили
Thank you for telling me

— Алло! Пожалуйста, Анну Петровну.
— Я у телефона. Слушаю.
— Говорит Мэри О'Коннор.
— Здравствуйте, Мэри. Я вас узнала.
— Анна Петровна, наша экскурсия начинается в 11 (одиннадцать), а не в 10 (десять).
— Вот как? Спасибо, что предупредили.

01.032

Все в сборе? Кого (ещё) нет?
Is everyone here? Who's not here?

— Все в сборе?
— Нет, ещё не все.
— А кого нет?
— Двоих... я не знаю, как их зовут... Они пошли позвонить.
— Как неудачно!

— Разрешите, я позову их.
— Пожалуйста. Скажите, что все ждут.

01.033

**Звучит заманчиво.
Пойдём?
It sounds tempting.
Shall we go?**

— Вы сейчас чем занимаетесь?
— Честно говоря, ничем. Так, разговариваем. Вы хотите что-то предложить?
— Вот именно. Приглашаю вас на лекцию «Планирование социальных процессов».
— Кто читает? Когда начало?
— Читает специалист из Института социологии. Начало в 3 часа. Приходите!
— Звучит заманчиво. Пойдём?

01.034

**Могу, если надо
Yes, if I must**

— Ты не мог(ла) бы задержаться после занятий?
— Могу, если надо. А в чём дело?
— К нам приезжает делегация.

— Ну и что?
— Нужно составить культурную программу.
— Культурную программу? Что ты имеешь в виду?
— Ну, экскурсии, театры, выставки.
— Ладно. Я зайду после лекции.

01.035

**Вы меня убедили
You've convinced me**

— В субботу будет экскурсия в Суздаль. Вас записать?
— Не знаю. У меня были свои планы.
— Соглашайтесь. Экскурсия интересная. Не пожалеете!
— Вы меня убедили. Записывайте.

01.036

**Ты шутишь!
You must be joking!**

— Слушай, может быть, мы напрасно ждём?
— Ты шутишь! Тим — очень обязательный человек.
— А он точно знает, где и когда мы собираемся?
— Знает. Я вчера всё с ним обсудила.
— Ты лично? Значит, надо ждать.

— И я так считаю. Время ещё есть. Может же человек задержаться!

01.037

Вот и отлично!
That's great!

— Добрый день!
— Здравствуйте! Только уже не день, а вечер.
— Значит, добрый вечер! Но библиотека открыта?
— Открыта, молодой человек. Открыта.
— Вот и отлично!

01.038

Нет, нельзя!
Не разрешается
No, you can't!
It's forbidden

— Молодой человек, что у вас в папке? Книги?
— Справочник. Можно его взять с собой?
— Нет, нельзя! В читальный зал нельзя приносить свои книги.
— Но этот справочник мне нужен как раз в читальном зале.
— Повторяю: приносить книги в читальный зал не разрешается.
— Что же мне делать?
— Обратитесь к дежурному.

01.039

Девушка, где у вас словари?
Excuse me, where are the dictionaries, please?

— Девушка, где у вас (стоят) словари?
— Какие? Двуязычные?
— Мне нужен Большой русско-английский словарь.
— Посмотрите на стеллаже справа под индексом «Р.-Англ.».
— Вон там?
— Да, третий стеллаж.

01.040

Автор, год, шифр
Author, date of publication, book number

— Простите, как заказать книгу?
— Заполните бланк заказа. Укажите фамилию автора, название, год и место издания книги.
— Так. Автор... Название. Место и год издания...
— Внизу напишите шифр книги и поставьте дату.
— Шифр и дату? Всё?
— Да, правильно. Книга будет через час.

01.041

Вам повезло
You're lucky

— Вы где будете проходить практику?
— Точно не знаю. Говорят, на БАМе.
— Я вам завидую.
— Правда? Говорят, условия там нелёгкие.
— Возможно. Только где же ещё начинать работу молодому специалисту — инженеру-железнодорожнику? В Москве?
— В этом отношении вы правы.
— Вот то-то... А вы... «условия нелёгкие». Чудак! Считайте, что вам повезло.
— Вы меня убедили.

01.042

Надо посоветоваться...
You must ask... advice

— Так что же ты намерен(а) делать?
— Не знаю, Саша. Просто растерялся(ась).
— Надо бы посоветоваться с Эндрю.
— Ты думаешь?
— А что? Он разбирается в таких вещах.

01.043

Ты её плохо знаешь!
You don't know her well enough!

— А если Марта не захочет или передумает?
— Ты её плохо знаешь. Если она (по)обещала, то сделает.
— Ты всё-таки поговори с Мартой. Напомни ей.
— Напомню. Только ты это зря.

01.044

Попросите его подождать
Ask him to wait

— Алексей Петрович, к вам посетитель.
— Я сейчас очень занят. Попросите его подождать.
— Директор сейчас занят. Вы не могли бы подождать?
— Простите, а долго ждать?
— Минут десять-пятнадцать...
— Хорошо. Я подожду.
— Присядьте. Вот свежие газеты.
— Спасибо.

01.045
Пригласите его
Show him in

— Александр Петрович, к вам практикант. Вы его примете?
— Дайте мне его направление. Том Грэй, студент 4-го (четвёртого) курса политехнического института. Направляется для прохождения производственной практики.
— Он в приёмной. Пригласить?
— Пригласите. И позвоните в отдел эксплуатации. Пусть от них кто-нибудь присутствует.

01.046
Давайте договоримся так: ...
Let's leave it like this: ...

— Вы согласны?
— В принципе, я не против...
— Мне кажется, что у вас остались сомнения. Что вас смущает?
— Трудно сказать так сразу. Я ещё не вошёл в курс дела.
— Давайте договоримся так: познакомьтесь с делами, составьте план. Тогда поговорим по существу.

01.047
Заходи. Что у тебя?
Come in. What's up?

— Ты не занят(а)?
— Заходи, заходи. Очень рад(а) тебя видеть!
— У меня к тебе дело. Я не помешаю?
— Да нет же! Садись. Что у тебя?

01.048
Я не помешал(а)?
I'm not disturbing you?

— Разрешите, я не помешал(а)?
— Заходите. У меня перерыв. Хотите чаю?
— Спасибо, выпью. Мне говорили, что у вас есть библиография по приборам.
— Есть. Хотите посмотреть?
— Если можно.
— Конечно, можно.

01.049
Так некстати!
Inopportunely!

— Слушай, к тебе заходил один товарищ из лаборатории.
— Знаю. Он звонил. Так некстати! Через полчаса совещание.
— А что ему надо?
— Да я обещал проконсультировать его.
— Ну, договорись на другой день.
— Нельзя. Человек приехал. Как откажешь?

01.050
Посмотрите в читальном зале
Look in the reading room

— Вы не знаете, где Мейбл?

— Зайдите в лабораторию. Она была там.
— Я как раз из лаборатории.
— Тогда посмотрите в читальном зале. Она часто там бывает.

01.051

Заходил только что
He came round just now

— Скажите, Каупервуд к вам не заходил?
— Заходил только что.
— И куда ушёл?
— Кажется, в лабораторию.
— Разрешите, я от вас туда позвоню.

01.052

Вы не (очень) заняты?
Are you very busy?

— Вы что-то хотели, Дэн?
— Вы не (очень) заняты? Я хотел бы с вами посоветоваться.
— Прошу вас. Садитесь. Всегда рад(а) вам помочь. Чем могу быть полезным(ой)?
— Дело вот в чём: ...

01.053

Любопытная статья
Interesting article

— Ты помнишь наш разговор после семинара?
— Отлично помню.
— Мне встретилась очень любопытная статья.
— О полноте доказательства?
— Отчасти.
— Автора помнишь? Где опубликована?
— Она у меня с собой.
— Отлично. Покажешь?
— Пошли. Она у меня в портфеле.

01.054

Не получается — и всё!
It just doesn't work, and that's it!

— Ну, как у тебя дела с рефератом?
— И не спрашивай! Второй раз переделываю.
— А что так?
— Не получается. Не выходит — и всё.
— Значит, нужно отложить на некоторое время.
— Пожалуй, так и сделаю. А то всё без толку.
— Не унывай! Отложи и подожди, пока всё уляжется в голове.
— Да ведь время не терпит.
— А что поделаешь?

01.055

Вам помочь?
Do you want me to help you?

— Скажите, Джордж, вы умеете пользоваться калькулятором?

— Умею. Вам помочь?
— Если нетрудно. Мне велели срочно составить таблицу. Вы не заняты?
— Я в вашем распоряжении.
— Правда? Вы хороший товарищ, Джордж.

01.056

Вопрос стоит так:...
The problem is: ...

— Мне кажется, что вы сомневаетесь.
— Как вам объяснить... Мне понятно, что вы хотите сделать.
— А что непонятно?
— А непонятно, как вы это сделаете.
— Значит, вы ставите вопрос так: адекватны ли наши средства поставленной цели? Так стоит вопрос?

01.057

Голосуем предложение
We'll vote on the proposition

— Кто хочет выступить?
— Всё ясно.
— Тогда есть предложение перейти ко второму вопросу повестки дня.
— Разрешите? Может быть, лучше сначала обсудить наш отчёт?

— Значит, вы предлагаете изменить повестку дня?
— Я предлагаю обсудить отчёт технического отдела, а потом рассмотреть планы.
— Понятно. Внимание! Голосуется предложение: кто за то, чтобы поменять местами второй и третий вопросы повестки дня? Кто против? Кто воздержался?

01.058

Нужно обсуждать проблему комплексно
We must discuss the problem as a whole

— Переходим к обсуждению доклада товарища Воронцова. Слово имеет Юджин Смит. Прошу вас!
— Нужно обсуждать проблему комплексно. Эту мысль разделяют почти все. У меня есть два соображения. Разрешите?
— Мы вас слушаем.

01.059

Это нереально
That's not realistic

— И последний вопрос. О сроках исполнения.
— Мы думаем об этом, но графика ещё нет.
— Ну, а приблизительно?
— Мы думаем, недель 11.
— Почти квартал... Нереально.
— Так ведь программа какая!

01.060

Что же вы решили?
What have you decided, then?

— Ну, что-нибудь решили?
— Нет, спорили-спорили, а к решению не пришли.

— Говорят, что в спорах рождается истина.
— Охотно верю, но я такого ещё не видел.
— По-твоему, выходит, что дискуссии бесполезны?
— Разумеется, обсуждения полезны. Но знаешь, чем?
— Ну, чем?
— Тем, что участники дискуссии лучше понимают сами себя.
— Ты сегодня говоришь парадоксами.
— Я ещё не остыл. Так вот. Смысл дискуссии в том, что участники чётко осознают и аргументируют свои позиции.

01.061

Я не вижу в этом смысла
I don't see any sense in it

— Что вы думаете о проекте?
— Гм... как вам сказать... У меня есть ряд сомнений.
— Вот как? Вас что-то смущает?
— Слишком много неясного.
— Словом, вы сомневаетесь.
— Честно говоря, я не вижу в этом (большого) смысла. Конечно, я не эксперт.

01.062

Я рассчитываю на вас
I'm counting on you

— Значит, вы поддерживаете нашу идею?
— Поддерживаю и помогу, чем могу.
— Большое спасибо. Я был(а) уверен(а), что могу рассчитывать на вас.
— Ну, вот и отлично.

01.063

Это мнение отдела
That's the opinion of the section

— Следовательно, вы предполагаете сократить программу экспериментов?
— Да. За счёт, так сказать, подготовительной части.
— Но одновременно с этим вы хотите получить надёжные результаты?
— Безусловно.
— Тогда, простите, не стоит и начинать.
— Что вы имеете в виду? Объясните.
— Сокращённая программа не может обеспечить надёжных результатов. Это мнение экспериментального отдела.

01.064

Зачем ты так говоришь?
Why are you talking like this?

— А что он думает?
— Он считает, что это (не)возможно.
— А ты сам? Дал себя убедить?
— Зачем ты так говоришь?

— Извини. Я немного нервничаю.
— Пойдём-ка поговорим. Тебе надо остыть.

01.065

Ну и зря!
To no purpose!

— Ну, чем кончилось обсуждение?
— В общем мы приняли проект. С некоторыми оговорками.
— Ну и зря! Нельзя было соглашаться.
— Это ты слишком. Недостатки мы указали?
— Указали.
— А что ты ещё хочешь? Мы ведь только эксперты.

01.066

Ты хорошо подумал(а)?
Have you thought hard about it?

— Ну, что ты решил(а)?
— Думаю, что следует согласиться.
— Как знаешь. Ты хорошо подумал(а)?
— Как тебя понимать? Ты против?
— Нет, я не против. Но решать тебе. И надо всё взвесить. Все «за» и «против».

01.067

Нет, это несерьёзно!
No, that won't do!

— Всё-таки, как вы предлагаете рассмотреть варианты?
— На моделях.
— А погрешности и отклонения?
— С помощью коэффициентов.
— Нет, это несерьёзно!

— Почему же?
— Вы получите слишком грубые результаты.

01.068

Это твоё право
You have the right

— А что мне оставалось делать?
— Как что? Не соглашаться, доказывать! Это твоё право.
— Знаю, что моё право. Но я как-то растерялся.
— Ничего. Дело поправимое. Пойдём к Александру Васильевичу.
— Ты думаешь?
— И думать нечего! Он разберётся.

01.069

И что вы надумали?
And what have you come up with?

— Александр Васильевич! Мы к вам.
— Садитесь. Слушаю вас, молодые люди. Что скажете?

— Как вы знаете, нам поручили рассчитать экономический эффект установки МК-14.
— Было такое поручение. И что вы надумали?
— Джон считает, что основные параметры можно получить из данных по установке МК-10. Верно, Джон?
— Да. Поскольку принцип действия остаётся неизменным, то можно ввести коэффициенты для новых параметров.
— Ну что же. В этом есть рациональное зерно. Покажите ваши расчёты.

01.070
Почему бы и нет?
Why not?

— Слушай, я так и не дозвонился до Майкла. Что будем делать?
— Не знаю. Послать ему телеграмму, что ли? Или неудобно?
— А почему бы и не послать? Надеюсь, она дойдёт вовремя? Я бы рискнул.

01.071
В таком деле нельзя рисковать
We mustn't take any risks here

— Как дела с отчётом? Готов?
— Почти. Сейчас принесут графики и таблицы. Текст отпечатан.
— Отлично. Таблицы вы проверьте сами.
— Весь материал уже не проверить.
— Просмотрите выборочно. В таком деле нельзя рисковать.

01.072
В программе есть изменения?
Are there any changes in the programme?

— Здравствуйте. Вы участник конференции?
— Да.
— Пожалуйста — программа и тезисы докладов. Пленарное заседание начинается в 10 (десять) часов.
— Спасибо. В программе нет изменений?
— Нет. Программа без изменений.

01.073
Это недоразумение
There's some misunderstanding

— Скажите, вы член оргкомитета?
— Да. У вас вопрос?
— У меня такой вопрос. В программе нет моего доклада. Моя фамилия Стенсон.
— Не беспокойтесь, коллега. Это недоразумение. Сейчас выясним.
— Пожалуйста. Буду вам очень признателен.

01.074
Когда (же) мы виделись?
When did we see each other?

— Когда мы виделись в последний раз? Год тому назад?

— По-моему, мы виделись прошлой весной. На симпозиуме.
— Да. На докладе Блэксмита.
— Кстати, вы поддерживаете с ним контакты?
— Мы встречаемся, хотя и нечасто. Это он мне сообщил о вашем приезде.
— Вот как. Значит, я ему обязан встречей с вами?
— Отчасти.

01.075

Точно не скажу
I can't say exactly

— Простите, кто сейчас выступает?
— Кажется, профессор Махдаф. Точно не скажу.
— Разрешите вашу программу, я посмотрю.

01.076

Я плохо расслышал ваше имя
I didn't catch your name

— Вы меня извините, пожалуйста. Когда нас знакомили, я плохо расслышал ваше имя.
— Охотно повторю, коллега. Мельников, Пётр Петрович.
— Посмотрите, я правильно записал?
— Совершенно правильно.

01.077

Говорите в микрофон!
Speak into the microphone!

— Коллега, разрешите прервать вас!
— Гм! В чём дело?
— Вас просят говорить медленнее и в микрофон. Вас плохо слышно.
— Ах, так. Извините. Я постараюсь.

01.078

Регламент!
Your time's up!

— Извините, я вынужден прервать вас: регламент!
— Очень досадно. Разрешите хотя бы зачитать выводы.
— Хорошо. Только выводы. Две минуты.

01.079

Вопросов нет? Спасибо за интересный доклад
No questions? Thank you for your interesting report

— Вы закончили, коллега Уингард?
— У меня всё. Я охотно отвечу на вопросы.
— Пожалуйста, вопросы к докладчику! ...Нет вопросов? Хорошо. Спасибо, доктор Уингард, за интересный доклад.

— Благодарю за внимание.
— Переходим к прениям по докладу. Слово имеет кандидат технических наук Олег Петрович Семёнов. Прошу вас, Олег Петрович!

01.080

Докладчик сказал, что...
The speaker said that...

— Пожалуйста, ещё вопросы!
— Я правильно понял докладчика: лаборатория планирует экспериментальную работу, но в настоящее время не имеет надёжных результатов?
— Отвечаю: не совсем правильно. О первой серии экспериментов сообщалось в докладе. Результаты, по нашему мнению, вполне надёжны, но недостаточны. Поэтому лаборатория планирует вторую серию опытов.
— Благодарю за исчерпывающий ответ.

01.081

Следовательно...
Hence...

— Разрешите. Если я правильно понимаю, вы намерены доказать равноценность обеих методик.

— Да. Разве задача поставлена некорректно?
— Вполне корректно. Но из решения не следует, что одна из методик лучше.
— Совершенно верно. Поэтому мы и приводим дополнительные доводы в пользу одной из равноценных методик.
— Следовательно, вы решаете две задачи!
— Как две?
— Во-первых, о равноценности двух методик и, во-вторых, о предпочтительности одной из них в некоторых специальных условиях.
— Пожалуй, вы правы. Принимаю уточнение.

01.082

Подведём итоги
Let's sum up

— Давайте подведём итоги. Начнём с того, с чем мы согласны все.
— Правильно. Это конструктивный подход. Все участники обсуждения считают программу перспективной. Это раз.
— Во-вторых, не вызывают сомнений и методы исследования.
— Верно. Мы расходимся в вопросе о том, приложимы ли данные методы к экспериментальному материалу. Правильно я говорю?
— Совершенно с вами согласен. Наши оппоненты не доказывают, что их методика «работает». Они ссылаются на эксперименты, поставленные с другой целью и на

принципиально отличном материале.
— Да, существо вопроса сформулировано правильно.

01.083

Ваше мнение?
What's your opinion?

— Ваше мнение о докладе?
— Интересно. Много экспериментального материала.
— Это верно. И проблема актуальная, но...
— Вот видите. Вы и сами говорите «но».

01.084

В общежитии
In the hostel

— Заходите! Вот здесь я живу.
— Мне нравится ваша комната. Светло. Мебель удобная. Это ваши журналы?
— Да, мои. Посмотрите, а я приготовлю чай.
— Спасибо. Но не беспокойтесь из-за нас слишком (много).

01.085

Будь как дома
Make yourself at home

— Привет! Я к вам на одну минуту. Есть дело.
— Заходи, раздевайся. Вот так...
— У вас можно курить?
— Да. Вот пепельница, вот спички. Будь как дома.
— Так вот, у меня такое дело... Ты не очень спешишь?
— Куда мне спешить? Я к твоим услугам.

01.086

Не возражаю!
I have no objection!

— Здравствуйте, Николай Иванович!
— Здравствуйте, Стивен! Вы ко мне?
— К вам. У меня просьба. Хочу перейти в комнату 327.
— Что так?
— Там живёт мой земляк.
— Минуточку. Я посмотрю по книге. Комната 327. Уотерхаус Том — это ваш земляк?
— Он самый.
— Ну, что же. Я не возражаю.

01.087

Разве не похож?
Don't you think we're alike?

— Ты посмотри пока фотографии.

— Слушай, это кто? Вот этот мужчина, справа?
— Этот? Мой брат. Разве не похож (на меня)?
— Признаться, не очень. А эта девушка рядом с тобой? Тоже родственница?
— Так, одна знакомая.
— Вот как? Просто одна знакомая?
— Что, понравилась? Про неё все спрашивают.

01.088

Её просят к телефону
She's wanted on the telephone

— Извини, ты Джоан не видел?
— Джона видел, а Джоан — нет.
— Серьёзно! Её просят к телефону. Междугородная. Наверное, из дома звонят.
— Извини, не сердись. Я схожу, позову.
— Пожалуйста, я тебя прошу! Я скажу, что Джоан сейчас подойдёт.

01.089

Вас спрашивали
Someone was asking for you

— Андрей, вас спрашивали.
— Давно?
— Полчаса назад.
— Кто?
— Мужчина. Высокий, с портфелем.
— Я ни с кем не договаривался. Он ничего не просил передать?
— Нет. Извинился и ушёл.
— Не знаю, кто бы это мог быть.
— По-моему, иностранец.

01.090

Я с вами!
I'll come with you!

— Вы куда? В столовую?
— Да. Обедать.
— Я с вами! Можно?
— Нет, нельзя!
— Ты всё шутишь.

01.091

Очень может быть
Very likely

— Ну, позвонил(а)?
— Никто не отвечает. Не исключено, что он(а) уже едет к нам.
— Гм... Очень может быть! Подождём ещё?
— Да, неудобно начинать без него (неё).

01.092

Желаю успехов ... в Новом году!
I wish you success ... in the New Year!

— Посмотри, Марк прислал телеграмму к Новому году.
— «Поздравляю. Желаю успехов, здоровья, счастья в новом году. Ваш Марк».
— Какой он внимательный!

01.093

Ладно, что теперь говорить!
It's O.K. telling me now!

— Ты не обижайся. Я действительно не успел.
— Ладно, что теперь говорить! Надо было вовремя предупредить.
— Очень неприятно получилось. Извини.

01.094

Всё будет хорошо
Everything will be all right

— Элизабет всё ещё нет. Я уже беспокоюсь.
— Может быть, она просто задержалась? Или зашла куда-нибудь?
— Это исключено. Она бы предупредила.
— Не надо волноваться. Я уверена, что всё будет хорошо. Вот увидишь.

01.095

С какой стати?
No, why should he?

— Скажите, а Коля тоже придёт?
— Нет, с какой стати? Я его и не приглашала.
— Я только спросила.
— Мы ведь так и договорились. Будут только наши сотрудники.
— Ну и ладно. Что, уж и спросить нельзя?
— Будет тебе! Не ворчи.

01.096

Это мысль
That's a good idea

— Знаешь новость? Энн приехала из командировки с Камчатки.
— Как интересно! Давай пригласим её к нам. Пусть расскажет о своих впечатлениях.
— А что? Это мысль.

01.097

Я не ошибаюсь?
Or am I mistaken?

— У тебя усталый вид. Много работы? Дела?
— Само собой. И работа, и дела разные.
— Мне кажется, что тебя что-то беспокоит в последнее время. Или я ошибаюсь?
— К сожалению, ты права.
— Может быть, расскажешь?
— Оставим это. Не хочу снова расстраиваться.
— Как знаешь. Тебе виднее.

01.098

Это в порядке вещей
That's normal

— Скажи, ты решил(а)? Едешь или нет?
— Хочется поехать. Но как-то неудобно. Незнакомые люди, что они скажут, что подумают...
— Глупости. Это в порядке вещей. Так все делают.
— Ты уверен(а)?

01.099

Ты меня понимаешь?
Do you understand me?

— Ты меня понимаешь? Или не согласен?
— Признаться, не совсем.
— Я же тебе объясняю, я не мог(ла) поступить иначе.
— Это мне как раз понятно. Но о чём ты раньше думал(а)?

— Думал(а), что обойдётся.
— Да-а, обойдётся, образуется... Так не бывает.

01.100

Нам пора
It's time to go

— Дороти, нам пора уходить.
— Вам, правда, пора?
— К сожалению.
— Ну что же. Не буду уговаривать.
— У вас было очень мило. Спасибо за всё, всего хорошего!
— Счастливо.

01.101

Осторожно!
Be careful!

— Нам далеко ещё идти? Я устала.
— Потерпи. Уже совсем близко.
— Ой, чуть не упала.
— Осторожно! Здесь скользко! Возьми меня под руку.

01.102

Пожалуй, вы правы
Perhaps you're right

— Мне предлагают билеты на футбол. Пойти?
— Нет. Откажитесь. Вы ещё не совсем здоровы.
— Вы так думаете? Пожалуй, вы правы. А жаль...
— Я вас понимаю, сам люблю футбол. Но со здоровьем не шутят.

01.103

Никак не могу. Я обещал
No way. I've promised

— Что вы делаете в субботу вечером?
— Иду в гости.
— Может быть, откажетесь? У меня билеты на хоккей.
— Никак не могу. Я (уже) обещал. Неудобно.
— Я вас понимаю. Сходим в другой раз.

01.104

Не преувеличивай
Don't exaggerate

— Мне кажется, что пьеса тебе не понравилась.
— Ну, не преувеличивай. Пьеса как пьеса.
— Жаль, конечно. Но кто же знал?
— Будет тебе. Мы ведь с тобой не последний раз в театре.

01.105

Рыбная ловля
Fishing

— Ну, как успехи? Клюёт?
— Клюёт потихоньку.
— Что-то ты мало наловил, брат!

— Мало, зато все как наподбор!
— Это верно, рыбки-красавицы!
— Слушай, не шуми, не отвлекай, а то я с тобой вообще ничего не поймаю.
— Ладно, молчу.

01.106

Вряд ли, не думаю
It's very unlikely

— Вы следите за играми на кубок?
— По хоккею? Я смотрел все игры.
— Как, по-вашему, у «Динамо» есть шансы?
— На первое место? Вряд ли, хотя всякое может быть. А вы болеете за «Динамо»?
— Нет, так, к слову спрашиваю.

01.107

Странно
That's strange

— Кто, по-твоему, выиграет?
— Откуда мне знать? Признаться, мне всё равно.
— Странный ты человек.
— Почему же странный? Мне нравится смотреть игру. А кто выиграет, кто проиграет, не имеет для меня значения.
— Ну и ну!

01.108

И это всё?
Is that it?

— И это всё?
— Как видишь. А ты чего ожидал(а)?
— А я-то думал(а)...
— Я же говорил(а), что тебе не понравится.
— Ну и ну! Вот так выставка.
— Да, бывает и получше.

01.109

Их трудно сравнивать
It's hard to compare them

— Ты любишь русскую классику?
— Конечно, особенно Достоевского.
— Да, это замечательный художник, но я всё-таки больше люблю Толстого.
— Каждый хорош по-своему, их трудно сравнивать.

01.110

А как в инструкции?
And what do the instructions say?

— Я боюсь, что мы неправильно делаем.

— Посмотрим, как в инструкции.
— Вот-вот. Слушай: «Найдите клеммы с обозначением „сеть"». Где они?
— Вот они.
— Дальше: «Подключите к клеммам синий и красный провода от усилителя. Затем найдите по схеме...»
— Подожди, сначала надо найти эти провода.
— Да вот же они! На (возьми) отвёртку.

01.111

Делай, как я скажу
Do as I say

— Опять не заводится. Сядь-ка на моё место и делай, как я скажу.
— Я готов(а). Что (надо) делать?
— Включи зажигание. Есть?
— Есть!
— А теперь? Я проверил(а) контакты.
— Опять зажигание?
— Да. Сначала зажигание, а потом сразу (включи) газ.

01.112

Я вас подвезу
I'll give you a lift

— Вы сейчас куда собираетесь, домой?
— Не совсем, а что?
— Просто так. Хотел вас подвезти.
— Спасибо. Но мне надо в книжный магазин на Академическую.
— В «Академкнигу»?
— Да, пришла открытка на второй том «Системных исследований».
— Идёмте, я вас подвезу.
— Нет, правда? Очень мило с вашей стороны.

01.113

Разрешите ваш билет!
Would you mind showing me your ticket?

— Простите. У меня, кажется, тоже билет на это место.
— Что вы говорите?! Это какое-то недоразумение.
— Посмотрите: седьмой ряд, четырнадцатое место.
— Разрешите ваш билет! Да, седьмой ряд... Позвольте! У вас же амфитеатр.
— Да, верно. А это партер? Извините, пожалуйста.
— Ну что вы, бывает!

01.114

Она любит живопись
She likes painting

— А Барбара не пойдёт с нами?
— Это исключено. Барбара и концерт — это несовместимые понятия (вещи).
— Она совсем не интересуется искусством?
— Почему же? Барбара любит живопись, бывает на выставках.

01.115

Идея!
That's an idea!

— Что нам подарить Нилу ко дню рождения?
— Подарим ему лыжи. Он увлекается спортом.
— Идея! А сколько стоят лыжи?
— Точно не знаю. Рублей двадцать — тридцать.

01.116

Не беспокойтесь, не забуду
Don't worry, I won't forget

— Вы на почту?
— Да. У вас есть поручение?
— Просьба. Узнайте, пожалуйста, сколько стоит телефонный разговор с Лондоном.
— Хорошо, узна́ю. На сколько минут?
— Ах, да! Скажем, на 5 (пять) минут. Вы не забудете?
— Не беспокойтесь, не забуду.

01.117

Пожалуйста, паспорт!
May I have your passport, please?

— Я хочу получить корреспонденцию «до востребования».
— Это не здесь. Подойдите к окну номер 3 (три).
— Меня зовут Дейл Холмс. Есть для меня письма?
— Ваш паспорт, пожалуйста... Да, есть письмо и открытка.

01.118

Одну копейку дадите?
Have you got one kopeck?

— Вам?
— Мне, пожалуйста, триста граммов колбасы, двести граммов сыра по три рубля и пачку масла.
— Триста граммов докторской?
— Да, по 2.30 (два тридцать).
— 2 р. 01 к. (два рубля одна копейка). Копеечку дадите?
— Посмотрю. Вот, пожалуйста, одна копейка.

01.119

Возьмите сдачу!
Here's your change!

— С вас 4.40 (четыре сорок).
— Вот пять рублей.
— Возьмите сдачу, шестьдесят копеек.
— Спасибо.

01.120

У вас ещё чек на 72 копейки
You've also got a receipt for 72 kopecks

— Вам что?
— 300 (триста) грамм(ов) докторской и 200 (двести) сыру.
— Получите. У вас ещё чек на 72 (семьдесят две) копейки.
— Это пачка масла.
— Всё?
— Всё. Спасибо.

01.121

Что ещё?
What else?

— Что у вас ещё?
— Колбаса, масло, сыр.
— У вас ещё чек на 32 (тридцать две) копейки. Молоко?
— Да, я забыл(а). Два пакета молока.

01.122

Купи мне батон!
Could you get me a long white loaf, please?

— Ты идёшь в магазин?
— Нет, в булочную. Тебе что-нибудь надо?
— У меня к тебе просьба. Купи мне, пожалуйста, батон.
— Один батон и всё? Больше ничего не надо?
— Больше ничего. Спасибо.
— Не стóит. (Не за что.)

01.123

Что у вас?
What can I do for you?

— Что у вас?
— Мне нужно отремонтировать фотоаппарат.
— Разрешите (посмотреть)! Что с ним?
— Не знаю. Что-то с затвором.
— Гм... Дело серьёзное. Оставьте свой аппарат в мастерской.

01.124

Возьмите квитанцию!
Take your receipt!

— Посмотрите, что с моей машинкой.
— А в чём дело?
— Вот, видите, не работает клавиша.
— Это нужно посмотреть. Оставьте вашу машинку.
— А когда прийти? Завтра будет готово?
— Приходите завтра вечером.
— Хорошо. Спасибо.
— Куда вы? Возьмите квитанцию.

01.125

У тебя есть время?
Have you got some time?

— Что ты делаешь после занятий?
— Не знаю, а что?
— Мне нужно купить пальто. У тебя есть время? Не сходишь со мной в магазин?
— Знаешь, давай отложим это на субботу, всё-таки (мы) будем посвободнее.
— Ну ладно, давай в субботу.

01.126

Рублей за 10—15
About 10 or 15 roubles

— Ты не знаешь случайно, сколько стоит спиннинг?

— Смотря какой. От 10 (десяти) до 15 (пятнадцати) рублей. Катушки отдельно.
— И дорого?
— Простая — три пятьдесят (3 рубля 50 копеек), безынерционная — пять (5 рублей). Ты, я вижу, не очень-то разбираешься в этом деле (этих вещах)?
— Куда там! Просто ищу подарок для приятеля. Он рыболов-любитель.
— Ещё есть «Набор спиннингиста». Там всё: удилища, катушки, леска, блёсны. Стоит 22 (двадцать два) рубля.
— Ладно, подумаю. Спасибо за информацию. Я хотел купить подарок рублей за 10—15.

01.127

Трудно сказать
It's difficult to say

— Как лучше обратиться к незнакомому человеку?
— Трудно сказать. Универсальной формы нет. Я говорю обычно «Простите...» и спрашиваю, что надо.
— Ещё говорят «Скажите, пожалуйста...».
— Да, тоже очень часто. Запомните эти два выражения.

01.128

Как вам сказать...
How can I say...

— Вы давно в Москве?
— Как вам сказать... Два месяца.
— Действительно, как сказать: и много, и мало. Вам нравится в Москве?
— Да, очень нравится.

01.129

Не может быть!
That's impossible!

— Что это за здание?
— Не узнаёте? Это же Большой театр.
— Не может быть! Вы шутите. Я же знаю Большой театр.
— Конечно, знаете. Но только с другой стороны, с фасада.
— Вот оно что! Значит, слева гостиница «Метрополь»?
— Вот именно!

01.130

Там рядом, увидите
It's just there, you'll see it

— Девушка, мне надо в Ленинскую библиотеку. Как туда проехать (попасть)?
— Садитесь в метро. Это проще всего. Станция так и называется «Библиотека имени Ленина».
— А там как? Пешком?
— Там рядом, увидите. В крайнем случае, спроси́те.

01.131

Кто потерял перчатку?
Who's lost their glove?

— Товарищи! Чья (это) перчатка?

— Слышишь, кто-то потерял перчатку... Ах, это моя!
— Берите и больше не теряйте.
— Большое вам спасибо. Как же я это так!

01.132
А где ты предлагаешь?
Where do you suggest, then?

— Встречаемся у метро?
— Нет, у метро мне неудобно.
— А где ты предлагаешь?
— На остановке автобуса. Я буду ехать со стадиона.
— Ладно. Значит, на остановке сорок первого, в семь.
— Договорились. Привет.
— До встречи.

01.133
Что с тобой поделаешь?!
What can we do with you?

— Извини за опоздание. Я очень торопилась.
— Вечно ты опаздываешь.
— Ну, прости. Никак не могла раньше.
— Ладно, что с тобой поделаешь?! Я не могу на тебя сердиться.

01.134
Подожди, я сейчас!
Wait a second, I'll be right back!

— Подожди (одну минуту), я сейчас!
— Куда ты?
— Куплю газету. Здесь рядом.
— Да у меня есть газета!
— А мне нужно «Вечёрку». Там кроссворд.

01.135
Я и забыл(а)
I forgot

— Вам?
— «Правду» и «Советский спорт». А «Литературка» есть?
— Сегодня же вторник.
— А я и забыл(а).
— Больше ничего?
— Всё. Получите.

01.136
Что-нибудь придумаем
We'll think of something

— Ну вот, опоздали. Она уже ушла. Что нам делать? Ума не приложу.
— Не волнуйся. Найдём её телефон. Что-нибудь придумаем.
— Ах, как неприятно...

01.137
Не всё сразу
Not all at once

— Олег, ты ли это?! Вот не ожидала!
— Нина! Какая встреча! Ты прекрасно выглядишь.
— Только что из отпуска. Как твои дела? Где работаешь? Не женился?
— Подожди, не всё сразу. Давай присядем и поговорим.
— Ладно. Только у меня мало времени.

01.138

Рада за него
I'm glad for him

— Вы помните Олега Сергеевича?
— Из университета? Так что он?
— Написал очень хорошую работу. Все хвалят.
— Молодец. Рад(а) за него.
— Мы все рады. Очень способный человек.

01.139

Привет жене. Звони!
Best wishes to your wife. Give me a ring!

— «Осторожно, двери закрываются. Следующая станция — «Пушкинская».
— Тебе выходить, «Пушкинская».
— Уже «Пушкинская»? Чуть не проехал. Привет жене. Звони!
— Обязательно. Будь здоров!

01.140

Тогда всё просто
Then it's very simple

— Как мне туда добраться? Я ещё плохо знаю город.
— Как бы тебе объяснить? Ты ведь уже был(а) в цирке?
— На Ленинском проспекте? Был(а).
— Тогда всё просто. Надо ехать мимо цирка и первый поворот налево.

01.141

Я нездоров
I'm not well

— Вы неважно выглядите. Как вы себя чувствуете?
— Плохо. Я, кажется, нездоров.
— Идите домой и обязательно обратитесь к врачу.

01.142

Перезвоните
Redial

— Алло! Здравствуйте. Попросите, пожалуйста, (к телефону) доктора Иванову. Позвоните по номеру 229—78—40.
— Повторите, пожалуйста. Я не успел(а) записать.
— Двести двадцать девять—семьдесят восемь—сорок.
— Спасибо. Извините.

01.143

На что жалуетесь?
What's your complaint?

— Входите. Садитесь, пожалуйста. На что жалуетесь?
— У меня что-то в последнее время болит голова.
— А температура есть?
— Небольшая, по вечерам.
— Разденьтесь до пояса. Я хочу вас послушать.

01.144

Так и надо. Вы молодец!
That's how it should be. Well done!

— О, Джудит! Наконец-то. Мы вас очень ждали.
— Здравствуйте. Вы же знаете, я была больна.
— Да-да. А как вы себя сейчас чувствуете? Здоровы?
— Вполне здорова. И настроение хорошее.
— Правильно, так и надо. Вы у нас молодец!

01.145

Мне надо записаться к врачу
I need to make an appointment to see the doctor

— Мне надо записаться к врачу.
— К участковому?
— Наверно. Мне нужна справка в бассейн.
— К участковому. Где вы живёте?
— В студенческом городке. Общежитие политехнического института.
— Ваш врач — Семёнова Ирина Михайловна. Найдите её журнал и запишитесь.
— Как вы сказали? Записаться?
— Да. На столике у окна лежат журналы записи. Найдите журнал Семёновой и запишите свою фамилию.
— На сегодня?
— На любой день этой недели.

01.146

Талон на 11.30
I've got an appointment written down for 11.30

— Простите, вы в двадцать шестой (кабинет)?
— В двадцать шестой. За мной ещё одна женщина. Она отошла.
— Но у меня талон на 11.30 (одиннадцать тридцать)!
— Тогда вы, наверное, перед ней. Садитесь.
— А вы давно ждёте?
— Нет, минут десять.

01.147

Зачем? Для чего?
Why? What for?

— Вы ведь у меня в первый раз?
— В первый. Мне нужно только справку для бассейна.
— Такую справку я вам дам. Но сначала сделайте флюорографию.
— А это для чего?
— Так полагается, молодой человек. Сходите в пятый кабинет и возвращайтесь сюда.
— Видно, ничего не поделаешь.
— Так надо. Это минутное дело.
— Хорошо. И тогда вы дадите справку?
— Нет. Справку получите завтра. Мне надо посмотреть результат флюорографии.

01.148

Давайте, я посмотрю!
Let me have a look!

— Ваши рецепты!
— Я не знаю, какой из них в ваш отдел.
— Давайте, я посмотрю! Вот этот... В кассу, пожалуйста.
— А второй рецепт?
— Это в ручной отдел.
— В ручной?

— Направо. Это лекарство есть в готовом виде.
— Спасибо.

01.149

О чём говорить!
No question!

— Чарлз? Извини, что поздно звоню. Завтра приезжает Мария.
— Мария Яблонски? Не может быть! Ты не шутишь?
— Какие тут шутки! Она звонила из Праги. Надо её встретить.
— О чём говорить! Номер поезда и вагона знаешь?
— Знаю, 27-й (двадцать седьмой) в 22.30 (двадцать два тридцать), вагон 6 (шестой).
— Хорошо, встречаемся на Киевском вокзале, прямо на платформе в 22.20 (двадцать два двадцать).
— Идёт, до завтра.
— До завтра.

01.150

Счастливого пути!
Pleasant journey!

— Говорят, вы собираетесь в отпуск?
— Да, в конце недели я еду в Крым. В дом отдыха.
— Желаю вам хорошо отдохнуть. Счастливого пути!

01.151

Алло, справочная?
Hello, enquiries?

— Алло, справочная?
— Курский вокзал, сорок вторая слушает!
— Скажите, пожалуйста, когда отправляется поезд номер тридцать один?

— В четырнадцать часов двадцать пять минут.
— Уточните ещё, когда он прибывает в Киев.
— Минуточку... Вы слушаете? Поезд тридцать один прибывает в Киев в семнадцать пятнадцать следующего дня.

01.152

Не стесняйтесь!
Don't be shy!

— Простите, я вам не мешаю?
— Нет, нисколько.
— А то скажите, не стесняйтесь!
— Да нет же. Вы мне действительно не мешаете.

01.153

Вы не откроете окно?
Would you open the window?

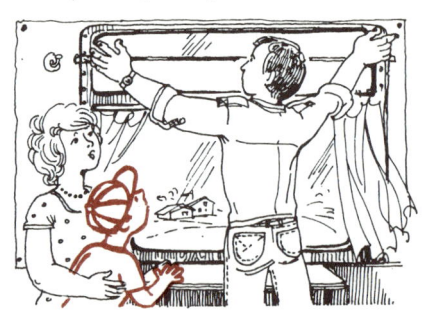

— Молодой человек! Вы не откроете окно?
— Конечно. Разрешите... Так хорошо?
— Спасибо. Вы очень любезны!

01.154

Вы не против?
Do you mind?

— Как шумно! Может быть, выключить радио? Вы не против?

— Как хотите. Мне всё равно.
— Тогда я выключу. Никто не возражает?

01.155

Ничего, бывает
It doesn't matter. That often happens

— Молодой человек, здесь не курят.
— Виноват. Извините, я не заметил надпись.
— Ничего, бывает. Покурить можно и в коридоре. Верно я говорю?

01.156

Как дома?
How's everything at home?

— Ну, как доехал(а)?
— Спасибо. Нормально.
— Устал(а)?
— Не очень. Только в поезде было жарко. А ты как? Дома всё в порядке?

02) Acquaintance, Introductions

As a rule our first contacts abroad are by making acquaintance. Here it is very important to know how to greet people and introduce ourselves and also, if the situation arises, to introduce our colleagues. Psychologists affirm that the success of communication depends on this. A smile, a few polite phrases will help to overcome the natural feeling of constraint and create mutual trust and goodwill. Polite speech is the basis for further contacts, and on it depends the way we get on with people. Therefore, for example, we must know that the word "Hello!" will sound impolite and perhaps cause offence to the person it is addressed to (in the best circumstances your partner will understand that you haven't yet got a good grasp of the language). Here the more appropriate expression to use would be the neutral "Good afternoon!" ("Good morning!", "Good evening!"). Later, when you have got to know the country you are in better, you will make contacts with interesting and useful people, make new acquaintances, keep up relations with colleagues at work and fellow students, you will have friends... And then the familiar "Hello!" when you meet someone you know well will only emphasize your good relationship, whereas "Good afternoon!" (unless it's said as a joke) might cause bewilderment.

In the chapter "Acquaintance, Introduction" you will find practically all the fundamental situations where you'll have to know how to introduce yourself and give your name and surname.

In the process of studying we will be members of a foreign delegation, take on the roles of representatives on the welcoming side, journalists, and participants in an international conference (the mini-lessons "We meet a delegation", "Allow us to introduce ourselves", "Interview", etc.). We will learn to master the vital expressions in each case and to use polite forms of speech correctly.

If you have come to our country to learn Russian, then the first person whom you'll get to know more or less well will be your teacher. So, let's get acquainted.

02.001

　Имена
　Names

02.002

　Сколько у человека имён?
　How many names does a person have?

02.003

　А как вас зовут?
　What's your name?

02.004

　Познакомьте нас, пожалуйста!
　Introduce us, please!

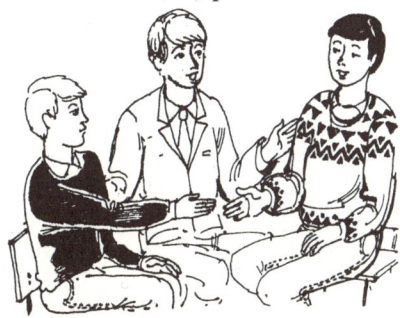

02.005

　Кто быстрее сумеет познакомиться?
　Who can get acquainted first?

02.006

　Кто лучше запомнил имена своих коллег?
　Who can remember the names of their colleagues best?

02.007

　Я ваш преподаватель русского языка
　I'm your Russian teacher

1.
— Здравствуйте!
— Здравствуйте!
— Я ваш преподаватель русского языка. Меня зовут Павел Петрович. Давайте познакомимся. Как вас зовут?
— Хэлен Грей.
— Очень приятно. Из какой вы страны?

— Я из Великобритании.
— А как вас зовут?
— Меня зовут Коно. Сакато Коно. Я из Японии.
— Очень рад.

2.
— Здравствуйте! Меня зовут Зоя Ивановна Петрова. Я преподаватель русского языка. А как вас зовут?
— Курт Вайман.
— Вы из ГДР?
— Да, из Берлина.
— Берлин — прекрасный город. Спасибо, Курт. А вас как зовут?
— Бела Сабо. Я из Венгрии.
— Очень приятно. Вы студент?
— Да, студент.
— Спасибо. А как зовут вас?
— Меня зовут Мэйбл Джонстон. Я инженер.
— Из какой вы страны?
— Из Австралии.
— Очень приятно. Спасибо.

3.
— Здравствуйте! Я ваш новый преподаватель русского языка. Меня зовут Ксения Борисовна. А как вас зовут?
— Пьер Леже.
— Вы из Франции?
— Да, я из Парижа.
— Париж — необыкновенный город. Спасибо, Пьер. А как вас зовут?
— Роузмэри.
— Из какой вы страны? Наверное из Шотландии?
— Да, я из Шотландии. Это видно по моей фамилии.
— Спасибо. Очень приятно.

02.008

Визитная карточка.
Образец:
Visiting card.
Example:

Петрова
Ольга Николаевна
заведующая отделом
Института русского языка АН СССР
Москва, ул. Волгина, 6

02.009

Кто он по профессии?
What's his profession?

02.010

Кто лучше знает профессии?
Who knows professions best?

02.011

Где вы работаете?
Where do you work?

02.012

Встречаем коллегу
We meet a colleague

1.
— Здравствуйте! Профессор Брус Блэксмит.
— Здравствуйте! Доцент Сухов. Добро пожаловать!
— Вы, кажется, из МГУ?
— Совершенно верно, с химического факультета. А вы из Оксфорда?
— Да, из университета.

2.
— Здравствуйте. Брус Блэксмит.
— Добрый день. Бунина. Нина Ивановна.
— Очень приятно. Вы тоже из МГУ?

— Нет, я преподаватель архитектурного института.

3.
— Профессор Блэксмит.
— Горин, из Академии наук. Вы меня помните?
— Конечно, помню — конгресс в Оттаве!
— Рад вас видеть в Москве, профессор.

4.
— Добрый день. Горин из Академии наук.
— Здравствуйте. Доктор Хэлен Каупервуд.
— Очень приятно. Эти цветы для вас!
— Вы очень любезны, спасибо!

5.
— Профессор Пейдж?
— Да, это я.
— Здравствуйте!
— Здравствуйте!
— Разрешите представиться: Барков, Виктор Борисович. Сотрудник кафедры психологии.
— Очень рад. Стивен Пейдж.
— Я провожу вас до гостиницы, профессор. Позвольте ваш чемодан...
— Не беспокойтесь, я сам. Он совсем лёгкий.

6.
— Здравствуйте, Мейбл! Добро пожаловать к нам в Москву!
— Борис? Очень рада! Здравствуйте! Не ожидала вас увидеть.
— Мне повезло: я единственный в нашей лаборатории, кто знает вас в лицо. Как вы доехали?
— Спасибо, без приключений.

— Кстати, за углом нас ждёт машина. Я отвезу вас в гостиницу, если позволите.
— Вы очень любезны, Борис!
— Пустяки. Это ваши вещи, Мейбл?
— Да, чемодан и сумка.
— Разрешите?..

02.013

Встречаем делегацию
We meet a delegation

02.014

Разрешите представиться!
Allow us to introduce ourselves!

1.
— Простите, вы из Великобритании?
— Да-да, делегация студентов и преподавателей из Кембриджского университета.
— Здравствуйте, добро пожаловать! Меня зовут Петров Иван Сергеевич. Я работаю в Институте русского языка имени Пушкина. Всё в порядке?
— Спасибо, всё хорошо.
— Все коллеги из университета?
— Совершенно верно.
— А студенты?
— Почти все учатся в университете, но несколько человек на курсах русского языка.

2.
— Простите, вы профессор Криста Альварес?
— Да, здравствуйте! Я руководитель делегации врачей из Мексики.
— Очень приятно. Горин. Я из Академии наук.
— Мои коллеги из университета Мехико: Мария Санчес и Алехандро Суарес — Горин, сотрудник Академии наук.
— Добро пожаловать! Прошу в машину.

3.
— Извините, вы приехали на симпозиум?
— Да.
— Очень рад вас видеть. Мы из оргкомитета симпозиума. Позвольте представиться — Мухин Леонид Петрович.
— Очень приятно. Профессор Павло́вич из Польши.
— А я вас помню, профессор. Я слушал ваш доклад на конференции в Варшаве.
— Вот как? Вы были на этой конференции?
— Да, я выступал с сообщением о нашем эксперименте.
— Как же, как же! Помню.

4.
— Госпожа Моррисон?
— Да.
— Мы встречаем вас. Как вы долетели?
— Прекрасно. Но вы должны меня извинить: я не очень хорошо говорю по-русски.
— Вы очень хорошо говорите по-русски. Но на всякий случай мы пригласили с собой нашего переводчика. Позвольте вам представить — Воронина Надежда Павловна.
— Очень приятно. Я всё-таки постараюсь говорить по-русски и буду обращаться к вам за помощью только в самых трудных случаях.
— Я всегда буду рядом с вами.

5.
— Простите, вы Элизабет Уингард?
— Да, это я.
— Разрешите представиться. Миронов Владимир Сергеевич. Я работаю в Университете дружбы народов. А вы разве одна прилетели?
— Я должна была лететь вместе с профессорм Брауном. У него что-то случилось, он вылетит следующим рейсом.
— Ну хорошо. Пойдёмте, нас ждёт машина.

6.
— Здравствуйте, дорогие друзья!
— Разрешите представить членов нашей делегации. Это профессор Грибл, это преподаватель нашей кафедры О'Брайан.
— Мы давно знакомы!

02.015

На конференции
At the conference

1.
— Иван Петрович, вы знакомы с профессором Мейли?
— Да, знаком, очень хорошо. А что? Вас познакомить?
— Да, пожалуйста, познакомьте меня с ним.
— С удовольствием. Вы хотите с ним поговорить?

— Совершенно верно. Я хотел бы с ним поговорить о его докладе. У меня есть вопросы.

2.
— Здравствуйте, профессор!
— А, Иван Петрович! Добрый день. Как поживаете?
— Спасибо, хорошо. Я хочу познакомить с вами моего молодого коллегу. Сотрудник нашего института Сухов Иван Львович.
— Джон Мейли.
— Очень приятно.
— Вы работаете в лаборатории Ивана Петровича?
— Совершенно верно, в лаборатории экспериментальной физики. Я хотел бы с вами поговорить.
— Буду рад. После заседания я свободен.

3.
— Доктор Янош Варро, если не ошибаюсь?
— Да, это я. А вы?.. Простите, не узнаю.
— Мусатов Олег. Мы встречались с вами в Будапеште, на симпозиуме генетиков.
— Кажется, теперь вспоминаю... Ну конечно же! Очень рад вас встретить, Олег! Чем вы теперь занимаетесь?
— По-прежнему работаю на кафедре профессора Орлова. Вы ведь знаете его?
— К сожалению, только по фамилии. По публикациям.
— Хотите, я вас с ним познакомлю?
— Буду вам очень признателен.

4.
— Одну минуту, Иван Васильевич!

— Да?
— Разрешите представить вам доктора Бейтона из Йорка.
— Что ж, рад с вами познакомиться, доктор Бейтон. Много слышал о вас. Вы ведь из Академии?
— Совершенно верно.
— И надолго к нам?
— Всего на три дня, только на конференцию. Но меня просили познакомиться с работой вашей кафедры.
— Вот как? Очень лестно. А кто просил?
— Ваш знакомый, профессор Грэй. Кстати, он мой научный руководитель.
— Как же, как же! Прекрасно знаю профессора Грэя. Очень интересный исследователь. Приходите к нам завтра, доктор Бейтон, после двух. Вас это время устраивает?
— Спасибо, вполне.
— Значит, жду вас завтра после двух. Всего доброго!
— До свидания, Иван Васильевич. Спасибо за приглашение.

02.016

Интервью
Interview

1.
— Разрешите представиться: Сомов, корреспондент газеты «Известия». Профессор Линд, я хотел бы задать вам несколько вопросов.
— Пожалуйста, я готов ответить.
— Прежде всего, какова цель вашей делегации?
— В первую очередь, обмен опытом с советскими преподавателями русского языка.
— Пожалуйста, скажите несколько слов о составе делегации.
— Преподаватели, сотрудники министерства, психологи, всего 9 (девять) человек.
— Спасибо. А какова ваша программа? Что вы хотите увидеть? С кем встретиться?
— Мы хотим посетить занятия в школе, на подготовительном факультете МГУ, побеседовать с советскими преподавателями и студентами-иностранцами, которые учатся в Советском Союзе.
— Наши читатели хотели бы знать, какие города посетит делегация.
— Мы посетим Москву, Ленинград и Киев. В этих городах учится особенно много иностранных студентов. Нам будет что посмотреть.
— Большое спасибо. Разрешите пожелать вам и вашим коллегам больших успехов.
— До свидания.

2.
— Извините, одну минуточку. Я работаю на радио. Можно задать вам несколько вопросов?
— Мы к вашим услугам.
— Всего три вопроса. Вы первый раз в Ленинграде?
— Нет. Я часто посещаю этот город. Некоторые из моих коллег здесь впервые.

— Что вам нравится в нашем городе?
— Люди! Люди и архитектура.
— Последний вопрос. Когда начинаются ваши гастроли?
— В воскресенье.
— Благодарю вас. Не буду вам больше мешать.

3.

— Разрешите представиться: Мельников Анатолий Иванович, работаю на радио. Хотел бы задать вам несколько вопросов.
— Да, пожалуйста.
— Вы впервые в Москве?
— Не только в Москве, но и в Советском Союзе.
— Вам нравится наш город?
— Очень. Красивый, большой.
— А где вы уже успели побывать?
— Мы посмотрели много интересных мест — Кремль, ВДНХ, побывали в Третьяковской галерее.
— Последний вопрос. Как долго вы пробудете в Москве?
— Ещё два дня, а потом мы поедем в Киев и Минск.
— Ну что же, желаю вам интересного путешествия.

02.017

Позвольте вам представить...
May I introduce...

1.
— Олег Николаевич, в нашей группе новый студент. Его зовут Кумар Джоши.
— Здравствуйте! Кумар Джоши.
— Очень приятно. Доцент Грибов. Вы из Индии?
— Да, я из Бомбея.

2.
— Нина Ивановна, в нашей лаборатории новый сотрудник. Познакомьтесь, пожалуйста: Викторов Пётр Андреевич — Нина Ивановна Фомина.
— Очень приятно, инженер Фомина.
— Стажёр Викторов.
— Вы из технологического института?
— Да, с механического факультета.
— Ну что же, рада с вами познакомиться. Будем работать вместе.

3.
— Здравствуйте, это четырнадцатая группа?
— Да. Вы кого-нибудь ищете?
— Нет. У меня к вам просьба. В вашу группу придёт студент из Канады. Познакомьте его, пожалуйста, с преподавателями.
— Хорошо. Он говорит по-русски?
— Говорит, он учился два года в Ленинграде. Значит, я могу быть спокойна?
— Да, пусть приходит. Всё будет в порядке.

4.
— Тамара Александровна?
— Да, это я.
— Здравствуйте!

— Здравствуйте. Чем могу быть полезна?
— Я к вам от директора. Я недавно окончил университет и теперь направлен к вам на работу.
— Простите, ваше имя?..
— Филатов, Андрей Петрович. Можно просто Андрей.
— Да-да, мне говорили о вас, Андрей. Рада познакомиться. Надеюсь, что вам у нас понравится.
— Я в этом не сомневаюсь.
— Вы будете работать в группе Ивана Алексеевича Макеева. Сейчас я вас с ним познакомлю.

5.
— Иван Алексеевич! Познакомьтесь, наш новый сотрудник Филатов Андрей Петрович.
— Очень приятно. Макеев Иван Алексеевич!
— Очень рад. Филатов!
— Тамара Александровна сказала, что вы окончили мехмат.
— Совершенно верно, отделение прикладной математики.
— Вот и прекрасно. Мы сейчас работаем над темой «Математические модели технологических процессов», и специалисты вашего профиля нам очень нужны.
— Да, эта тема как раз по моей специальности. Я могу ознакомиться с рабочей документацией?
— Разумеется. Вот наш годовой отчёт. Работа у нас интересная. Уверен, что вы с ней справитесь.
— Я постараюсь.

02.018

**Познакомьтесь, пожалуйста!
I'd like you to meet...**

1.
— Привет, Виктор!
— Привет, Миша! Вот не ожидал тебя встретить!
— Познакомься, это моя жена Дороти.
— Очень приятно. Виктор.
— Мне тоже. Миша часто говорит о вас. Заходите к нам. Будем рады.
— Спасибо за приглашение.

2.
— Знакомьтесь, это Том, студент. Он учится в нашей группе. Алексей, мой друг.
— Том, вы учитесь на химическом факультете? Николай рассказывал мне о вас.
— Да, на химическом.
— Ну, вот вы и знакомы. Зайдём ко мне?
— Зайдём, если Том не занят.
— С удовольствием. Я свободен до вечера.

3.
— Энн! Добрый день!
— А, Алёша! Здравствуй! Рада тебя видеть. Как поживаешь?
— Спасибо, всё в порядке. Кстати, знакомься: Андрей, мой друг.

— Очень приятно, Энн.
— . . . .
— А ведь мы с вами уже встречались. Не узнаёте? Студенческий лагерь в Крыму...
— Ой, неужели вы тот самый Андрей?! Никогда бы вас не узнала, вы так изменились!
— Я тоже не ожидал вас встретить, но узнал сразу. Вы всё такая же. А вы сейчас куда?
— Я еду в центр, на проспект Маркса.
— Вот и прекрасно. Значит, нам по пути.

02.019

Тема для разговора
Topic for conversation

02.020

Новые знакомства
New acquaintances

1.
— Привет, Питер. Заходи, рад тебя видеть!
— Здравствуй, Олег. У тебя гости?
— Один мой старый друг. Я вас познакомлю. Знакомьтесь: Питер, мой товарищ по институту — Борис, мой школьный друг.
— Питер. Рад с вами познакомиться.
— Борис. Вы учились с Олегом в одной группе?
(*звонок*)
— Ребята, я сейчас. Вот газеты, журналы. Поговорите. Между прочим, Питер тоже занимается спортом.

2.
— Здравствуй, Андрей.
— Привет, Дороти, заходи!
— Я не опоздала?

— Нет, ты пришла как раз вовремя. Проходи в комнату. Я тебя сейчас познакомлю со своим приятелем.
— Здравствуйте.
— Здравствуйте.
— Знакомьтесь: Игорь, Дороти.
— Очень приятно.
— Очень приятно.
— Ты знаешь, Игорь на днях вернулся из экспедиции, с Памира.
— О, это, наверное, было очень интересно!
— Да, очень. Вы никогда не бывали в горах, Дороти?
— К сожалению, нет.
— Хотите, я вам покажу фотографии? Они у меня с собой.
— С удовольствием!
— Минутку... Вот они!
— Садитесь к столу, там удобнее.
— Спасибо.

3.
— А, Ирина Дмитриевна! Добро пожаловать! Мы вас давно ждём.
— Здравствуйте, Пётр Иванович! Прошу извинить меня за опоздание, но пришлось задержаться на работе.
— Ничего-ничего, пустяки. Мы всегда рады вас видеть. Раздевайтесь, прошу вас. Разрешите?.. (*Помогает снять пальто.*)
— Спасибо.
— Сюда, пожалуйста. Вы ведь ещё не со всеми знакомы?
— Кажется, нет.
— В таком случае, позвольте вам представить: профессор Рихтер, из Мюнхена.
— Рада познакомиться, профессор Ланская, Ирина Дмитриевна.

— Очень приятно. Много слышал о вас, Ирина Дмитриевна. Ведь мы коллеги, кажется?

4.
— Вера, это мои друзья, Джон и Питер.
— Джон.
— Очень приятно!
— Питер.
— Рада (с вами) познакомиться. Муж часто рассказывал о вас. Прошу к столу!

02.021

Вот это встреча!
Fancy meeting you!

02.022

Кого я вижу!
Whom do I see!

1.
— Кого я вижу! Здравствуй, Петя!
— Оля, ты? Сколько лет, сколько зим! Как ты поживаешь?
— Спасибо, хорошо. Учусь в техникуме.
— В медицинском?
— Ну да. А ты чем занимаешься?
— Работаю на заводе.

— Нравится?
— Да.
— Ладно, Петя. Звони!
— Счастливо!

2.
— Привет, Виктор!
— Саша?! Привет! Как жизнь? Что нового?
— Ничего. Всё в порядке.
— Ты всё там же работаешь?
— Да, в лаборатории. Мне там нравится. А ты? В институте информации?
— Нет. Я теперь в университете. Доцент.
— Вот как! На математическом (факультете)?
— Да, на математическом. Извини, Витя, мне пора.
— Ну, привет! Заходи! Звони!

3.
— Миша, ты ли это?!
— Борис! Вот это встреча!
— Слушай, ты совсем не изменился. А ведь прошло столько времени.
— Да, почти пять лет. Что у тебя нового, хорошего?
— Ничего особенного. Работаю всё там же.
— Значит, в лаборатории? А семья как? Сколько сейчас твоей дочери?
— Девятнадцать.
— Совсем взрослая. Учится?
— На втором курсе. Как время летит! Заходи ко мне вечером, ты свободен?
— Ещё не знаю.
— Тогда позвони после семи. Вот мой телефон.

4.
— Николай Борисович, дорогой, здравствуйте!
— Простите?.. Петя!!! Неужели ты? Вот так встреча! Едва

— узнал тебя. Ты совсем взрослый.
— Да ведь шесть лет прошло! А вот вы, Николай Борисович, совсем не изменились: всё такой же молодой.
— Работа не даёт (мне) стареть: ведь я по-прежнему работаю в школе, мой друг. Ну, а ты как? Рассказывай.
— Гм... Год назад кончил медицинский и теперь работаю здесь, в клинике.
— Очень рад за тебя. Ты ведь и в школе хотел стать врачом... А ко мне часто заходят твои одноклассники: Галя Прохорова, Коля Мещерский. Ты помнишь их?
— Ну, конечно же, помню. Столько лет проучились вместе!
— Мы часто говорим о тебе, Петя: ведь ты был у нас лучшим учеником.
— Спасибо, что не забываете. Хотелось бы увидеть их всех, поговорить... Как бы это сделать, Николай Борисович?
— Очень просто. В субботу у меня будет кое-кто из твоих одноклассников. Приходи! Поговорим, попьём чаю, как раньше.
— С радостью, Николай Борисович. Вы живёте всё там же?
— Да, на Пушкинской. Только телефон изменился. Запиши: 151-20-61. Так мы ждём тебя!
— Спасибо, обязательно приду.
— Всего доброго!
— До свидания, Николай Борисович!

02.023

Мы с вами, кажется, знакомы?
I think we already know one another?

1.
— Простите, мы, кажется, знакомы?
— Извините, но я вас не помню...
— Как же! Разве вы не из университета?
— Да, я работаю в МГУ.
— А помните конференцию по теоретической физике?
— В прошлом году? В Киеве?
— Да-да. Вы выступали с докладом.
— А... Помню. Вы из политехнического института? Нас познакомил профессор Никонов. Да?
— Совершенно верно!

2.
— Простите, мне кажется, (что) мы знакомы.
— Может быть, но я вас, простите, не помню.
— Скажите, вы учились в технологическом институте?
— Да, учился...
— Вы там ещё туризмом занимались.
— Да. Правильно.
— Ну вот. Вас зовут Николай?

— Да, Николай Петров.
— А я Викторов Андрей. Не помните?
— А, кажется, помню. Вы учились в пятой группе?

3.
— Вы не выходите на следующей остановке?
— Нет.
— Разрешите пройти.
— Извините, мне очень знакомо ваше лицо. Вы не работаете на заводе «Автомотор»?
— Да, работаю.
— А я работал в вашем отделе почти год. Не узнаёте?
— Коля, ты?
— Я, Игорь Николаевич.
— Где ты сейчас? Учишься?
— Студент второго курса.
— А почему ты не заходишь в отдел? Ребята вспоминают о тебе. Приходи обязательно.
— Спасибо. Обязательно зайду после экзаменов, Игорь Николаевич.
— Ну, я выхожу. Не забывай, заходи!

02.024

Вы ошибаетесь, я не...
You're wrong, I'm not...

1.
— Извините, если не ошибаюсь, Мария Николаевна?
— Нет, вы ошибаетесь.
— Простите, вы очень похожи на одну мою знакомую.
— Ничего, бывает.

2.
— Иван Иванович! Здравствуйте!
— Простите, вы меня с кем-то путаете.
— Вы разве не с автозавода?
— Нет, вы, наверное, ошибаетесь.
— Извините, пожалуйста.

3.
— Николай Степанович?
— Нет, вы ошиблись.
— Извините, вы очень похожи на одного моего знакомого.
— Понимаю.
— Ещё раз извините!

4.
— Простите, пожалуйста, мне кажется, мы отдыхали вместе в Ялте, в санатории.
— Вы ошибаетесь.
— Как странно! И вы не были в Ялте в прошлом году, в августе?
— Действительно странно. Я вообще никогда не бывала в Ялте.
— Извините.

5.
— Простите, вы не Елена Александровна?
— Нет, вы ошиблись. Я Людмила Александровна. А Елена Александровна — моя сестра.
— Вы с сестрой так похожи!
— Да, нас часто путают. Ведь мы близнецы.
— В таком случае, передайте Елене Александровне бо-

льшой привет от Фёдорова, Ивана Алексеевича.
— Обязательно передам.

02.025

**Разрешите познакомиться!
Let me introduce myself!**

1.
— Ну и погода!
— Ничего, на юге будет тепло.
— А вы куда едете?
— В Симферополь.
— Да? Значит, до конца едем вместе. Давайте познакомимся. Меня зовут Виктор.
— Очень приятно, Павел.
— Вы (едете) в отпуск?
— Да, я в отпуск. А вы?
— Я — в командировку.
— Везёт же людям!

2.
— Простите, девушка, вы тоже учитесь в этом институте?
— Да.
— Давайте познакомимся. Меня зовут Андрей.
— Дороти.
— Очень приятно.
— Вы ведь живёте в общежитии на 5 (пятом) этаже?
— Да, а что?
— Мы с вами соседи. Я живу на седьмом.
— Правда? Очень приятно. Я ещё мало кого знаю, но вас теперь запомню.

3.
— Добрый день.
— Здравствуйте.
— Скажите, шестнадцатое место в этом купе?
— Да, это здесь.
— Вот и прекрасно. Значит, будем соседями. Разрешите представиться: Сергей Васильевич.
— Очень приятно. Татьяна Андреевна.
— Вы тоже в Ленинград?
— Нет, я еду в Псков.
— Вы там живёте?
— Да, вот уже 20 лет.
— А я вот, представьте, ни разу в Пскове не был.
— И очень напрасно. Это один из самых древних русских городов.
— Да, я знаю. Но, к сожалению, всё как-то времени не хватает.
— Ну, вам-то на это много времени не потребуется: ведь Псков совсем рядом с Ленинградом.

4.
— Здравствуйте!
— Здравствуйте.
— У меня седьмое место.
— Да, пожалуйста. Сейчас я освобожу вашу полку. Прошу вас.
— Спасибо.
— Давайте я вам помогу убрать чемодан...
— Вы очень любезны.
— А вы далеко едете?
— В Пятигорск, отдыхать.
— Так мы попутчики! Может, познакомимся?
— Давайте. Наташа.
— Очень приятно. Олег.
— Вы тоже отдыхать, Олег?
— Нет, я живу в Пятигорске. А сейчас еду из командировки. А вы, конечно, студентка?
— Верно. Как вы угадали?
— Сейчас конец января — студенческие каникулы...
— Да, в самом деле, очень просто. Вы наблюдательны.

5.
— Простите, я бы открыл окно, вы не возражаете?
— Пожалуйста. В самом деле здесь душно.
— Ну, вот теперь гораздо лучше. Я отдыхал на Кавказе и просто устал от этой жары.
— Вы, наверное, с Севера?
— Да, я из Мурманска. А вы куда едете?

— Домой, в Харьков. Пора на работу.
— Жаль, что вы только до Харькова.

02.026
Давайте познакомимся!
Let's introduce ourselves!

03) Learning, Studies

These days—in the age of the scientific and technological revolution—the way to coping with cultural and spiritual values amassed by mankind lies through mastering knowledge.

In order not to lag behind the times we must learn a lot and be able to do a lot. We realize this: we learn. We learn at home, at school, at an institute, as post-graduate students, we learn from one another, we learn from our own mistakes and from mistakes of others.

We spend a fair number of years studying. A lot depends on us ourselves as to whether it is just work or whether it's pleasant work: it depends on how curious we are, how active and how persistent.

In the process of studying, the qualities that are important include observation, attention, a good memory, the ability to grasp not only the most important thing, but also not to forget details. You can develop all these qualities by going over special exercises.

In the chapter "Learning, Studies" some of the mini-lessons are specially devoted to such exercises (for example, competition games like "Check how observant you are", "Do you know our institute?" and "Where is...?").

In this section there are more than 28 mini-lessons. They are all closely connected with studying and administrative work in Soviet higher educational establishments, with the way it is structured, daily routines, time-table of lectures, the life and studies of students in the USSR. Lessons and games such as "The start of lessons", "Break time", "Language laboratory", "The lesson", "In the head's office", "Conversation with the dean" and others, fully enough reflect the realities of student life and the studying process.

Together with vital knowledge you will also master the grammatical structures which accompany lessons in Soviet educational establishment, you will learn to put the knowledge you have gained into practice.

03.001

Знаете ли вы наш институт?
Do you know our institute?

03.002

Как мне найти?..
How can I find?..

03.003

Познакомьтесь с институтом/университетом
Get to know our institute

В игре можно использовать следующие фразы:

В нашем институте учится ... студентов. Институт имеет три (четыре) факультета. Институт размещается в двух (трёх и т. п.) зданиях. Это административный (учебный) корпус.

03.004

Проверьте свою наблюдательность
Check how observant you are

03.005

Что мы делаем на уроке?
What are we doing in the lesson?

03.006

Идёт урок
A lesson is in progress

03.007

Где лежит?..
Where are?..

03.009

Пересчёт
Evaluation, recount

03.010

Который час?
What's the time?

03.008

Что это такое?
What is it?

- Неживое? — Нет.
- Живое? — Да.
- Четвероногое? — Да.
- Копытное? — Нет.
- Собака? — Да!

03.011

Разговор в деканате
Conversation in the dean's room

— Садитесь, пожалуйста. Вы давно занимаетесь русским языком?
— Уже три года. Я читаю специальную литературу без словаря и перевожу.
— Вы неплохо говорите по-русски.
— Спасибо. Боюсь, что мне будет трудно понимать и записывать лекции.
— Не беспокойтесь. Вы получите у нас хорошую подготовку по языку.

2.
— Сколько занятий по русскому языку на подготовительном факультете в неделю?
— Двадцать четыре часа. Кроме того, мы проводим для студентов экскурсии по Москве и показываем кинофильмы.
— Технические средства в учебном процессе используются?
— Да, вы будете много работать в лингафонном кабинете и с видеокурсами.

3.
— Разрешите?
— Да-да, пожалуйста. Входите!
— Здравствуйте! Я из США. Меня зовут Энн Блэксмит. Вот мои документы.
— Очень приятно. Так... Вы хотите учиться на филологическом факультете?
— Да. Я интересуюсь русским языком и люблю русскую литературу.
— Вы хорошо говорите по-русски. Где вы учились?
— В колледже в Балтиморе. Я работала с советскими специалистами.
— Вот как! Отлично. Вы будете учиться в третьей группе. Там опытные преподаватели и хороший коллектив.
— Спасибо.
— Желаю успеха!

4.
— Садитесь, пожалуйста. Я вас слушаю.

УСЛОВИЯ И ПОРЯДОК ПРИЕМА

1. На факультет заочного обучения граждан зарубежных стран принимаются преподаватели русского языка, работающие в различных учебных заведениях и на курсах.
2. Приём слушателей осуществляется по направлению органов образования или учебных заведений зарубежных стран, а также в индивидуальном порядке по личным заявлениям слушателей.
3. Заявления принимаются до 1 июня по адресу:
   СССР, Москва, 117485,
   ул. Волгина, 6
   Институт русского языка имени А. С. Пушкина.
К заявлению следует приложить документы:
1) официально заверенную копию документа об образовании,
2) анкету,
3) 3 фото
(образцы заявления и анкеты прилагаются).

— Я хотела бы учиться на курсах русского языка.
— Очень рад(а). Расскажите немного о себе.
— Меня зовут Маргарет Уайл. Я уже преподаю русский язык, но хотела бы знать его лучше.
— Простите, а где вы работаете?
— В Университете экономических наук, в Лондоне.
— И чем вы бы хотели заняться в первую очередь?
— В первую очередь мне нужна разговорная практика, а кроме того — методика преподавания русского языка.
— Очень хорошо. Я записываю вас в группу по разговорной практике.
— А методика? Мне очень нужно познакомиться с методикой работы на нефилологических факультетах!

— Я вас понимаю. Курс методики русского языка входит в программу. Кроме того, у вас будет практика.
— Спасибо. У меня больше нет вопросов.
— Всего хорошего!

03.012

**Приёмная комиссия
Selection committee**

1.
— Садитесь, пожалуйста. Ваша фамилия?
— Сизов, Павел.
— Значит, вы поступаете на наш факультет?
— Да, я увлекаюсь электроникой. Участник олимпиады по математике.
— Какие у вас были оценки в школе по физике и математике?
— Пять.

МОСКОВСКИЙ ОРДЕНА ТРУДОВОГО КРАСНОГО ЗНАМЕНИ ИНСТИТУТ ТОНКОЙ ХИМИЧЕСКОЙ ТЕХНОЛОГИИ
имени М. В. ЛОМОНОСОВА
ПРИГЛАШАЕТ 22 АПРЕЛЯ

учащихся 9—10-х классов и работающую молодежь на встречу с профессорами и преподавателями факультета **химии и технологии переработки полимеров**.

Кафедры факультетов готовят инженеров химиков-технологов широкого профиля по химии и физике полимеров; химии и технологии переработки эластомеров; технологии переработки пластмасс.

О специальностях факультета и достижениях в области химии полимеров расскажут ведущие специалисты полимерной промышленности, будет организован показ учебных и научно-исследовательских лабораторий факультета.

Начало в 10 часов. Вход свободный.
Адрес: Мал. **Пироговская** ул., 1.
Проезд: ст. метро „Фрунзенская".
Справки по телефону 247-04-36.

— Отлично. Расписание консультаций висит у входа. Документы сдайте секретарю. Желаю успехов!

2.
— Вы что окончили?
— ПТУ № 8 в 1986 году.
— Значит, у вас есть стаж работы?
— Да, я два года работал слесарем на заводе «Динамо».
— Почему вы выбрали механический факультет?
— У нас в семье все механики!
— Молодец! Подавайте документы. Желаем успеха!

— А когда можно прийти?
— С документами? Когда хотите!
— Завтра можно?
— Конечно!

3.
— Как ваша фамилия?
— Петрова Галина.
— Что вы окончили?
— Школу № 17 в 1987 году.
— Значит, у вас уже есть производственный стаж?
— Да, я работаю пионервожатой в школе.
— И хотите быть учительницей?
— Хочу. Я ведь уже поступала.
— К нам?
— Да. На биофак.
— И что же?
— Да вот, всё не получалось.
— Ну ничего, в этом году обязательно получится. Сдавайте заявление о приёме, аттестат, справку о состоянии здоровья, справку с работы.

03.013

Начало учёбы
The start of lessons

1.
— Привет! Очень рад(а) тебя увидеть!
— Я тоже. Ты давно здесь?
— Два дня, а ты?
— Уже три месяца.
— Расскажи, как ты здесь?
— Нормально. Каждый день четыре часа занятий по языку. С девяти часов. Бывают лекции.
— Трудно учиться?
— Было трудно первое время.
— Что ты мне посоветуешь?
— Занимайся больше в лингафонном кабинете. Это очень полезно.
— Ладно, учту. А что ещё?
— Старайся больше говорить, не бойся делать ошибки.
— Буду стараться.

2.
— Вот это встреча! Я и не знал(а), что ты здесь.
— Да, я уже две недели в Киеве.
— А я весной получу диплом и поеду домой. Как тебе, трудно?
— Очень. Я, кажется, никогда не научусь говорить по-русски.
— Ничего. У всех сначала так было. Старайся говорить как можно больше, слушай радио.
— Я и так много говорю. Ведь я живу вместе с советскими студентами.
— Это очень полезно. В какой комнате ты живёшь?
— В семнадцатой. Заходи!
— Обязательно зайду. У тебя всё будет в порядке!

3.
— Привет! Рад тебя видеть. Как твои дела?
— Знаешь, неплохо. Я уже хорошо понимаю по-русски и немного говорю.
— Отлично! Кто у вас преподаёт язык?
— Ольга Николаевна, знаешь?
— Конечно, знаю. Она работала в нашей группе, когда я учился на подготовительном факультете. А лекции ты хорошо понимаешь?
— Понимаю почти всё, но не успеваю записывать.
— А ты записывай только самое главное, остальное можно прочитать в учебнике.
— Я так и делаю.
— Ну, привет. Я спешу!
— До встречи!

03.014

В перерыве
At break time

1.
— Сегодня вечером по телевизору интересный хоккейный матч (встреча, игра).
— Кто играет?
— СССР — Канада.
— О, надо посмотреть.
— Приходите к нам, игра начинается в семь сорок.
— В семь сорок? Ладно, постараюсь.

2.
— Джудит, пойдём в буфет?
— Обязательно. Я ещё не завтракал(а).
— А я выпью кофе. Кстати, ты совсем не завтракаешь?
— Что ты, завтракаю. Просто сегодня не успел(а).
— Проспал(а)?
— Ты угадал(а). Чуть не опоздал(а).

3.
— Что у вас сейчас?
— Фонетика.
— А потом?
— Потом страноведение для всего курса (потока).
— Ах, да! Давай сядем вместе.
— Давай. Кто первый придёт, занимает место.

4.
— Володя! Можно тебя на минутку?
— Да? Что у тебя, Хэлен?
— Слушай, у нас сегодня лабораторная. У тебя, случайно, нет заданий?
— Заданий к лабораторной работе? Есть.
— Дай мне, пожалуйста.
— Ладно. Пошли, я тебе дам.
— Спасибо, ты меня выручишь. После занятий верну.
— Не за что (благодарить).

5.
— Оля, привет!
— Привет, Джон!
— Я слышал, у вас сегодня зачёт?
— Был зачёт. Уже кончился.
— Ну и как?
— Всё в порядке: получила (зачёт).
— Поздравляю. А другие?

— Кто как. Вот твой приятель Смирнов не сдал.
— Что ты говоришь! Ну и ну! А кто принимал зачёт?
— Михаил Николаевич.
— Да... Гм... пойду готовиться.

6.
— Виктор, ты сегодня едешь в библиотеку?
— Да. А ты?
— Я тоже. Сразу после занятий.
— Значит, поедем вместе. Встретимся после лекции.
— Идёт. У выхода.

03.015

День студента
Students' day

03.016

Как организован ваш день?
How is your day organized?

03.017

В лингафонном кабинете
In the language lab

1.
— Здравствуйте, мне нужно выполнить задание в лингафонном кабинете.
— Добрый день! Вы первый раз у нас?
— Да, в первый.
— Тогда давайте зайдём в кабину. Я вам покажу, как работать с магнитофоном. Поверните левую ручку до конца направо. Магнитофон включён. Видите?
— А если мне нужно сделать запись?
— Тогда включите магнитофон, поставьте плёнку (лен-

ту), нажмите на клавишу «запись».
— Готово. Теперь можно говорить?
— Да. Не ставьте микрофон слишком близко, а то запись будет плохая.

2.
— Посмотрите, пожалуйста, у меня не работает магнитофон. В чём дело?
— Что не работает: «запись» или «воспроизведение»?
— Запись. Я прочитал(а) текст, а он не записался на плёнку...
— Разрешите, я посмотрю. Так... У вас был выключен микрофон, видите?
— Вот эта красная клавиша?
— Да, она. Перед записью нужно нажать на «запись».
— А я этого не сделал(а). Как досадно! Спасибо. Извините!

3.
— Простите, пожалуйста, на этой плёнке ничего не записано.
— Не может быть.
— Точно, послушайте.
— Да, действительно. Непонятно, как это получилось?
— Может быть, вы случайно стёрли запись?

— Не знаю. Странно. Сейчас я заменю вам плёнку.
— Спасибо.

03.018

В кабинете директора
In the head's office

03.019

Составляется расписание
The timetable is being drawn up

1.
— Мы сейчас составляем расписание на первый семестр. Какие у вас есть предложения? Прошу вас!
— Мы просим освободить последние часы в субботу. По субботам у нас часто экскурсии.
— А мы просим не ставить курс «Советский Союз сегодня» на последние часы. В это время уже трудно слушать и записывать.
— Есть ещё предложения? Нет? Спасибо. Мы постараемся учесть ваши пожелания.

2.
— Здравствуйте, Наталия Ивановна!
— Здравствуйте, Энн. Вы что-то хотите спросить? В чём дело?
— У нас просьба. Можно перенести последнее занятие в субботу на другой день?
— Вообще-то можно, а почему?
— Видите, занятие кончается в час дня, а в два часа мы едем на экскурсию. Нам нужно пообедать и приготовиться к экскурсии.
— Причина уважительная, сейчас посмотрю. У вас в субботу последнее занятие в лингафонном кабинете?
— Да, практика в лингафонном кабинете.
— Хорошо, я попрошу Нину Викторовну провести это занятие в понедельник. Вас это устраивает?
— Очень хорошо. Большое спасибо.

3.
— Елизавета Васильевна! Вы не могли бы перенести занятия в субботу на другой день?
— А в чём дело? Какая причина?
— У нас в двенадцать встреча по футболу с командой первого курса.
— Почему же в это время? Вы же знаете, что у вас занятия?
— Знаем, но первый курс может играть с нами только с двенадцати. Потом они идут в кино.
— Извините, Стив. Ничем не могу вам помочь. Я не могу отменить занятия.
— Что же делать, очень жаль...
— Поговорите с деканом, может быть, он разрешит.
— С Алексеем Петровичем? Иду. Спасибо за совет!

03.020

Для чего учат язык?
Why do people study language?

03.021

Новые средства обучения
New means of learning

03.022

Чем ты занимаешься в свободное время?
What do you do in your spare time?

03.023

В филиале Института русского языка им А. С. Пушкина
In a branch of the Pushkin Institute of Russian Language

1.
— Разрешите, я вам коротко расскажу о вашей будущей работе.
— Да, пожалуйста, будьте любезны.
— Основная работа — консультации для преподавателей. Мы проводим консультации по средам и пятницам.
— А что их интересует?
— Прежде всего, им нужны учебные материалы по устной речи.
— Диалоги, тексты для пересказа, лингафонные курсы?
— Да, в этом роде. И кроме того, консультации по методике.
— Понятно. Методика работы над устной коммуникацией.

2.
— Садитесь, пожалуйста. С чего начнём?
— Может быть, вы познакомите меня с моей будущей работой?
— Охотно. У вас будет шестнадцать часов в неделю.
— Разговорной практики, как мне говорили?
— В основном. Но кроме разговорной практики мы просим вас прочитать несколько лекций из цикла «Советский Союз сегодня».
— Согласен. Некоторые материалы у меня есть.
— Прессу и диафильмы вы можете получить у нас.
— Очень хорошо. А сколько человек в учебной группе?
— Обычно десять — двенадцать, но бывает и больше.
— Занятия начинаются в восемь тридцать?
— Совершенно верно. Кстати, посмотрите ваше расписание.
— Посмотрю обязательно.

3.
— Скажите, пожалуйста, курсы русского языка работают по одной программе?
— Нет, что вы! К нам приезжают слушатели на разные сроки и с разными целями.
— Но я буду работать с филологами?
— Да, вам повезло. У вас будет хорошо подготовленная группа филологов-русистов.
— Кто они? Что хотят знать?
— Законный вопрос. Это, в основном, преподаватели русского языка. Их интересует живая речь и методика.
— Методика? Но ведь я не методист.
— Зато у вас большой опыт. Опытный преподаватель — всегда методист.
— Вы так думаете?
— А разве я не прав?

03.024

Я поступаю на курсы
I'm going on a course

1.
— Я рад, что вы собираетесь изучать русский язык в филиале Института русского языка имени А. С. Пушкина. Мы хотим обсудить с вами несколько вопросов, чтобы правильно организовать наши занятия. Посмотрите, пожалуйста, анкету и ответьте на первый вопрос: «Где и когда вы изучали русский язык?»
— В гимназии.
— В колледже.
— В университете.
— Так и напишите. Второй вопрос анкеты: «Степень владения языком».
— Я читаю литературу по специальности.
— Я слушаю передачи московского радио.
— Я стараюсь читать современную советскую литературу.
— Большое спасибо! Запишите ваши ответы в анкету. И последний вопрос. С какой целью вы изучаете русский язык?
— Буду работать в Советском Союзе на монтаже оборудования.
— Я собираюсь в научную командировку в Ленинград.
— Мы с мужем мечтаем совершить туристическую поездку по стране.
— Благодарю вас. Для того чтобы организовать учебные группы, мы просим вас выполнить в лингафонном кабинете небольшой тест. Это займёт у вас 30 минут. Желаю успехов. До свидания!

2.
— Скажите, пожалуйста, где я могу узнать, как поступить в Институт русского языка имени А. С. Пушкина?
— Садитесь, пожалуйста. На какое отделение вы хотите поступить: на очное или на заочное?
— На заочное. Я преподаю русский язык в школе.
— Значит, вы филолог... Вот правила приёма слушателей на заочное отделение нашего института. Познакомьтесь с ними.
— Спасибо. До свидания.

3.
— Меня заинтересовал ваш доклад на конгрессе. Любопытный материал, к тому же вы прекрасно владеете русским языком.
— Спасибо. Я действительно хорошо знаю этот язык.
— А каковы ваши научные планы? Об аспирантуре не думаете?
— Да, собираюсь поступать к вам в этом году.
— Давайте, только присылайте побыстрее документы, а то не успеете.
— Спасибо большое. Постараюсь.

03.025

В нашем институте гости из-за рубежа
In our institute we have guests from abroad

```
ЧИТАТЕЛЬСКИЙ БИЛЕТ №
Автор_____
Заглавие_____

Том_____           Шифр_____

Место и год издания_____

Подпись_____
Из_____ в _____
Ответ книгохранилища_____  Инв. №_____

Дата_____
Получил_____
Ф. П.
```

03.026

Как заказать книгу?
How can I reserve a book?

1.
— Скажите, пожалуйста, где находится каталог по молекулярной химии?
— Вас интересуют журнальные статьи или монографии?
— Трудно сказать, я собираю материал для доклада.
— Каталог журнальных статей вы найдёте в зале периодики.
— А книги? Где найти систематический каталог?
— Посмотрите в каталоге «Химия», раздел М—8.
— Это на третьем этаже?
— Да, на третьем этаже справа.
— Большое спасибо.

2.
— Пожалуйста, вот моё требование.
— Так. Фамилия, номер билета, автор, название, шифр книги. Вы не написали год издания.
— Это тоже нужно?
— Конечно. Так легче найти книгу.
— Хорошо, я посмотрю в каталоге. Когда будут мои книги?
— Заказы выполняются через час.

3.
— Простите, я могу заказать у вас книги по телефону?
— Да. Заказы принимаются с 9 утра до 6 вечера. Номера телефонов записаны в вашем читательском билете.

— А шифр книги нужно знать?
— Нет, вам нужно назвать фамилию автора, точное название книги и номер вашего билета.
— Спасибо. Это очень удобно.

4.
— Скажите, пожалуйста, я могу заказать книги на завтра?
— Да, можете.
— А сколько? Количество книг ограничено?
— Да. Не больше пяти названий, включая журналы.
— А сдать их нужно завтра же?
— Не обязательно. Вы можете их оставить за своим номером на полке.
— И на сколько дней можно оставить (книги на номере)?
— До конца месяца.

03.027

Методы обучения иностранным языкам
Methods of teaching a foreign language

03.028

Оптимальная система народного образования
The optimum system of public education

04) Information about Oneself

In life we often have to talk about ourselves, write a curriculum vitae, fill in special forms. Depending on the situation in each particular case (official registration of documents for a stay in a hotel, entering higher educational establishments or taking on a new job, etc.) we give oral or written testimony to the date and place of birth, nationality, indicate our surname and full name (or only initials—the first letters of the name), give a résumé of the important events in our life. The style (language) of what we write in these instances is document style (language): business-like, matter of fact, unemotional. The information about ourselves is strictly objective and reads like a reference document.

Sometimes biography (a description of somebody's life) or autobiography (an account of one's own life) can be in the genre of historical, science-fiction or creative prose. In such biographies it is not so important to pay strict attention to the facts; the centre of attention is the personality and the inner world of the author or the person he is writing about. The authors of these types of works may allow themselves to use conjecture, may describe emotions or make evaluations of real events and facts. In contrast to ordinary biographies, these types of biography are as a rule (bulky) books. An obvious example of this type of biography is the series of biographical books published in the Soviet Union entitled *The Life of Famous People*. Every book in this series is a story about the life and work of one of our planet's famous men.

Sometimes the word "biography" is used as a synonym of the word "life". For example the following expressions are commonly used in speech: "he's got an interesting biography", "this man's biography is an example of unselfish service to art", etc.

Our task in mastering the material of the present chapter is geared to achieving purely practical goals. The subjects for study will be situations in which you have to give information about yourself or in which you yourself want to share biographical information. You will learn the correct way to fill in a form for staying in a hotel or a hostel ("Information about yourself"), for getting a pass ("Your pass is No. 3178"), for writing autobiographical information ("Write your curriculum vitae"), etc.

04.001

Придумаем биографию
Let's think up a biography

04.002

Что спросить?
What shall we ask?

04.003

Сведения о себе
Information about oneself

1.
1) Фамилия, имя: *Барбара Уотерхаус*
2) Страна прибытия: *Великобритания*.
3) Дата и место рождения: *1 декабря 1967 г., г. Эдинбург*
4) Семейное положение: *незамужем (замужем, разведена)*
5) Состав семьи: _____

_____
(для лиц, прибывших с семьёй)
6) Цель и срок пребывания в СССР: *стажировка, 10 месяцев*
7) Место постоянной работы и должность: *Университет г. Глазго, преподаватель русского языка*

2.
1) Фамилия, имя: *Эдвард О'Кейси*
2) Страна прибытия: *Ирландия*
3) Дата и место рождения: *30 мая 1950 г., г. Дублин*
4) Семейное положение: *женат (холост, разведён)*
5) Состав семьи: *жена — Шан О'Кейси, сын — Эрнст О'Кейси* (для лиц, прибывших с семьёй)
6) Цель и срок пребывания в СССР: *работа 2 года*
7) Место постоянной работы и должность: *машиностроительный завод, г. Дублин, монтажник-наладчик технологических линий*

04.004

Ваш пропуск № 3178
Your pass is No. 3178

```
* ПРОПУСК N 3178 *
Ф.И.О. _____
ГОД РОЖДЕНИЯ _____
МЕСТО РАБОТЫ _____
ДОЛЖНОСТЬ _____
ДЕЙСТВИТЕЛЕН С _____
              ПО _____
  МЕСТО
   ДЛЯ
ФОТОГРАФИИ
```

04.005

Записывайтесь в нашу библиотеку
Register yourself at our library

1.
— Скажите, где можно записаться в библиотеку?
— Первая дверь направо.
— Спасибо.

. . . .
— Здравствуйте, можно к вам записаться?

— Пожалуйста. Документы при вас?
— Вот, паспорт и удостоверение.
— Заполните, пожалуйста, анкету: фамилия, место учёбы или (место) работы, адрес.
— И адрес обязательно... Кажется, готово.
— Извините, вы не указали, где вы учитесь.
— Московский автодорожный институт. Теперь правильно?
— Всё в порядке, распишитесь.

2.
— Здравствуйте, можно записаться в библиотеку?
— Конечно. Какую литературу вы будете читать?
— Простите, не понимаю.
— В какой зал вас записать: гуманитарный, естественный, медицинский, технический?
— Ах, вот что... Пожалуйста, в медицинский. Я учусь в мединституте.
— Пожалуйста, ваш паспорт.
— У меня с собой только студенческий билет. Я не знал, что нужен паспорт.
— Обязательно. Без паспорта нельзя.
— Как же быть? Мне обязательно сегодня нужны книги. Завтра у меня зачёт.
— Гм... Я могу выписать разовый пропуск — на один день, а в следующий раз приходите с паспортом.
— Обязательно. Большое вам спасибо!

3.
— Алло, техническая библиотека. Слушаю вас.
— Скажите, пожалуйста, что нужно иметь для того, чтобы записаться в вашу библиотеку?
— Паспорт, диплом, справку с места работы, а также две фотографии размером три на четыре.
— Паспорт, диплом... Но у меня нет сейчас диплома: я учусь.
— Тогда справку с места учёбы.
— Понятно. Паспорт, справку с места учёбы и фотографии. Спасибо.

4.
— Здравствуйте. Я могу записаться в библиотеку?
— Пожалуйста. У вас документы с собой?
— Да.
— В таком случае заполните анкету и бланк. Вы их найдёте на том столе.
— Спасибо.
. . . .
— Вот, пожалуйста. Я всё заполнил.

— Дайте ваш паспорт. Вы живёте в общежитии?
— Да, в общежитии МГУ, на Ленинских горах.
— Тогда напишите ваш адрес полностью.
— Общежитие МГУ на Ленинских горах, блок Б, комната 311.
— Так... Теперь всё в порядке. Вот ваш читательский билет.

04.006

Я потерял(а) читательский билет!
I have lost my library card!

1.
— Извините, я была у вас вчера и оставила на столе свой читательский билет. Вам его не передали?
— Сейчас посмотрю. Я вчера не дежурила... Да, есть читательский билет. Это ваш?
— О! Спасибо большое! Конечно, мой!
— Извините, назовите, пожалуйста, ваше имя, фамилию, год рождения.
— Женевьева Виллон, француженка, родилась в 1966 году.
— Извините, я должна это записать. Такое правило. Вот, пожалуйста.
— Спасибо. Я так расстроилась и боялась, что не найду...
— Пожалуйста, в следующий раз будьте внимательнее.
— Ещё раз спасибо. До свидания.

2.
— Алло! Библиотека иностранной литературы.
— Простите, я вчера оставил в читальном зале свой читательский билет. Вам его не передавали?
— Нет. В каком зале вы занимались?
— В зале периодики и в справочном отделе.
— Назовите имя, фамилию, отчество, год и место рождения.
— Я студент из США. Меня зовут Брус Оуэн. По отчеству у нас не называют. Родился...
— Пожалуйста, говорите медленнее. Я не успеваю записывать.
— Извините. Брус Оуэн, родился в Атланте в 1960 году.
— Записала. Позвоните мне через полчаса, я узнаю в зале периодики и в справочном отделе.
— Большое спасибо. Я очень волнуюсь.
— Я вас понимаю. Через полчаса всё будет известно.

3.
— Скажите, что мне делать? Я потеряла читательский билет.
— Вы помните номер вашего билета?
— Да. 4923.
— Одну минуту, я должна найти вашу карточку... Вот она: 4923. Ваша фамилия, имя?
— Джейн Макдональд.

— Всё верно. Сейчас я вам выпишу дубликат. Но учтите: при повторной утере билета вы лишаетесь права пользования библиотекой на год.
— Вы меня извините! Просто не знаю, как это случилось.

04.007

Знакомьтесь, наш новый коллега!
May I introduce our new colleague!

1.
— Товарищи, позвольте представить вам нашего нового коллегу из Англии — Майкл Пейдж. Он будет стажироваться в нашей лаборатории. Я думаю, Майкл расскажет нам немного о себе и ответит на наши вопросы. Вы не против, Майкл?
— С удовольствием. Моя фамилия — Пейдж. В 1978 году я окончил технологический институт, потом работал инженером на заводе в Манчестере.
— Вы хорошо говорите по-русски. Вы уже бывали в нашей стране?
— Нет, но я учил русский язык в школе и в институте и два года работал с советскими специалистами.
— Вы знакомы с тематикой нашей лаборатории?
— Да, конечно. Я читал ваши публикации и поэтому просил, чтобы меня направили на стажировку к вам.
— На какой срок вы приехали?
— На 10 месяцев.
— Товарищи, Майкл привёз план своей стажировки. Он его обсудит со своим научным руководителем, Николаем Борисовичем, и доложит его нам. Нет возражений? Тогда пожелаем нашему новому коллеге больших успехов.

2.
— Меня зовут Николай Борисович. Вы уже знаете, что я буду вашим научным руководителем?
— Очень рад. Когда можно показать вам план моей работы?
— Хоть сейчас. Он у вас с собой?
— Вот, пожалуйста.
— Я сегодня посмотрю его, а в среду мы его обсудим с товарищами. Не возражаете?
— Хорошо. Что мне нужно сделать сегодня?
— Сейчас мы покажем вам лабораторию и познакомим с нашей проблематикой. Кстати, вы живёте в гостинице?
— Да, я ещё не получил квартиру.
— Тогда я жду вас сегодня к ужину. Поедем вместе сразу после работы?
— Большое спасибо за приглашение.

3.
— Товарищи, знакомьтесь: наш коллега из Испании — Хорхе Антонио. Его интересует работа нашего терапевтического центра.
— Да, я собираю материал для диссертации.
— Сейчас будет делать обход врач Симонов, вам полезно присоединиться к нам, послушать. Кстати, как вы устроились?
— Спасибо, хорошо, в общежитии.

— Вы прекрасно знаете русский язык.
— Да, я много раз бывал в Советском Союзе и чувствую себя здесь как дома.

04.008

Как его зовут?
What's his name?

04.009

Типичная анкета
Typical questionnaire

04.010

Заметка в стенгазету
Notice to the newspaper

04.011

Поздравляем юбиляра!
Let's congratulate the hero of the day!

04.012

Напишите автобиографию
Write your curriculum vitae

04.013

Расскажите о своих рабочих планах!
Say something about your work plans!

1.
— Садитесь, пожалуйста. Расскажите членам комиссии, что вы приготовили для конференции.
— Тезисы моего сообщения были обсуждены и одобрены на заседании кафедры.
— А как называется тема вашего доклада?
— «К вопросу об использовании новых строительных материалов в современном жилом здании».
— Да, это соответствует теме конференции.
— Ещё вопрос. Ваш дипломный проект связан с этой темой?
— Частично. В сообщении рассматриваются экспериментальные данные, а в дипломе — вопросы технологии изготовления новых строительных материалов.
— Есть ещё вопросы? Нет? Вы свободны.
— Спасибо. До свидания!

2.
— Товарищи члены комиссии, разрешите представить вам студентку четвёртого курса экономического факультета. Прошу задавать вопросы.
— О чём вы собираетесь сообщить на конференции?
— Со второго курса я работаю в студенческом конструкторском бюро под руководством профессора Николаева. Наши строительные материалы, как вы знаете, сейчас проходят промышленные испытания.
— Да, мы знаем об этом. Но в чём состоит ваше участие в создании этих материалов? Ведь вы экономист?
— Я провела расчёты затрат на монтаж оборудования для производства этих материалов.
— И что показали ваши расчёты?
— В целом, использование этих материалов экономически целесообразно.
— Пожалуйста, ещё вопросы!
— Почему вы сказали «в целом» целесообразно?
— Разрешите объяснить. Неко-

торые материалы требуют перестройки технологических линий, а для этого нужны значительные капиталовложения.
— Спасибо. О своём решении комиссия сообщит вам позднее.

3.
— Расскажите нам о плане вашей стажировки в НИИ (научно-исследовательском институте) машиностроения.
— В этом институте разрабатывают установку, которой мы тоже занимались в НСО (научном студенческом обществе). Им понравились наши идеи.
— Значит, вас пригласили туда на стажировку?
— Да, я получил персональное приглашение.
— А как в НИИ узнали о вашей конструкции?
— Установка была описана в сборнике научных студенческих работ.
— Каковы всё-таки конкретные цели вашей стажировки?
— Мне хочется познакомиться с экспериментальной установкой. Говорят, что она уже действует.
— Что ж, вполне понятное желание. Спасибо!

04.014
Как найти Н.Н.?
How can I find X.X.?

04.015
Мы выступаем на телевидении!
We will be shown on television!

1.
— Здравствуйте! Как вы уже знаете, мы будем снимать урок в вашей группе.
— Когда?
— Какой урок?
— Весь урок?
— Послезавтра, в среду. Урок русского языка.
— И весь урок?
— Нет, несколько сюжетов: «Беседа перед началом занятий», «Ответ у доски», «Контрольная работа».
— Что же мы должны говорить, что делать?
— То же, что обычно. Николай Петрович — режиссёр. Он всё объяснит и покажет.

2.
— Как вас зовут?
— Меня зовут Васко Алвиш. Я из Португалии.
— Скажите, почему вы изучаете русский язык.
— Я хочу учиться на геологическом факультете МГУ. Нашей стране очень нужны геологи.
— Трудно изучать русский язык?
— Не очень легко, но интересно.

3.
— Скажите, когда вы начали изучать русский язык?
— Когда приехал в вашу страну. До этого я знал всего лишь несколько слов по-русски.
— Вам, наверное, трудно было первое время?
— Да, я не расставался со словарём.
— А где вы научились разговорной речи?
— Сам не знаю... Когда учишься, много общаешься. Друзей много. Так постепенно и научился.

04.016

Звёздный час
Star time

04.017

Герой нашего времени
Hero of our time

05) Appearance and Character

Man is the product of the development of nature and of society. His existence from the moment he is born is closely linked with the people surrounding him, and outside a social sphere it is meaningless.

Our actions and opinions are closely connected with social opinion and modern norms and rules of human society—morals, fashion, etc.

In the process of study, labour and social work, our attitudes to work and purely human qualities and abilities are evaluated by society. They are evaluated by the representatives who carry out this duty as part of their work: in schools and higher educational establishments—teachers, the management, the dean, etc.; at work— the board of directors and social organisations (trade unions, local trade union committees, etc.). One of the official documents of this type is a student's or worker's reference.

We live (study, work, rest) with people all around us—those close to us, relatives, acquaintances, colleagues and friends. It matters who is beside us. We like, respect and trust some people, but others we are cold towards and mistrust. Why?

Often in conversation about someone you can hear "good, clever specialist, but he's got a nasty (bad, difficult) character", "weak specialist, but wonderful person, always ready to help in times of trouble", "I don't like some features of his character", etc. Sometimes you hear words such as "they did not suit one another", "he's lacking in character".

What is character? Character is a person's distinctive features, the totality of his individual and spiritual virtues which are evident in his behaviour and relationship to surrounding reality. There are no two people alike although some traits of character may be mutual. In such instances it is usually said that two people "have similar characters".

We make evaluations, and people make evalutions about us. Sometimes by some outward sign (manner of behaviour, speech, dress, etc.), sometimes considering inner qualities (goodness, fairness of judgment, intelligence, etc.), sometimes taking both into consideration. It is not without good reason that people say: "you meet someone by their outward appearance, you take leave of them with their mind".

It is accepted that some traits of character are reflected in a person's face and that by someone's facial features it is possible to determine his character. For example if a person has sharp, wilful facial features and a square chin it means that inside he is a strong person. It is said about such people that they have "a strong (hard) character". Soft, fluid facial features are a sign of weakness of character, spinelessness, etc. However we have all noticed that in real life it is often the other way round and an outwardly strong-looking person turns out to be weak and spineless and an outwardly weak-looking person—strong.

The basic aim of our studies in the chapter "Appearance and Character" is to learn to talk about a person, about his external features, about the distinctive features of his character, about fashion and tastes.

Our first lessons are devoted to a person's outward appearance, to details of his clothes and to his portrait. Such are the lessons "Who Was He?" (recognising someone by external signs and objects), "Verbal Portrait", "Family Album", "What Can You Say about This Person?" description of his appearance, determining by his facial features traits of character and his profession) and others. Then we will speak and have conversations about a person's inner world, about questions of the individual and creative work ("The Individual and Creative Work") and even about fashion ("What Will People Be Wearing in the Year 2000?")

05.001

Вас кто-то спрашивал
Someone was asking for you

1.
— Виктор Николаевич, вас спрашивала (какая-то) женщина.
— Давно (спрашивала)?
— Полчаса назад.
— А как она выглядит?
— Небольшого роста, с короткой стрижкой...
— Брюнетка?
— Нет, волосы у неё светлые.
— Не знаю, кто бы это мог быть.
— Она сказала, что ещё зайдёт.
— Гм, вот как...

2.
— К тебе кто-то приходил.
— Кто?
— Не знаю.
— Мужчина, женщина?
— Мужчина, средних лет.
— Он что-нибудь просил передать?
— Сказал, что ещё зайдёт.
— Высокий?
— Довольно высокий, стройный.
— А как он был одет?
— В сером плаще. Знаешь, он говорит басом.
— Это, наверное, Виктор.

3.
— Мама, меня никто не спрашивал?
— Приходила какая-то девушка.
— Девушка? Дороти?
— Нет, не Дороти.
— Какая она из себя?
— Не знаю. Она не вошла в квартиру. Спросила и сразу ушла.
— Высокая? Волосы длинные?
— Довольно высокая. Волосы, по-моему, короткие.
— И ничего не сказала?

— Я же говорю: спросила и ушла!
— Кто же это мог быть?..

4.
— Пётр Семёнович, вас один товарищ спрашивал.
— Как его зовут?
— Он не назвал себя.
— А как он выглядит?
— Мужчина в чёрном костюме, средних лет.
— Ну, это не примета.
— Да, у него был большой жёлтый портфель...
— Понятия не имею, кто это.

05.002

Передай книгу моему знакомому
Pass the book on to my friend

1.
— Алло, Алёша? Здравствуй!
— Здравствуй, Коля!
— У меня к тебе просьба. Я должен передать книгу одному знакомому. Мы договорились встретиться завтра в пять часов у метро «Сокол». Но я в это время буду занят. Ты не можешь мне помочь?
— Завтра в пять? Вообще-то могу. А как я его узнаю?
— Ну, это я тебе объясню. Спасибо за помощь.

2.
— Вот книга. Надо передать её Питеру. Это наш стажёр.
— Понятно. А как я его узнаю?
— Он носит серый плащ и тёмный берет. Высокого роста, полный, в очках.
— Где он будет ждать тебя?
— Рядом с выходом из метро у газетного киоска.
— Хорошо. Найду. Не беспокойся.

— Спасибо тебе. Я обещал, человек будет ждать. Словом, сам понимаешь.

3.
— Алло! Здравствуй, Андрей!
— Привет, Таня! Как твои дела?
— Всё в порядке. Послушай, Андрюша, у меня к тебе просьба. Ты свободен сегодня от пяти до шести вечера?
— Свободен. Ты хочешь куда-нибудь сходить?
— Какое там! У меня же послезавтра экзамен.
— Так в чём дело? Опять поручение?
— Опять, извини. В пять часов я должна встретиться с одной девушкой. Взять у неё конспекты лекций.
— Понятно. Говори, где вы встречаетесь.
— Только не сердись. У метро «Краснопресненская», в пять. Её зовут Кэт. Она будет в красном пальто и белой шапочке.
— Ладно, в последний раз. Метро «Краснопресненская», в красном пальто и белой шапочке, Кэт. Она симпатичная?
— Очень. Значит, сделаешь?

4.
— Привет, Миша! Помоги мне. Я обещал отвезти Мейбл словари и совсем забыл, что должен идти на тренировку.
— Так позвони ей и извинись.
— Я уже звонил, её нет дома. Она ждёт меня через полчаса на остановке пятого автобуса.

— Понятно. На остановке против института?
— Ну да.
— А как она выглядит, эта Мейбл?
— Высокая, стройная, красивая девушка.
— Тоже мне описание: высокая, стройная, красивая! Ладно, жди меня, сейчас зайду за словарями.
— А я их приготовлю!
— Пока.

05.003

10 вопросов (кто это?)
10 questions (who is it?)

05.004

С кем ты был(а) вчера?
Whom were you with yesterday?

1.
— Петя, ты был вчера на футболе?
— Точно, был.
— Значит, я тебя видела. А кто был с тобой?
— Со мной? Я был один.
— Как же, ты ведь был с девушкой.
— Да что ты?! Какая ещё деву-

шка? Ты меня разыгрываешь?
— Серьёзно. В светлом плаще, длинные чёрные волосы.
— Нет, я её не знаю. Мы просто сидели рядом.
— Вот как. А я-то думала...
— И зря думала.

2.
— Наташа, ты была вчера на концерте?
— Была, а что? Ты тоже там была?
— Была и тебя там видела. А кто был с тобой?
— Кого ты имеешь в виду? Я была одна.
— А молодой человек? Он сидел справа от тебя.
— Я же говорю, что была одна.
— Ну как же? Такой высокий, черноволосый.
— Я его не знаю.
— Не знаешь? Ведь вы разговаривали в антракте.
— А, ты вот о ком. Он просто попросил у меня программу.
— Да? Просто попросил программу?

3.
— Кто это был?
— Где?
— Здесь, сейчас.
— Ты о ком?
— Сейчас здесь был такой длинный, тощий.
— С бородой? Говори почтительнее! Это профессор Пейдж.

4.
— Александр Михайлович! Вы вчера в библиотеке разговаривали с одним человеком...

Такой пожилой, полный, в очках...
— Да, разговаривал. Это был профессор Моррисон. А что?
— Да я бы хотел получить у него консультацию.
— Консультацию? Не знаю... Хотя он будет у нас на кафедре в среду, после двух. Поговорите с ним...
— Да как-то неудобно: я его совсем не знаю. Может быть, вы меня познакомите?
— Хорошо.

5.
— Лидочка, у тебя очень интересный муж!
— Ты так думаешь?
— Да! Такой высокий, стройный...
— Ты о ком говоришь, Кристина? Мой муж невысок и не слишком строен...
— Вот как? А тот молодой человек, с которым ты была вчера на выставке?
— А, вот ты о ком! Так это мой брат, Алёша. Он учится в Ленинграде и приехал к нам на каникулы, на неделю.
— В самом деле, как это мне не пришло в голову? Вы и правда похожи.
— Он тебе понравился? Хочешь, познакомлю?

05.005

Лицо поколения
The face of the generation

05.006

Современная молодёжь
Youth today

05.007

Словесный портрет
Verbal portrait

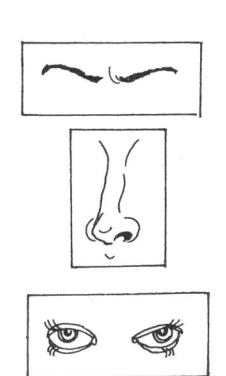

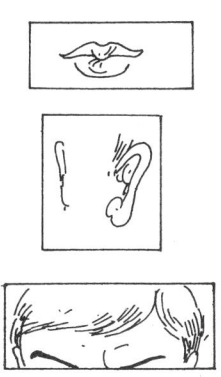

05.008

Семейный альбом
Family album

1.
— Посмотрите на эту фотографию. Здесь вся наша семья.
— Разреши... Это, наверное, твой отец. Вы очень похожи. Верно?
— Да. А это кто?
— Трудно сказать. Твоя мать?
— Да что ты! Посмотри, она совсем старая.
— Значит, бабушка. Она была учительницей?
— Да, а как ты узнал(а)?
— Не знаю, как объяснить. Она похожа на учительницу.

2.
— Что вы скажете об этом человеке?
— Дайте посмотреть. Так. Во-первых, это очень волевой человек. Посмотрите на его подбородок, на черты лица.
— Вы ошибаетесь, он как раз очень мягкий человек. А его профессия?
— Скорее всего, инженер.
— Правильно. Он работает на заводе «Динамо».

— Наверное, он занимается спортом. Посмотрите, какие у него плечи.
— Тоже верно.
— Кто же это?
— Мой отец, но 15 (пятнадцать) лет назад.
— А... Поэтому-то мне показалось, что я знаю этого человека.

3.
— Это вся твоя семья?
— Да. Это, справа, отец...
— Подожди, я сама угадаю. Это, наверное, твой брат или племянник. Он похож на тебя, верно?
— Правильно. Младший брат. Он сейчас кончает школу.
— А это твоя мать?
— Нет, тётя.
— Очень красивая женщина. Ей лет сорок с небольшим?
— Что ты! Давно за пятьдесят.
— А как молодо выглядит! Она актриса?
— Почему актриса? Учительница. Сейчас уже на пенсии.

05.009

Коллективный портрет
Collective portrait

05.010

Что он за человек?
What sort of person is he?

05.011

Составим портрет литературного героя
Let's make up a portrait of our literary hero

05.012

Идеальный человек
The ideal person

05.013

Кто из вас самый наблюдательный?
Which of you is the most observant?

05.014

Что ты наденешь сегодня вечером?
What will you put on this evening?

1.
— Валя, ты не забыла про театр?
— Нет, конечно. Но ещё ведь рано.
— Я другое спрашиваю. Ты что наденешь?
— Я? Не знаю. Хочу надеть тёмное платье, но оно с короткими рукавами.
— А ты надень под него голубую блузку. Будет очень хорошо.
— Верно. Ты бусы наденешь?
— Гм... Ты думаешь, это хорошо?
— Надень, они тебе очень идут.

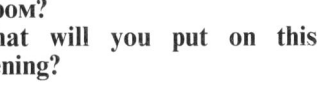

— Значит, встретимся у Большого театра без четверти семь.

2.
— Галя, мы не опоздаем?
— Нет, нас ждут к семи, а сейчас только четверть (седьмого). Ты в чём пойдёшь?
— В новой юбке и красной кофточке. А ты?
— Просто не знаю, что надеть. Посоветуй!
— Тебе очень идёт твоё зелёное платье.
— Но я в нём уже была несколько раз. Может быть, надеть сарафан с белой блузкой?
— Сарафан с белой блузкой? Надень, посмотрим!

3.
— Привет, Алла! Ты готова?
— Сейчас, сейчас. Осталось только платье выгладить.
— Тебе уже выходить пора, а ты платье гладишь.
— Ничего, я возьму такси.
— Всегда ты так. А ты в чём сегодня будешь?
— Я надену коричневое платье и чёрные туфли.
— Ладно, только выходи скорее. Стыдно опаздывать.

4.
— Лена, что бы мне сегодня надеть, как ты думаешь?
— Надевай, что хочешь: тебе всё к лицу. А лучше всего оранжевое платье. Ты в нём выглядишь очень эффектно.
— Но ведь оно вечернее! А мне нужно что-нибудь построже.
— В таком случае надень свой серый костюм.

— С голубой блузкой? Да, пожалуй, ты права.
. . . .
— Ну, как?
— По-моему, чего-то не хватает: слишком уж у тебя строгий вид.
— Может, надеть брошку?
— Попробуй... Ну вот, совсем другое дело. Теперь ты просто неотразима.

05.015

**Какой галстук мне выбрать?
Which tie shall I choose?**

1.
— Возьми вот этот тёмный галстук.
— Этот? Но он ведь в полоску.
— А ты надень голубую рубашку.
— Она не идёт к моему костюму.
— Да, действительно не подходит. Тогда вот этот с цветочками.
— Красный? А не очень он яркий?
— Нет, это модно.
— Ну, ладно. Тебе виднее.

2.
— Аня, какой галстук мне надеть?

— А разве мы куда-то собираемся?
— Вот тебе и на! Ты разве забыла? Мы же идём сегодня к Ивановым.
— Ах, да! Совсем из головы вылетело. Надень голубую рубашку и серый галстук в полоску.
— А костюм? Серый или синий?
— Лучше синий. Он элегантней.
— Спасибо. А почему ты не собираешься?

3.
— Посмотри, этот галстук мне идёт?
— А в какой рубашке ты пойдёшь? В этой?
— Наверно, в этой.
— Тогда иди без галстука.
— Ты думаешь? А удобно?
— Вполне. К цветной спортивной рубашке галстук не нужен.

4.
— Ах, Андрей, опять ты надел этот галстук!
— Да... А чем он тебе не нравится?
— Слишком широкий. Теперь такие не носят. Надень лучше зелёный: он очень идёт к твоим глазам.
— Да? Ты так думаешь? Сейчас попробую.
— Ну как?
— Вроде, ты права.

05.016

Что будут носить в 2000 году?
What will people be wearing in the year 2000?

05.017

Хороший семьянин
He's a good family man

05.018

Какие свойства и черты характера больше всего нужны в семейной жизни?
Which features of character are needed most of all in family life?

05.019

Личность и творчество
The individual and creative work

1.
— В чём вы видите основную черту творческой личности, например большого композитора, художника, актёра?
— Прежде всего, в оригинальности мышления и восприятия мира...
— Но ведь это неточные понятия.
— Почему неточные? Оригинальность — это, прежде всего, когда человек умеет удивляться.
— Удивляться может и ребёнок.
— Совершенно верно. Поэтому в детстве все мы бываем

творческими личностями. Вспомните, какие оригинальные вопросы задают дети!

2.
— Что вы больше всего цените в писателе?
— Верность своей теме, своей задаче.
— И только?
— В основном, да. Остальное — дело таланта, а может быть, и удачи.

3.
— Тебе нравятся картины Гогена?
— Очень. Они такие сочные, яркие. Я вообще люблю этого художника.
— А за что ты его любишь?
— Мне нравится, когда нет противоречий между личностью и творчеством.
— Я что-то не понимаю, объясни.
— Гоген писал то, что хорошо знал, что любил.
— Поэтому его картины и экзотичны и правдивы?
— Думаю, что поэтому.

4.
— Вам нравится эта певица?
— Да, она безусловно талантлива, у неё прекрасный голос, но...
— Что «но»?
— Если бы она вела себя поскромнее, было бы лучше.
— Но ведь это эстрадная певица!
— Ну и что, скромность ещё никого не портила.

05.020

Семья и школа
The family and school

06) Where Do You Live?

The problem of accommodation always has been, and still is a very urgent one. We, in contrast, for example, to the philosopher Diogenes, who, according to ancient Greek sources lived in a barrel, are not indifferent to where we live and what our surroundings are.

In the places which were once the outskirts of a town, fields and the kitchen gardens of village-dwellers, industrial complexes, scientific and therapeutic establishments, high-rise blocks of flats of new residential areas have emerged. The city boundaries have moved further and further away from the centre. Now when we get a new flat we are worried by questions such as how far away it is from where we work, how close it is to the public transport network and the metro, service industries, recreation grounds, etc.

We are also concerned with important details such as the number and size of rooms in our flat, which direction the windows face (if to the sunny side it means that the flat will be warm and light), whether it has a balcony, and much else.

We move into our into our new flat. And do our worries end there? How shall we arrange the furniture? What shall we put where for everything to look good and be conveniently placed?

Nineteen lessons in the present chapter deal with a number of the most usual and widespread situations connected with the subject of accommodation.

For example you have been given a room in a hostel, but for some reason you don't like it. How can you substantiate your claims and explain the situation to the hostel administration? You will learn how to do this in the lesson entitled "I Want to Live in Another Room".

You have gone on holiday to the south, to the sea, but the hotel is situated too far away from the beach and you want to be closer to it. Is it possible to rent a room, and how can that be done? You find out that in order to do this you have to go to the apartments' bureau. What must you have with you? How do you explain to the person at the apartments' bureau what sort of a room or flat you want, and why? You will learn how to do this in the lesson "Flat to Let".

Every nation has its traditions relating to accommodation. At first some of the customs we observe in another country seem very strange to us and others we feel we would like to adopt.

What is a house-warming party and what form does it usually take in the USSR? You will learn this in the lessons "Come to Our House-Warming Party", "House-warming Party", etc.

In our lessons on the broad subject "Where Do You Live?" you will gain a wide sweep of impressions and will learn to use constructions of speech which in one way or another are connected with problems of accomodation in the USSR.

06.001
Чьё описание подробнее?
Whose description is most detailed?

06.002
Что есть в номере?
What is there in the room?

06.003
Ваша комната № 23
Your room is No. 23

1.
— Здравствуйте, вы комендант?
— Да, добрый день. Новый студент?
— Совершенно верно. Вот моё направление в общежитие.
— Садитесь, пожалуйста. Так, Джудит Кауервуд из США. Очень приятно. Свободные места есть в комнатах 21 (двадцать один) и 23 (двадцать три). В двадцать третьей живут ваши земляки.
— Ох, как хорошо! Я хотел бы жить с ними. Можно?
— Конечно. Давайте ваше направление, я отмечу.
— Большое спасибо.
— Подождите, я должен записать вас. Джудит Кауервуд, комната 23 (двадцать три). С пятого марта.

2.
— Здравствуйте. Говорят, у вас в комнате есть свободное место.
— Да, пожалуйста, вот это место у окна свободно.
— Очень приятно. Меня зовут Энн Пейдж, из Канады.
— Очень приятно! А я из Франции, меня зовут Мишлина Оже.

3.
— Здравствуйте!
— Добрый день. Вы к нам в общежитие?
— Да. Вот моё направление.
— Очень хорошо. Присаживайтесь. Ваш паспорт?
— Пожалуйста.
— Так... Адриана Понти. Вы к нам учиться, Адриана?
— Нет, я на стажировку. На 10

месяцев. И у меня к вам просьба: мне придётся много заниматься, поэтому я бы хотела жить одна. Это возможно?
— Конечно. Мы всегда даём стажёрам одноместные комнаты. Вот, заполните этот бланк. Готово?
— Да, готово. А что я теперь должна сделать?
— Возьмите своё направление и поднимитесь на 6-й этаж. Дежурную по этажу зовут Александра Ивановна. Она вам всё скажет.

4.
— Здравствуйте! Вы Александра Ивановна?
— Да, это я. Здравствуйте.
— Моя фамилия Понти. Адриана Понти. Вот моё направление.
— Так... Значит, вы будете жить в комнате 617. Пожалуйста, вот ваш ключ.
— Простите, а где находится эта комната?
— Пойдёмте, я вас провожу. Посмотрите комнату.

5.
— Вы давно в Советском Союзе?
— Второй год. А вы?
— А я недавно, всего две недели. Вы на каком факультете учитесь?
— На механико-математическом.
— У вас, я думаю, уже нет трудностей с языком, а я ещё плохо говорю по-русски.
— Не беспокойтесь. Подготовительный факультет даёт хорошие знания.

06.004

Вы мой сосед?
Are you my room-mate?

1.
— Здравствуйте, вы мой сосед?
— Да, я только что поселился.
— Как вас зовут?
— Пьер, а вас?
— Стивен. Вы аспирант?
— Да, а вы?
— Тоже.
— Мне нравится это общежитие.
— Да, здесь хорошо. Есть столовая, буфет, библиотека. Столовая на втором этаже, буфет на десятом, библиотека на третьем.
— Спасибо, буду знать.

2.
— Да, я из Мексики. Хорхе, меня зовут Хорхе.
— А меня Сергей. Располагайтесь. Повесьте свою куртку. Там, в коридоре, вешалка.
— Вижу, вижу, а куда я могу поставить свою сумку?
— Сейчас я всё вам покажу. Вот ваш шкаф, это ваша кровать, стол, полки для книг. Направо по коридору ванная комната.
— Можно, я приму душ?
— Конечно, почему вы спрашиваете? Вы такой же хозяин здесь, как и я.

06.005

Я хочу жить в другой комнате
I want to live in a different room

1.
— Простите, я хотел бы жить в комнате 210 (двести десять). Там есть свободное место.

— А почему? Вам не нравится ваша комната? По-моему, светлая и уютная.
— Не в этом дело. В двести десятой живёт мой товарищ. Он хорошо знает русский язык и помогает мне.
— А ваш товарищ согласен?
— Согласен. Он сам к вам зайдёт.
— Тогда не возражаю.

2.
— Добрый день!
— Здравствуйте. Чем могу быть полезен?
— Понимаете, я бы хотел переехать в другую комнату.
— А в чём дело? Вас что-нибудь не устраивает?
— Дело в том, что моя комната находится рядом с холлом и по вечерам там очень шумно. А у меня сейчас так много работы...
— А в какой комнате вы сейчас живёте?
— В восемьсот тридцать пятой.
— Вот журнал регистрации. Сейчас посмотрим, что можно сделать. Так... восемьсот тридцать пятая... Ваше имя — Хэлен Оуэн?
— Совершенно верно. Я из Англии. Аспирант третьего года.
— Боюсь, что сейчас мы вам ничем не сможем помочь. К нам приехала большая группа специалистов из Китая...
— Вы знаете, через неделю уезжает мой сосед из комнаты 836. Может быть, я смогу занять его комнату?
— Сейчас проверю... Да, в самом деле.
— Так я могу надеяться?
— Конечно, я не возражаю. Заходите через неделю.

3.
— Здравствуйте!
— Добрый день.
— Меня зовут Питер Хорст. Я из ГДР. У меня к вам большая просьба.
— Пожалуйста, я слушаю вас.
— Вы не смогли бы меня переселить в другую комнату?
— В другую комнату? А почему?
— Мой сосед по комнате — студент из Бирмы. Немецкого языка он не знает, а по-русски говорит ещё очень плохо. Нам трудно объясняться.
— Ясно. Сейчас посмотрим... Вот, пожалуйста, свободные места есть в комнатах 321 и 328. Там живут кубинские студенты. Они здесь уже второй год и очень хорошо говорят по-русски.
— Хорошо. Меня устраивает.

06.006

**Так вот как ты живёшь!
So this is how you live!**

1.
— Заходи! Ну, вот здесь я живу! Нравится тебе у меня?
— Да, здесь очень хорошо. Комната большая, светлая,

удобно. А кто ещё с тобой живёт?
— Со мной живёт стажёр из Англии, хороший парень, зовут его Гордон Блэксмит. Вот его стол.
— Сколько вы платите за общежитие?
— Совсем немного, по два рубля в месяц.
— Действительно, пустяки.
— Садись, я сейчас сварю кофе.
— Не беспокойся.
— Это пять минут.
— Ну хорошо, спасибо.

2.
— Можно?
— Заходи, Рауль. Я ждал тебя. Раздевайся!
— У тебя хорошая комната. Сколько человек в ней живёт?
— Вообще трое, но сейчас одно место свободно. Стажёр из Болгарии уехал вчера на каникулы.
— А кто ещё с тобой живёт?
— Иван из пятнадцатой группы. Знаешь его?
— Николаев? Знаю.
— Он мне очень помогает по языку.
— А где ты занимаешься? В читальном зале?
— И в читальном зале, и здесь. Вот мой стол.
— Но, наверное, удобнее заниматься в читальном зале? Слушай, а где вы питаетесь?
— Днём в институте, а здесь есть буфет внизу. На этаже есть кухня.
— И вы сами готовите?
— Бывает, но не часто. Например, когда гости приходят.
— А где берёте посуду?

— У коменданта. Кое-что купили сами.
— Понятно.

3.
— Привет, Андреаш!
— Привет, Йозеф!
— А ты хорошо устроился! Тебе нравится?
— Очень. Комната большая, светлая...
— Да, я вполне доволен. Как видишь, здесь есть всё необходимое...
— А соседи кто?
— Два студента из Чехословакии, очень симпатичные люди.
— Ты здесь и занимаешься?
— Когда как: иногда здесь, иногда в читальном зале на первом этаже.

06.007
Совещание в управлении
Management staff meeting

06.008
У меня новая квартира!
I've got a new flat!

1.
— Товарищи, поздравьте меня, я получил вчера новую квартиру!
— Поздравляем! А сколько комнат? На каком этаже?
— На пятом этаже, три комнаты, 48 метров.
— Прекрасно! Балкон есть?
— Балкон есть, большой.
— Поздравляем, очень рады за тебя!
— Когда новоселье?
— Как только переедем.
— Нас позовёшь?

2.
— Алло? Марк?
— Да, я слушаю.

— Добрый день. Это говорит Дима.
— А, Дима! Добрый день! Рад тебя слышать.
— Можешь меня поздравить, Марк. Мне дали квартиру.
— Очень рад за тебя. Прими мои поздравления.
— Спасибо. Хочу пригласить тебя на новоселье. В субботу, в шесть вечера. Ты как?
— Спасибо, с удовольствием. А как тебя найти?
— Это довольно просто. Запиши адрес.
— Одну минуту. Я сейчас возьму ручку... Алло! Записываю.
— Ленинградское шоссе, дом 114, корпус 2, квартира 327.
— Так... Записал. А как туда добраться?
— Ты должен доехать на метро до станции «Войковская». Когда выйдешь из метро, поверни налево. Пройдёшь вперёд метров 200—300 и увидишь высокий кирпичный дом тёмно-красного цвета. В нём я и живу.
— Всё понял: «Войковская», налево, тёмно-красный кирпичный дом.
— Так я жду тебя! В субботу, в шесть.
— Да-да, обязательно. Ещё раз поздравляю.

3.
— Ребята, я наконец получила квартиру!
— Да что ты! Поздравляем! Там, где обещали?
— Да, недалеко от работы.
— Сколько комнат?
— Две, но большие, квадратные, светлые. И кухня — чудо!

— А коридор большой?
— Не очень, но это неважно. Главное, теперь мы будем жить самостоятельно.
— Да, это здорово. Ну, а на новоселье-то пригласишь?
— А как же! Записывайте адрес: метро «Юго-Западная», улица 26 Бакинских комиссаров, дом 46, квартира 25. Жду вас завтра в семь. Приходите обязательно!

06.009

**Приходите на новоселье!
Come to our house-warming party!**

1.
— Можно Виктора?
— Я слушаю.
— Виктор, здравствуй, это Саша. Можешь меня поздравить: мы получили квартиру. Приглашаем тебя на новоселье в субботу к 7 часам.
— Поздравляю, Саша! Очень за вас рад. Обязательно приду.
— Запиши адрес: Ташкентская улица, дом 37, корпус 2, квартира 15.
— Как туда ехать?
— Очень просто. До станции метро «Ждановская», потом на автобусе 116 (сто шестнадцатом), третья остановка.
— Спасибо. Буду ровно в семь.

2.
— Здравствуйте, попросите, пожалуйста, к телефону Николая Петровича!
— Алло! Я у телефона.
— Коля, привет!
— А, Игорь! Я уже всё знаю.

— Поздравляю! Хорошая квартира?
— Мне нравится, а жене, кажется, не очень.
— Что так? Неудачная планировка?
— Приезжай, сам увидишь.
— Какой этаж? Балкон есть?
— Приезжай, не хочу рассказывать по телефону.
— Ну, ладно. Записываю адрес.
— Значит так. Улица Нагорная, дом 11, квартира 116.
— Нагорная, одиннадцать, квартира сто шестнадцать.
— Правильно. Второй подъезд, пятый этаж.
— Всё записал.
— Ждём в субботу, в шесть вечера!

3.
— Алло! Лена?
— Да, это я. Алла?
— Алла, Алла. Ой, Леночка, что я тебе сейчас расскажу!
— Что случилось?
— Витя с Машей купили кооператив.
— Вот это новость! Позвоню, их поздравлю!
— У них ещё нет телефона.

06.010

Мы строим дом
We're building a block of flats

06.011

Как обставить квартиру?
How shall we furnish the flat?

1.
— Таня! Я всё хотела тебе сказать, как мне понравилась твоя новая квартира. Светлая, просторная!
— Просторная, потому что мебели нет.
— Как нет? Ведь у тебя есть мебель!
— Ну, разве это мебель?

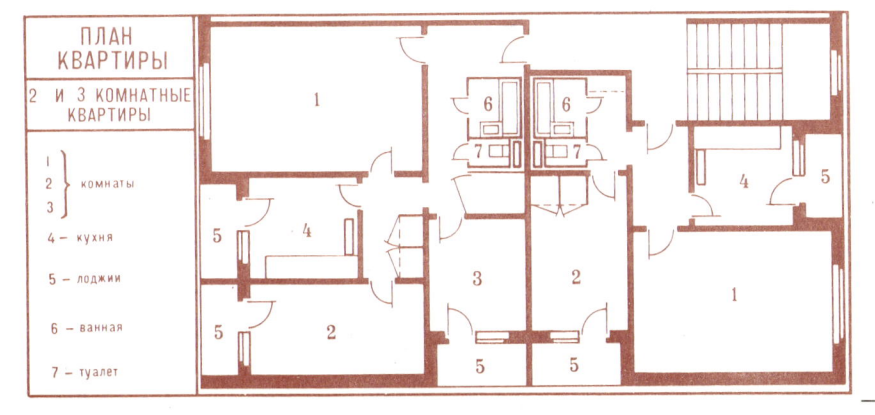

ПЛАН КВАРТИРЫ
2 И 3 КОМНАТНЫЕ КВАРТИРЫ

1
2 } комнаты
3
4 — кухня
5 — лоджии
6 — ванная
7 — туалет

Я хочу гарнитур, а то, что ты видела, покупалось отдельно.
— А мне нравится. Зачем тебе гарнитур? Заставишь всю квартиру, не пройти.
— Зато красиво. Нет, я обязательно куплю.
— Дело твоё. А я всё-таки люблю, когда в квартире свободно.

2.
— Серёжа, привет!
— А, это ты, Андрей! Как дела?
— Да всё квартирой занимаюсь. У меня к тебе вопрос.
— Слушаю.
— Мне нужен гарнитур «Жилая комната». В магазинах полно мебели, но я не знаю, какой лучше купить.
— Я тоже не знаю, я их не видел. Хочешь, спрошу жену? Она у меня всё знает.

— Спроси, я подожду.
— . . . .
— Я тебе говорю, она всё знает. Сразу же сказала, что нет ничего лучше болгарской «Загоры» и стóит не очень дорого.
— Спасибо. Привет жене.

06.012

**Выставка мебели
Furniture exhibition**

06.013

**Бюро по обмену жилплощади
Accommodation exchange bureau**

МЕНЯЮ...

2340-10. Двухкомнатную изолированную квартиру (30 кв. м, ЖСК, ст. метро «Беляево») на двухкомнатную равноценную (по линии метро «Маяковская» — «Речной „вокзал"»). Тел. 333-59-93 после 20 час.

2597-07. Однокомнатную квартиру (18,5 кв. м, ЖСК) и комнату (14,5 кв. м, ЖСК) на съезд (желательно Чертаново). Тел. 311-13-23.

2631-07. Трехкомнатную квартиру (43,5 кв. м, ст. метро «ВДНХ») на трехкомнатную (ст. метро «Динамо», «Аэропорт», «Сокол»). Тел. 282-72-41.

2603-05. Квартиру (56 кв. м, из трех комнат. в Центре) на двухкомнатную и однокомнатную. Тел. 241-51-14.

2646-04. Трехкомнатную квартиру (в Тушине) на одно- и двухкомнатную. Тел. 496-47-71.

1.
— Здравствуйте, я по поводу обмена. К кому мне обратиться?
— Садитесь. Я вас слушаю.
— Мы хотим обменять две квартиры в разных районах на одну в Кировском районе. Как это делается?
— Я вас попрошу заполнить вот эти два бланка. Когда заполните, мы продолжим наш разговор.
— Это нужно сделать сразу? Сейчас? Я, видите ли, сегодня спешу.
— Тогда возьмите бланки с собой.
— Можно прийти завтра?
— Нет, только в пятницу. Мы принимаем заявления по понедельникам, средам и пятницам.
— Хорошо. До свиданья!
— Подождите! Не забудьте указать точный метраж.

2.
— Здравствуйте! Я был(а) у вас на днях по поводу обмена квартир.
— Садитесь. Вы заполнили бланки на обмен?
— Да, я принес(ла) оба бланка.
— Значит, вы хотите обменять две квартиры на одну?
— Да, свою квартиру и квартиру матери.
— Ну что же... Такие обмены у нас бывают.
— А как долго это длится?
— Знаете, по-разному бывает. Но в общем все обмениваются.
— Ну, а всё-таки? Месяц, два, три?
— Рассчитывайте месяца на три. Когда будут предложения, мы вам сообщим.

3.
— Здравствуйте! Я по поводу обмена. Нам нужно срочно разъехаться, разменять 3-комнатную квартиру. Так сложились обстоятельства.
— Хорошо. Но прежде заполните эти бланки. Потом подойдёте ко мне снова.
— Спасибо. А как вы думаете, удастся нам обмен?
— А почему нет? Каких только вариантов не бывает!

06.014

**Сдаётся квартира
Flat to let**

1.
— Следующий, пожалуйста!
— Мне нужна комната. Желательно недалеко от моря.

— Если можно, в тихом районе.
— Так, сколько вас?
— Жена и двое детей.
— Дети взрослые?
— 7 и 9 лет.
— Могу предложить комнату с верандой на улице Сеченова, дом 7. Это минут двадцать ходьбы от пляжа. Есть сад.
— А что-нибудь поближе?
— Поближе к морю есть такой вариант: улица Кирова, 15. Комната светлая, но выходит на улицу. Выбирайте.

2.
— Смотри, объявление! Сдаётся квартира. Подожди!
— Так... однокомнатная квартира, комната 18 метров.
— Прекрасно, что же нам ещё надо? Нас ведь двое.
— И телефон есть, давай запишем.
— Я записываю: 142-17-35.
— Позвони сегодня же, а то может быть поздно.
— Хорошо.

06.015

Что и куда поставить?
What shall we put where?

1.
— Это квартира Котовых?
— Да.

— Мы привезли мебель. У вас жилая комната «Уют»?
— Да.
— Покажите, что куда поставить.
— Пожалуйста, сервант — в эту комнату, направо к стене. Журнальный столик и кресла — к окну. А к этой стене — стол и стулья.
— А диван куда?
— Диван в другую комнату и книжный шкаф тоже.

2.
— Квартира Борисовых?
— Да.
— Кухонный гарнитур ждёте?
— Да, жду.
— Куда поставить, в кухню?
— Нет, пока не надо, там ремонт. Оставьте здесь, в коридоре.
— Как хотите! Мешать проходу не будет?
— А вы поплотнее к стенке придвиньте.

3.
— Иванова?
— Да.
— Привезли вам спальный гарнитур.
— Ой, как хорошо. А что так поздно?

— Очень работы сегодня много. Пока всё развезли...
— Ну хорошо. Вносите, пожалуйста...

06.016

Новоселье
House-warming

1.

— Ты идёшь на новоселье к Николаю Семёновичу?
— Да, он приглашал. И вы тоже (идёте)?
— Мы тоже идём. Давайте подумаем, что подарить.
— У меня есть идея. В магазине «Свет» я вчера видела очень красивую люстру.
— Сколько она стоит?
— Сто тридцать рублей. Купим?
— Ну что же. По-моему, неплохо. В новой квартире пригодится.
— А не дорого? Как ты считаешь?
— Я уже подумала. Олег тоже пойдёт. Нина с мужем. Значит, получится рублей по двадцать с каждого.
— Да. Пожалуй, нормально. Как мы договоримся?
— Давайте так: встретимся у магазина, купим люстру, возьмём такси и сразу поедем к Николаю Семёновичу.
— Хорошо. Встречаемся у магазина «Свет» в пять.
— Договорились. И скажи Олегу, Нине и другим, где и когда.

2.

— А, входите, входите! Раздевайтесь. Кроме вас, все уже собрались.

— Николай Семёнович, ещё раз поздравляем. Это вам от нашего отдела. Люстра.
— Спасибо большое. Очень тронут. Мы как раз с женой говорили, что нужно купить люстру.
— Правда? Значит, мы угадали. Олег принёс инструменты. Мы её сразу вам повесим.
— Замечательно. Всё предусмотрено!

3.

— А теперь, Николай Семёнович, мы хотим пожелать вам счастья в новом доме.
— Спасибо большое. Мы с женой не нарадуемся на свою квартиру.
— Да у вас окна выходят в парк!
— Вот именно. И от центра недалеко, и такой зелёный район.
— Ну просто красота, а не место!

06.017

Конкурс архитекторов
Architectural competition

В игре вы можете использовать такие выражения: «Всего на конкурс представлено три (четыре и т. д.) проекта», «Разрешите представить проект нашей группы», «Посмотрите на чертёж/эскиз».

06.018

Дом будущего
House of the future

06.019

Космический дом
Space house

07) Meals

As we all know, not a single living being can exist without nourishment. Man has even invented specific names for partaking of food in the morning, during the day and in the evening: breakfast, lunch, supper, and for special occasions — dinner party, banquet, etc.

As a rule we have breakfast at home and can have lunch or supper in communal dining-halls — in the canteen of our institute or in one in the city, in a café or in a restaurant.

On days off and to mark special occasions we are often invited out or invite people to our own home. At home we prepare food ourselves and in all other cases eat something that is on the menu of the canteen, café or restaurant or what is put before us by our hosts.

Recently the medical profession has confronted us more and more often with the question: are we feeding ourselves correctly? There even exists a method of curing illness known as the starvation diet. Scientists have calculated that the population of economically developed countries can consume considerably more calories than the body needs in order to function correctly. We can talk about this as well.

At lunch or supper we don't deprive ourselves of the pleasure of having an interesting conversation or business chat, recounting funny things which have happened to us or people we know. This means that the intake of food satisfies not only a physical demand but also a man's need for communication. More often than not it is for this reason that we are invited to people's homes or have dinner in a café or restaurant.

Together we will invite guests (the lessons "Unexpected Guests", "A Banquet"), visit a canteen ("In a canteen"), discuss the questions of nourishment ("Are We Feeding Ourselves Correctly?"); to consolidate our knowledge we'll take part in a cooking competition and a waiters' competition ("Cooks' Competition" and "Waiters' Competition"), etc.

You will learn to adopt commonly used constructions and polite expressions, master speech patterns and models of behaviour in various situations encompassed by the present subject.

07.001

Кто лучше знает русскую кухню?

Who knows Russian cookery best?

07.002

Что купить к обеду?
What shall we buy for lunch?

07.003

Что из этого можно приготовить?
What can we make from this?

07.004

Поужинаем вместе?
Shall we have dinner together?

1.
— Алло, Дороти? Привет! Ты не хочешь сегодня поужинать со мной? Я хочу с тобой повидаться и посоветоваться.
— Спасибо, Вася. Я бы с удовольствием, но сегодня я, честно говоря, занята. У тебя срочное дело?
— Нет, время терпит. А в четверг или в пятницу у тебя есть время?
— В четверг? В четверг я свободна.
— Значит, в четверг вечером. Я позвоню тебе сразу после работы.
— Отлично! Значит, договорились.

2.
— Энн, привет! Чем ты занимаешься?
— Собираюсь готовить ужин, а ты что делаешь?
— Может, пойдём куда-нибудь поужинать?
— Давай, я с удовольствием. Так надоело готовить... А куда пойдём?
— Говорят, в «Адриатике» вкусно готовят.
— А где это?

— Недалеко от «Кропоткинской». Я буду ждать в метро.
— Договорились.
— Отлично. Во сколько встретимся?
— Через полчаса. Договорились?
— Нет, давай через час, мне ещё нужно кое-что сделать.
— Хорошо, значит, в семь (часов). Не опаздывай!

3.
— Здравствуй, Питер!
— Ты уже вернулся? Как нам с тобой встретиться?
— Ты свободен сегодня вечером? Давай вместе поужинаем. Я тебя приглашаю.
— Спасибо, Саша, с удовольствием. А куда мы пойдём?
— Пойдём в кафе «Лира». Там уютно.
— Давай. Где и когда мы встречаемся?
— Встречаемся в 7 (семь часов) вечера у метро «Пушкинская», там недалеко.
— Договорились. Я знаю это кафе.
— До встречи!

07.005

Пора обедать!
Lunch time!

1.
— Пойдём обедать?
— Пойдём. Уже два часа. Только куда?
— Может быть, в столовую напротив?
— Знаешь, давай лучше пойдём в кафе «Космос».
— А чем тебе не нравится столовая?
— Надоело. Всё одно и то же.

НА ПРОСПЕКТЕ КАЛИНИНА
(г. МОСКВА)

Улица Чайковского
Проспект Калинина
- Ресторан „Арбат"
- Кафе
- Столовая
- Пельменная
- Кафе „Метелица"
- Кафе „Ивушка"
- Кафе „Валдай"
- Пивной бар „Жигули"

— Ну, как хочешь, мне всё равно.
— Значит, пойдём? И прогуляемся немного.

2.
— Нина, пора обедать. Пойдём?
— Пойдём, а куда?
— Поехали в кафе «Луна». Там хорошо готовят и недорого, а?
— Да ведь туда нужно ехать...
— Всего три остановки на двадцать втором (трамвае).
— А почему не пообедать в нашей столовой? Это же быстрее.
— Я уже была там. Сегодня столовая закрыта.
— Ладно, поехали. Я иду одеваться.

3.
— Ты пойдёшь с нами обедать?
— Спасибо, не хочу. Я поздно завтракал(а).
— Ну, как знаешь. Учти, у нас после занятий экскурсия.

— Ах, да. Я совсем забыл(а).
— Так ты идёшь или нет?
— Придётся пойти... Или нет. Купите мне пару бутербродов с колбасой. Хорошо?
— Ладно, купим.

4.
— Кэрол, ты ещё не проголодалась?
— О да, ужасно!
— Так, может, пообедаем?
— С удовольствием. Только где? Ведь наш буфет откроется лишь через час.
— Ах да! Я совсем забыл... А может, зайдём в кафетерий напротив?
— Это идея! Сейчас я оденусь.
— Жду тебя внизу, у лифта.

07.006

Где вы обедаете?
Where do you have lunch?

1.
— Ты где обедаешь?
— Здесь рядом есть столовая.
— Как там кормят?
— Хорошо! Там вкусно готовят.
— А ты сам там обедаешь?
— Да. Пойдём сегодня вместе, хорошо?
— Ладно. Зайди за мной в час — пол-второго.
— Договорились!

2.
— Ты из столовой?
— Нет, из кафе «Тройка».
— Ну как там?
— Очень хорошо. И недорого. Мы втроём заплатили четыре рубля пятьдесят копеек.
— А что заказывали?
— Комплексный обед. Очень неплохой.

3.
— Мейбл, ты где обедаешь?
— В столовой, на первом этаже. Она открывается в 11 и работает до 4.
— Значит, в столовую я опоздал. Уже четверть пятого.
— В таком случае пойди в буфет, на пятый этаж.
— Там можно пообедать?
— Как сказать... Там всегда есть кофе или чай, бутерброды, булочки... Можно заказать яичницу или сосиски.
— Прекрасно. Это меня вполне устроит. А ты мне не составишь компанию?
— Спасибо, я уже пообедала.

07.007

Здесь свободно?
Is this place free?

1.
— Простите, здесь свободно?
— Да, пожалуйста.
— Мы вам не помешаем?
— Нет, что вы.

2.
— Скажите, здесь свободно?
— Только одно место свободно. Мой товарищ вышел позвонить. Вот он возвращается.
— Извините.

3.
— Где нам можно сесть?
— Вас двое?
— Да.
— Садитесь за этот столик у окна.

4.
— Скажите, за какой столик можно сесть?
— Вы только вдвоём?
— Нет, нас будет четверо. Наши друзья подойдут.
— В таком случае пройдите в соседний зал. Там ещё есть свободные столики.

5.
— Девушка, скажите, этот столик свободен?
— Нет, он уже заказан. Вот табличка. Есть два свободных места направо у эстрады. Вас это устроит?
— Боюсь, там будет слишком шумно. А мы хотели поговорить.
— Тогда подождите немного. Я к вам подойду.

07.008

В столовой
In a canteen

1.
— Возьми поднос и проходи вот сюда. Салат будешь брать?
— Буду.
— Тогда поставь его на поднос. Какой суп ты берёшь?
— Суп я не буду есть.
— А я возьму лапшу. Что на второе?

— Жаркое, конечно.
— Всё? А теперь проходи к кассе и плати.

2.
— Скажите, пожалуйста, что сегодня на первое?
— Бульон и борщ. В меню всё написано.
— Дайте бульон и котлеты.
— Котлеты, к сожалению, кончились. Ведь мы скоро закрываем.
— Ах, да... Ну, дайте тогда омлет.
— Возьмите ещё салат!
— Он с майонезом?
— Нет, с растительным маслом.

3.
— Простите, девушка, у вас есть творог или каша на завтрак?
— Есть каша.
— А какая?
— Манная, гречневая с молоком и маслом.
— А кофе есть?
— Чёрный или с молоком?
— Дайте, пожалуйста, с молоком.
— Пожалуйста.

07.009

Мы готовим сами
We cook for ourselves

1.
— Наташа, у меня к тебе просьба. Я приду поздно, ты не приготовишь обед?
— Попробую. Ты же знаешь, как плохо я готовлю.
— Ерунда! Слушай внимательно. Купи «Сыр с грибами» для супа. Картофель, лук и морковь есть дома.
— Ну, с этим я справлюсь. А на второе?
— Можно купить готовые котлеты или пельмени.
— Лучше пельмени.
— Как хочешь. Счастливо!

2.
— Хэлен, надо быстро пообедать — через час у нас занятия. Что у нас есть?
— Сейчас посмотрю. Вот супконцентрат. Он варится 10 минут.
— Очень хорошо. Ставь варить, а я сбегаю в «Кулинарию», куплю пару антрекотов. Масло у нас есть?
— Масло есть. Купи хлеба.

3.
— Слушай, у нас есть какая-нибудь еда?
— Что, проголодался? В холодильнике есть вчерашние котлеты и банка зелёного горошка. Можно подогреть.
— Вот и прекрасно. А хлеб?
— А хлеба, к сожалению, нет.
— Тогда я сбегаю в буфет. Заодно куплю чего-нибудь сладкого к чаю. А ты пока подогрей котлеты и горошек.

4.
— Мы успеваем пообедать в столовой?
— Думаю, нужно приготовить что-нибудь самим. Мы ведь вернёмся совсем поздно.
— Можно сделать яичницу: это 5 минут.
— Правильно. А ветчина у нас осталась?
— Осталось немного.
— Прекрасно. Сделаем тогда яичницу с ветчиной. И кофе успеем выпить.

5.
— Ты что-нибудь приготовил?
— Нет. Я опоздал в магазин.
— Ведь ты дежуришь!
— У нас был факультатив.
— А нам теперь голодать?
— Почему? Есть хлеб, сардины.

07.010

Составьте меню!
Compose a menu!

07.011

Где бы нам поесть?
Where shall we go to have something to eat?

1.
— Я что-то проголодался. А ты?
— Я тоже. Может быть, зайдём куда-нибудь поужинать?
— Я бы с удовольствием, но у меня билеты в кино на восемь часов.
— Ничего, успеем. Знаешь кафе «Встреча»?
— Это у метро?
— Да, направо, за углом. Там хорошо готовят. Я был там на днях.
— А я успею к восьми часам на площадь Кирова?
— Вполне успеешь.

2.
— Ты знаешь, наша столовая сегодня не работает. Где бы поесть?
— Недалеко есть приличное кафе. Там мы сумеем поесть быстро и недорого.
— А что там есть?
— Там бывают блинчики с мясом, очень вкусные. Да и вообще в этом кафе прилично кормят.
— Что ж, пойдём. Это выход.

3.
— Слушай, ты где ужинать собираешься?
— А сколько сейчас времени?
— Начало седьмого.
— Значит, столовая уже закрыта. Пошли в пирожковую.
— А что там есть?
— Бульон и пирожки с мясом. Я там часто ужинаю. Быстро и дёшево.
— Ладно. Подожди меня. Я только соберу книги.
— Поскорее, а то опоздаем!

07.012

Заказ ужина
Ordering a meal

1.
— Добрый вечер, вот меню.
. . . .
— Ну, что будем заказывать?
— Я думаю, во-первых, какой-нибудь салат. Посмотри, что есть в меню из холодных закусок?
— Вот, салат из свежих овощей. А горячее?
— Я люблю котлеты по-киевски. Ты не против?
— Очень хорошо. И что-нибудь на десерт.
. . . .
— Вы уже выбрали?
— Да, два салата «Весна», котлеты по-киевски и что-нибудь на десерт. Что вы нам посоветуете?
— Возьмите мороженое-ассорти.
— Хорошо, две порции, пожалуйста. И две чашки кофе.

2.
— Не пойти ли нам поужинать?
— Я бы с удовольствием, но боюсь, не успею. Мне надо через час быть в библиотеке.
— В библиотеке? Почему так поздно?
— Да, видишь ли, я там договорился встретиться с товарищем.
— Тогда зайдём в закусочную.
. . . .
— Здесь самообслуживание. Подожди, я принесу поесть. Что тебе взять?
— Какой-нибудь салат, мясо и кофе.
— Сейчас принесу. Одну минуту.

— Помочь тебе?
— Нет, нет. Посиди, я сейчас.

3.
— Чем вы нас сегодня покормите?
— Есть мясное ассорти, заливная рыба, салат «Столичный»...
— Пожалуй, рыбу. А тебе?
— А я возьму салат.
— И цыплят «табака», здесь их отлично готовят.
— А на десерт?
— Мы ещё подумаем. Да, пожалуйста, ещё пачку сигарет «Ява» и спички. Пока всё!

07.013

Правильно ли мы питаемся?
Are we feeding ourselves correctly?

07.014

Неожиданные гости
Unexpected guests

1.
— Оля, звонили Блэксмиты. Сказали, что собираются к нам. Ты не рада?
— Очень рада. Ты же знаешь, как я люблю Майкла и Дорис...
— Так в чём же дело?

— Посмотри, что у нас есть в холодильнике.
— Так. Есть мясо, зелёный горошек, сыр...
— Достань мясо, я поставлю его варить. Значит, салат с зелёным горошком у нас есть (будет).
— Что ещё сделать?
— Сходи, пожалуйста, в кулинарию, купи антрекоты или бифштексы, вот сумка.
— Что ещё?
— Что-нибудь к чаю. Торт или пирожные.
— А хлеб нужен?
— Конечно, нужен. Ну, иди скорее!

2.
— Давай быстро приготовим что-нибудь. Что у нас есть из продуктов?
— Свари яйца, возьми в холодильнике мясо и майонез — приготовим салат. А я быстро испеку торт.
— Торт? Но ведь это же долго!
— Совсем нет. Он так и называется — «торт-пятиминутка».

3.
— Через час Орловы будут здесь. Сходи в магазин, а я пока приготовлю что-нибудь.
— А что купить?
— Купи сыру и колбасы.
— А к чаю купить что-нибудь?
— Не надо. Они сказали, что принесут с собой торт.

4.
— Не волнуйся. Сейчас быстро что-нибудь организуем.
— Давай сделаем бутерброды, откроем пару банок консервов...

— Можно ещё селёдку разделать...
— Конечно. Давай быстрее.

07.015

У моей жены день рождения
It's my wife's birthday

1.
— Слушай, Витя, мне нужен твой совет.
— Совет? Ну, слушаю.
— Ты знаешь, завтра у Тани день рождения, я хочу сам приготовить ужин. Что бы мне придумать?
— А что она любит?
— Что-нибудь острое, мясное.
— Проще всего сделать шашлык.
— Таня любит шашлык... А ты мне не поможешь?
— Ладно. Купи мясо и посмотри в кулинарной книге, как его готовят для шашлыка. Я приеду завтра пораньше, и мы всё сделаем.

2.
— А что, если нам приготовить ещё клубнику с мороженым?
— Звучит заманчиво. Как это делать? Ты умеешь?
— Очень просто. Клубнику обкладывают мороженым и ставят в холодильник. Это очень вкусно.
— И правда.
— А мороженое у тебя есть? А клубника?
— В том-то и дело. Клубнику я уже купил. А мороженое — не проблема.

3.
— Помоги мне, пожалуйста!
— А в чём дело?
— Понимаешь, у Наташи се-

годня день рождения, а с работы она придёт поздно. Давай приготовим праздничный ужин.
— Давай. Что ты хочешь сделать?
— Приготовим рыбу под маринадом. Она её очень любит.
— Прекрасно. Чем я могу тебе помочь?
— Открой поваренную книгу, найди там рецепт «Рыба под маринадом».
— Минуточку... Вот, слушай.

07.016

Экономная хозяйка
Economising housewife

1.
— Алло, Таня?
— Да, здравствуй, Ира.
— Мне нужен твой совет. Скажи, как приготовить недорогой обед?
— А что у тебя есть из продуктов?
— Ты же знаешь, я только что приехала. В холодильнике лежат два кабачка.
— Для начала неплохо. Купи килограмм мяса и полкило риса.
— Так. Рис у нас должен быть. Ну, а дальше?
— Мясо отвари, сделаешь бульон. Потом свари рис. Отварное мясо пропусти через мясорубку, смешай с рисом добавь томатный соус. Это фарш для кабачков.
— А, понимаю. Кабачки обжарить кружками, да?
— Да, только сначала надо вырезать середину и положить туда фарш.

2.
— Сегодня вечером у нас будут гости. Посоветуй, как приготовить недорогой ужин.
— Есть хороший выход. Будет недорого, сытно, но времени придётся потратить порядочно.
— Это неважно. Что ты имеешь в виду?
— Сделай побольше блинов. Прекрасное русское блюдо.
— А с чем?
— Да с чем угодно. С рыбой, сметаной, вареньем, наконец. Сделай блины и чай.
— Это ты здорово придумала. Спасибо. Так и сделаю.
— Только тесто поставь заранее.
— Ну конечно!
— Желаю удачи!

3.
— Просто не знаю, что делать? Завтра у нас будет столько народу. Что приготовить?
— Слушай, сделай плов. Это экономно, сытно и вкусно. Мясо есть?
— Да, я вчера купила неплохую баранину.
— А морковь, лук, рис?
— Рис и лук есть, а вот моркови, по-моему, нет, но я сегодня куплю.
— Вот и прекрасно. Думаю, всем понравится, ты ведь вкусно готовишь.

07.017

У нас гости
We've got guests

В игре Вы можете использовать такие выражения: «Сходи в магазин», «Сбегай в булочную», «Я приготовлю салат, а ты — мясо», «Добавь свёклу, майонез», «Открой банку горошка», «Поставь тарелки», «Сколько нас человек?», «Посчитай приборы. Всем хватает?».

07.018

Что приготовить?
What shall we prepare?

1.
— Дороти, что ты будешь готовить на завтра?
— Знаешь, я, может быть, сделаю пельмени.
— Ведь это так долго!
— Хочешь, я пожарю цыплёнка?
— Вот это хорошо. Ещё что?
— Сделаем салат из свежих овощей.
— Что нужно купить?
— Пойдём вместе в «овощной». Возьми вот эту сумку.

2.
— Нина, на твой день рождения я сделаю прекрасное блюдо.
— Какое?
— Курицу в соусе!
— А как ты её делаешь?
— Очень просто. Курицу отварю, очищу от костей, порежу на мелкие кусочки.
— Ну и что это будет?
— Слушай дальше. Потом жарю много лука и чеснока, кладу перец, уксус...
— Но ведь это слишком остро?
— А ты клади по своему вкусу. И больше сметаны.
— Ладно, что дальше?
— Этим соусом надо залить курицу.
— Никогда не пробовала такое.
— И зря. Очень вкусно, сытно и обычно всем нравится.

3.

— Так надоело: всё одно и то же. Что бы приготовить оригинальное? Завтра вечером придёт Роузмэри с мужем.
— Сейчас ведь сентябрь. Я могу съездить на рынок и купить грибы, а ты сделаешь жюльен.
— Какой ты молодец! Как это я не догадалась? Купи лисичек, из них очень вкусно получается.
— Хорошо, расскажи мне, как ты готовишь?
— Зачем тебе, ведь я всегда сама это делаю.
— Просто так, мне интересно.
— Ну, жарю грибы в масле и с луком. Потом посыпаю тёртым сыром, кладу сметану и ставлю в духовку.
— И это всё?
— Да, в духовке они доходят.
— А соль, перец?
— Это само собой (разумеется).

07.019

Конкурс кулинаров
Cooks' competition

07.020

Что вы нам посоветуете?
What do you advise us?

1.

— Добрый вечер! Вот меню, что будете брать?
— Что вы нам посоветуете?
— Возьмите грибы в сметане. Что ещё будете заказывать?
— Шашлык.
— Напитки будете заказывать?
— Минеральную воду.

2.

— Вы уже выбрали?
— Нет, мы хотели посоветоваться с вами.
— На закуску советую взять заливную рыбу. Это наше фирменное блюдо. Горячее будете брать?
— Только второе. Хорошо бы сочное нежирное мясо.
— Тогда закажите бифштексы.

07.021

Конкурс официантов
Waiters' competition

07.022

Банкет
A banquet

08) In the Street

Today's conversation will be devoted to a very important topic for every foreigner. It is hardly likely that you want to spend all your time in the USSR in your hotel room or hostel or only take part in organized events. There is a lot of interesting things: it's interesting to see what the papers have to say, to see what cigarettes the Soviet people smoke, what they eat and drink and where they spend their leisure time, etc.

You go out onto the street and immediately find yourself in a noisy, bustling and as yet unfamiliar world. Pedestrians are hurrying about on their business, the traffic is rolling along. Where should you go? On foot, or by transport? As a start you decide to investigate the street on which you're staying, and if possible buy a packet of cigarettes and today's newspaper.

You walk along the street looking in at the shop windows. In a sidestreet you notice a kiosk which is selling something that is arousing a lot of interest. "Tobacco"—you read, and take a detour from your route. And a little further on you see another kiosk from which people are coming away with newspapers and magazines in their hands. It is a kiosk selling stationery. Across the road is another kiosk where they are selling ice-cream. How can you resist?!

Within a few minutes you realize that you are lost... What should you do in such a situation? You'll find the answer in the lesson entitled "We're Lost".

What should you do and what is it correct to say when you find yourself in various different situations during your stay in a Soviet city? You will learn all this with the help of our lessons "How do I Phone From a Public Telephone?", "Which Stop Do I Get Out at?", "At the Enquiry Office" and others.

You will learn how to model your behaviour from various speech patterns in various situations given in the present topic.

In the chapter "In the Street" you will find almost all possible situations in which a foreign visitor can find himself in the streets of a city in our country.

08.001

Чем мы пользуемся на улице?
What do we make use of on the street?

08.002
Где находится?..
Where is?..

08.003
Хорошо ли вы знаете улицу, на которой живёте?
Do you know the street on which you are staying well?

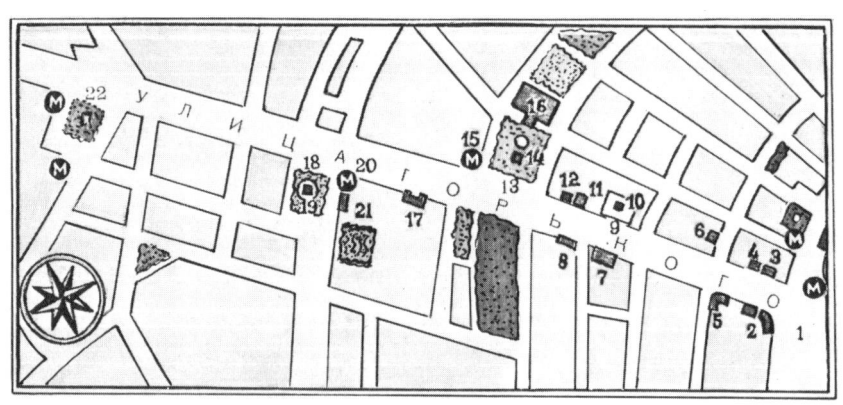

1 — площадь 50-летия Октября; 2 — гостиница «Националь»; 3 — магазин «Подарки»; 4 — кафе «Космос»; 5 — Центральный телеграф; 6 — МХАТ (старое здание); 7 — Моссовет; 8 — книжный магазин «Дружба»; 9 — Советская площадь; 10 — памятник Ю. Долгорукому; 11 — ресторан «Центральный»; 12 — музей Н. Островского; 13 — Пушкинская площадь; 14 — памятник А. С. Пушкину; 15 — станция метро «Пушкинская»; 16 — кинотеатр «Россия»; 17 — Музей Революции СССР; 18 — площадь Маяковского; 19 — памятник В. Маяковскому; 20 — станция метро «Маяковская»; 21 — Концертный зал имени П. И. Чайковского; 22 — площадь Белорусского вокзала (в центре — памятник А. М. Горькому)

08.004

Мы заблудились
We're lost

1.
— Скажите, пожалуйста, как мне доехать до гостиницы «Россия»?
— До «России»? Значит так: идите по этой стороне улицы, чуть дальше будет станция метро «Пушкинская». Вам нужно ехать до станции «Площадь Ногина».
— «Площадь Ногина». А дальше?
— Там увидите указатель: «Выход к гостинице „Россия"».
— Большое спасибо.

2.
— А здесь, по-моему, надо идти направо...
— Я, кажется, заблудился. Мне нужно в мединститут.
— На улице Петрова?
— Да-да.
— Вы уже прошли эту улицу. Вернитесь назад и поверните направо.
— Благодарю вас.
— Не за что.

3.
— Простите, пожалуйста. Я никак не могу сориентироваться. Это улица Горького?
— Что вы, проспект Маркса.
— Вы знаете, я не москвич, здесь в первый раз и заблудился.
— Бывает. Москва — громадный город. Идите до угла того дома, а там повернёте налево.
— Там, кажется, какая-то гостиница?
— Да, гостиница «Националь». Это начало улицы Горького.
— Вот как. Спасибо большое.
— Не за что.

08.005

Простите, как пройти к?..
Excuse me, how can I get to?..

1.
— Простите, мне говорили, что где-то здесь есть книжный магазин.
— «Академкнига»?
— Кажется, так.
— Тогда пройдите чуть дальше и поверните за угол направо. Там увидите книжный магазин.
— Благодарю вас.

2.
— Скажите, пожалуйста, как пройти к «Агентству Аэрофлота»?
— Простите, я не знаю. Я не здешний.
— У кого бы спросить?
— Спросите у милиционера.

3.
— Простите, пожалуйста, вы не скажете, где здесь можно купить цветы?
— Цветы? Сейчас подумаю... Есть цветочный магазин в проезде Художественного театра.
— Это далеко отсюда?
— Нет, совсем рядом. Сейчас спуститесь в туннель и перейдите на другую сторону. Пройдёте немного вперёд и на углу, рядом с большим гастрономом, увидите цветочный киоск.
— Большое вам спасибо.
— Не за что.

08.006

До какой остановки мне ехать?
Which stop should I get out at?

1.
— Скажите, пожалуйста, как мне доехать до Библиотеки иностранной литературы?
— Мы сейчас у метро «Киевская»... Лучше всего на метро до «Таганской», от метро троллейбусом.
— А каким троллейбусом?
— Простите, не помню точно, там спросите. А можно пройти от метро пешком, там недалеко.
— Пешком?
— Да, от метро налево и вниз по улице мимо Театра на Таганке.
— Спасибо.
— Не за что.

2.
— Скажите, я доеду на 4-м троллейбусе до универмага «Москва»?
— Доедете. Вам надо проехать три остановки.
— Значит, я должен сойти на четвёртой остановке?
— Совершенно верно. Остановка так и называется — универмаг «Москва».

3.
— Скажите, пожалуйста, я на этом автобусе доеду до стадиона в Лужниках?
— Не совсем. Вы доедете до остановки «Ярмарка», а там надо пройти пешком.
— Далеко?
— Порядочно. Минут 20 (двадцать).
— А проехать никак нельзя? Я спешу.
— Наверное, можно. Спросите у кого-нибудь ещё.

08.007

Как звонить по телефону-автомату?
How do I phone from a public telephone?

1.
— Ох, хорошо, что вспомнил! Мне нужно срочно позвонить! Покажи мне, пожалуйста, как звонить по телефону-автомату.
— Очень просто. Смотри. Возьми монету в две копейки или две монеты по копейке. Готово? Положи сверху, вот сюда. Сними трубку. Слышишь гудок?
— Да, слышу.
— Теперь набери номер.
— Так, готово.
— Гудки длинные?
— Да, длинные.
— Значит, сейчас снимут трубку.
— Понял. А если номер занят?
— Значит, ты услышишь короткие гудки. Тогда повесь трубку и возьми деньги.

2.
— Извини, я совсем забыла. Мне надо срочно позвонить Стивену.

— Так в чём же дело? Вот телефон-автомат.
— Зайди, пожалуйста, со мной в будку. Я ещё никогда не звонила в Москве по автомату.
— Ах, вот что. Всё очень просто. Опусти две копейки в отверстие сверху...
— Готово. Теперь снять трубку?
— Да. Набирай номер. Слышишь гудки?
— Слышу. Короткие и частые.
— Значит, твой номер занят. Подождём немного. Монету можно не вынимать. Попробуй ещё раз.
— Длинные гудки.
— Жди, сейчас тебе ответят!

3.
— Саша! Ты не выручишь меня?
— А в чём дело? 
— Мне надо позвонить в одно место, а я, честно говоря, не знаю, как это можно у вас сделать.
— Ну, вот ближайший автомат. Идём, я покажу тебе.
— Спасибо.
— Держи двушку, бросай её в отверстие. Слышишь гудок?
— Слышу.
— Набирай номер. Какие гудки, короткие или длинные?
— Длинные.
— Жди, сейчас ответят.
— Никто не отвечает.
— Значит, нет дома. Позвоним попозже.

08.008

У газетного киоска
At the newspaper kiosk

1.
— Мне «Правду», «Известия» и «Литературку», пожалуйста.
— «Литературная газета» сегодня не выходит.
— Ах, я забыл, ну тогда «Правду» и «Известия».
— Возьмите сдачу.
— Спасибо.

2.
— Мне «Правду», «Известия» и «Комсомолку».
— Пожалуйста: «Правда», «Известия».
— А «Комсомолка»?
— Уже продана. Посмотрите в киоске у метро.
— Спасибо.

3.
— Вы «Морнинг Стар» уже получили?
— Нет ещё. Сегодня же понедельник. Будет часам к 11 (одиннадцати).
— Тогда дайте мне «Лайбор Мансли».
— Пожалуйста.

08.009

Хочешь мороженого?
Would you like some ice-cream?

1.
— Хочешь мороженое?
— Хочу. С удовольствием. Я люблю мороженое.
— Какое тебе взять?
— «Лакомку».
— Одну «Лакомку» и одно «Эскимо», пожалуйста.
— «Лакомка» и «Эскимо». Сорок восемь копеек.
— Вот рубль.
— Получите сдачу.
— Спасибо.

2.
— Хочешь мороженого?
— Нет, спасибо. У меня болит горло.
— А я возьму «фруктовое». Сегодня так жарко!

3.
— Ну и жара сегодня! Давай купим мороженое!
— Давай, тебе какое?
— В стаканчике, за 19 (девятнадцать) копеек.
— А я возьму за 28 (двадцать восемь).
— Одно в стаканчике и одну «Лакомку».
— 47 (сорок семь) копеек. Вот сдача.

08.010

У вас не найдётся двушки?
Do you have a two-kopeck coin?

1.
— Вы не разменяете мне пять копеек? Мне нужно позвонить.
— Сейчас посмотрю. Вот, пожалуйста. Три и две копейки.
— Большое спасибо.

2.
— Вы не разменяете мне пять копеек на двушки? Надо позвонить.
— Сейчас посмотрю. Нет, к сожалению, нет. Спросите в киоске «Союзпечать».

3.
— Простите, у вас не будет двухкопеечной монеты?

— Минуточку... Есть две монеты по копейке.
— А у меня пятачок. Разменяете?
— Разменяю. Вот вам три (копейки) и две по одной.
— Спасибо. Вы меня выручили.

4.
— У вас нет двушки? Или две монеты по копейке? Для телефона.
— Одну минуту. Так. Нет, к сожалению, не могу вам помочь.
— Что же делать?
— А вы подойдите к газетному киоску и попросите разменять.

08.011
Хочешь пить?
Are you thirsty?

1.
— Хочешь пить?
— Очень. А где можно попить?
— Вон автомат.
— Пошли.

2.
— Тебе с каким сиропом? Апельсиновым? Лимонным?
— Мне с лимонным.
— Опусти три копейки вот сюда и нажми кнопку.
. . . .
— Очень вкусно. А ты почему не пьёшь?
— Не хочется. Я недавно пил(а) чай.

3.
— Очень хочется пить... У тебя нет трёхкопеечной монеты?
— Сейчас посмотрю... Нет, к сожалению. Только однокопеечные.
— Жаль. Придётся пить без сиропа.
— Так ведь здесь есть разменный аппарат!
— Да, в самом деле!

08.012
Мне нужно купить сигарет
I need to buy some cigarettes

1.
— Что вам?
— Пачку «Явы» и спички.
— Сорок одна копейка. Пятьдесят девять сдачи. Получите!
— Спасибо.

2.
— Пожалуйста, две пачки «Пегаса».
— Спичек не надо?
— Надо, две коробки, пожалуйста.
— Всё?

— Нет, ещё пачку лезвий по рублю.
— С вас 1 рубль 82 копейки (рубль восемьдесят две).
— Вот три рубля.
— Получите сдачу: один рубль и 18 (восемнадцать) копеек.

3.
— Мне нужно купить сигарет.
— Слушай, а ведь здесь нет табачного киоска?
— Что же делать?
— Зайдём в гастроном. Там есть отдел, где мы наверняка купим.

08.013

У справочного бюро
At the enquiry office

1.
— Скажите, как мне попасть в Институт русского языка Академии наук?
— Академии наук? Сейчас напишу: метро Кропоткинская, улица Волхонка, дом двенадцать.
— От метро нужно ещё ехать?
— Нет. Институт слева от выхода из метро. С вас четыре копейки.

2.
— Я хотел бы узнать адрес Волкова Игоря Ивановича.
— Он москвич?
— Не знаю точно... По-моему, да...
— А год рождения знаете?
— Примерно 1950. Окончил МГУ в 1975 году.
— Это неважно. Подойдите, пожалуйста, через полчаса.

. . . .

— Я насчёт Волкова... Я к вам подходил уже.
— Да-да, помню. Так, Волков Игорь Иванович, 1952 года рождения, домашний адрес: Ленинский проспект, дом 79, корпус 2, квартира 123. Телефон — 135-14-43 (сто тридцать пять—четырнадцать—сорок три). Вот справка. 50 копеек, пожалуйста.
— Большое спасибо.

3.
— Справочная слушает.
— Скажите, девушка, я могу узнать номер личного телефона?

— Фамилия, имя, отчество?
— Тарский, Евгений Маркович.
— В каком районе проживает?
— Я точно не знаю... Кажется, в районе Белорусского вокзала.
— Одну минуту. Не отходите от телефона. Вы слушаете? Тарский Евгений Маркович. 151-28-14.
— 151-28... Простите, я не успел(а) записать.
— 151-28-14 (сто пятьдесят один—двадцать восемь—четырнадцать).
— Спасибо.

4.
— Скажите, пожалуйста, где находится Институт русского языка?
— Улица Волхонка, дом 12.
— А как туда добраться?
— Метро Кропоткинская.
— Вы знаете, а мне называли совсем другое место.
— Какой институт вам нужен?
— Институт русского языка имени Пушкина.
— Так это совсем в другом районе. Метро «Калужская», улица Волгина, автобус 295 или метро Юго-Западная, автобус 226.

08.014

У киоска «Цветы»
At the flower kiosk

1.
— Мне, пожалуйста, три гвоздики!
— Выбирайте!
— Две красных и вот эту большую белую.
— Всё? С вас рубль пятьдесят.

2.
— Девушка, мне нужен красивый букет. Помогите мне, пожалуйста!
— Постараюсь. А для кого цветы?
— Моя сестра выходит замуж.
— Невесте обычно дарят белые цветы. Есть белые розы и гвоздики.
— Хорошо. Дайте и розы, и гвоздики. Я ничего не понимаю в цветах.
— Розы и гвоздики не собирают в один букет. Я вам выберу пять роз, хотите?
— Большое спасибо! Очень красиво.

3.
— Девушка, мне розы, пожалуйста.
— Сколько штук?
— Семь. Сколько с меня?
— Три рубля пятьдесят копеек.

4.
— У вас есть гладиолусы?
— Да. В букетах. Два рубля.
— Вы не могли бы соединить два букета в один?
— Конечно. Прошу вас.

08.015

Встреча, свидание
Meetings, rendez-vous

1.
— Здравствуй! Это тебе!
— Добрый вечер! Какие красивые астры! Спасибо!
— Я очень рад тебя видеть! Ты прекрасно выглядишь!
— Да ведь я только что из отпуска. Из Ялты. Как твои дела?
— Спасибо, всё в порядке. А у тебя?
— Тоже.
— Ну, что будем делать? Я предлагаю немного погулять, а потом поужинать в кафе.
— Согласна, с удовольствием!

2.
— Ты давно меня ждёшь?
— Давно, а ты, как всегда, опаздываешь.
— Ну не сердись, прости. Что будем делать?
— У меня есть 2 билета в Театр имени Моссовета.
— А на что?
— Хороший спектакль. «Тема с вариациями». Но мы уже опаздываем.
— Да ты что! Что же делать? Как жалко!
— Вон свободное такси, поехали. Если и опоздаем, то не очень.

3.
— Саша, что ты тут делаешь?
— Да так, ничего.
— И с цветами! Ты ждёшь кого-то?
— Да ладно тебе... Ну, жду.
— А её нет.
— Пока нет.
— Давно ждёшь?
— Не очень...
— Ну а всё-таки?
— Слушай, хватит тебе. Ну, полчаса.
— Полчаса. Это ещё ничего. Ещё придёт.
— Перестань издеваться!
— Ладно, ладно, жди.

08.016

Что будем делать?
What shall we do?

08.017

Благоустройство улицы
The organization of public services and amenities on the street

09) Personal Services Establishments

As a rule a trip abroad lasts only a few days or weeks. Depending on circumstances and demands we have at some stage to make use of various personal services establishments and to have contacts with the workers and administrators of these services. For example, you happen to have got a stain on your suit. What should you do? You take your suit to the cleaners.

You have been invited out and you are getting ready to go when you look in the mirror and see that it wouldn't do any harm to have your hair cut or set. You need the services of the hotel hairdresser or any hairdresser in the city you are staying in.

You urgently need to find the address or telephone number of an establishment of higher education, of a theatre or a museum. How can you do this if you haven't a special telephone directory or local calls' book at hand? You need to turn to a special service for help—city enquiries: in Moscow "Moscow city enquiries", in Leningrad "Leningrad city enquiries".

Every city in the Soviet Union has innumerable personal services establishments—dry cleaners, local enquiries, hairdressers, camera workshops, clothes and shoe repair shops and those of household and electric goods (razors, typewriters, coffee grinders, etc.) In "Metal repair" workshops simple metal work is carried out, for example, keycutting; here too you can quickly get an umbrella fixed, get a lighter mended by means of gas, etc.

For the convenience of city-dwellers in the Soviet Union there are whole enterprises—personal and household services centres which combine a whole complex of the services (or most of the services) listed above. Here—often in one many-storeyed building—you can find shoe and clothes repair shops, repair shops of household and electric goods, hairdressers, camera workshops, dry cleaners, metal repairs, etc.

One of the biggest Soviet firms of services enterprises is the Moscow amalgamated firm "Dawn". Every year thousands of Muscovites make use of the firm's services. The firm's specialists carry out nearly 80 sorts of work including sending out popular fairy-tale figures to children on special occasions (for example, at New Year the fairy-tale Father Frost and the Snow Maiden come to give presents to small Muscovites at their parents' request), giving lessons in sewing and knitting, and much else.

In studying this topical subject we shall become familiar with only a few situations. Don't be put out by the fact that they don't cover all spheres of the service industry. Conditions of role play and active participation in situations such as "The dry-cleaners", "Local enquiries", "Personal and household services centre", "At the hairdresser", "The camera workshop" and others will help you not only master models of speech in the given situations, but will teach you to model your behaviour in similar situations related to personal service establishments.

Find on the map which personal services establishments are situated near the Russian Language Institute.

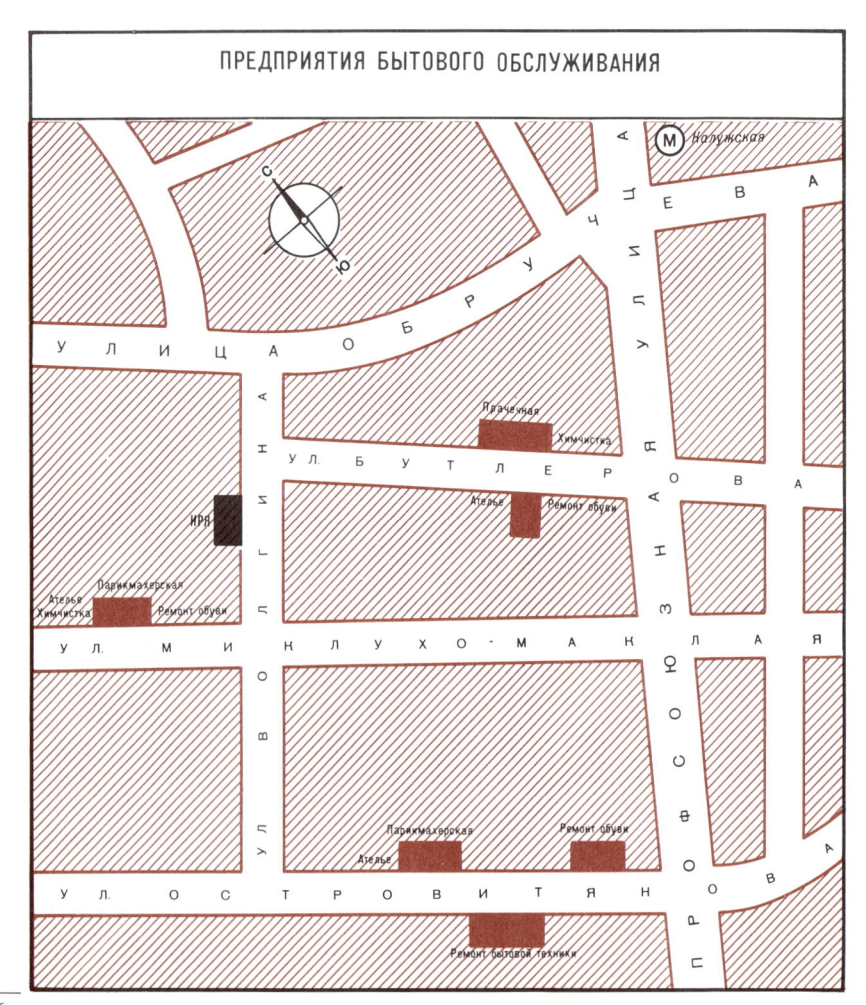

ПРЕДПРИЯТИЯ БЫТОВОГО ОБСЛУЖИВАНИЯ

09.001

Что значит эта вывеска?
What do these signs mean?

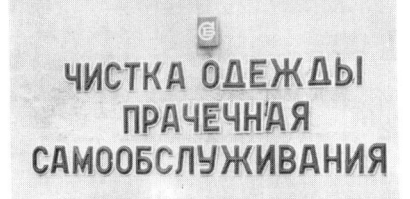

РЕМОНТ РАДИО-АППАРАТУРЫ

АТЕЛЬЕ

РЕМОНТ

РЕМОНТ ЮВЕЛИРНОЙ ГАЛАНТЕРЕИ

ПАРИКМАХЕРСКАЯ

ЧИСТКА ОДЕЖДЫ ПРАЧЕЧНАЯ САМООБСЛУЖИВАНИЯ

09. PERSONAL SERVICES ESTABLISHMENTS

09.002
Горсправка
Local enquiries

1.
— Скажите, как проехать до общежития МГУ?
— Адрес знаете?
— Да, улица Кржижановского, дом 18.
— Так. Сначала на метро до станции «Университет», потом на трамвае № 26 до остановки «Новочерёмушкинская улица». Здесь всё написано.
— Сколько с меня?
— Пять копеек.
— Пожалуйста. Большое спасибо.

2.
— Скажите, пожалуйста, как доехать до Третьяковской галереи?
— Садитесь здесь на метро, доедете до «Новокузнецкой».
— До «Новокузнецкой». А дальше?
— Там рядом, пройдёте пешком. С вас две копейки.
— Вот, спасибо.

3.
— Я хотел(а) бы узнать адрес своего московского знакомого.
— Пожалуйста, заполните этот бланк. Так... Правильно. А вы не знаете номер его телефона? Так было бы быстрее.
— У меня есть его телефон. Сейчас посмотрю. Точно, есть, 212-58-81 (двести двенадцать—пятьдесят восемь—восемьдесят один).
— Вот так лучше. Зайдите минут через 20 (двадцать).

09.003
Химчистка
The dry cleaners

1.
— Мне нужно почистить костюм.
— Пожалуйста, покажите. Надо срéзать пуговицы.

Справ. бюро № . . . .
„МОСГОРСПРАВКА"

СПРАВКА № 013983 *
Серия XVII

Получено за справку дежурным
(за один вопрос)

5 коп.

а) Справка об адресах предприятий;
б) о часах работы службы быта;
в) о работе и репертуаре зрелищных учреждений;
г) об администр. делении СССР.

Тел. адм. 292-72-10

— Хорошо. А когда будет готово?
— Общая чистка. Срок выполнения десять дней.
— А раньше нельзя? Дело в том, что в понедельник я уезжаю.
— Тогда сделайте срочный заказ.
— За какое время выполняется срочный заказ?
— Срочные заказы мы выполняем за 24 часа.
— Вот как.. Сегодня (у нас) четверг.
— Четверг. В пятницу полу́чите. Сдаёте?
— Да, сдаю.
— Возьмите квитанцию. В пятницу будет готово.

2.
— Можно почистить эти пятна на брюках?
— А какого характера пятна? Разрешите!
— Это машинное масло. Машину пришлось ремонтировать, испачкался.
— Я покажу мастеру, что он скажет.

. . . .
— Мастер говорит, что можно принять. Вы сдаёте?
— Конечно. Когда к вам зайти?
— В четверг на следующей неделе.
— А в другой день? В четверг я не могу.
— В любой день после четверга.
— Понятно. А когда у вас выходной?
— Вот табличка. Выходной день — воскресенье.
— Да-да. Спасибо.

09.004

Комбинат бытового обслуживания
Personal and household services center

1.
— Посмотрите, пожалуйста, что с моим фотоаппаратом.
— А в чём дело?
— Не работает затвор.
— Давайте посмотрим. Вы его не роняли?
— Да, вчера уронил(а).
— Всё ясно. Нужно сменить пружину.
— Так вы сделаете? Скажите, когда будет готово? Я уезжаю в пятницу.
— Приходите завтра вечером. С вас семьдесят копеек. Вот квитанция.

2.
— Здравствуйте, мне нужно починить туфли.
— Пожалуйста, разверните. Я посмотрю.
— Вот, видите, здесь и здесь.
— Так, значит, надо поставить набойки и заклеить верх. Будет готово через три дня. С вас 1 рубль 20 копеек (рубль двадцать).
— Платить сейчас?
— Да, я вам выпишу квитанцию.

3.
— В вашей мастерской меняют батарейки в электронных часах?
— Меняем. Часы советские? Где они изготовлены?
— В Москве. Вот паспорт.
— Вам сменят батарейки в гарантийной мастерской, бесплатно.
— А вы не можете?
— Нет. Батарейки для этих ча-

сов меняют в мастерской на улице Радио.
— Как неудобно. Вы не скажете, как туда доехать?

— Вот вам телефон мастерской. Позвоните туда.
— Спасибо. Придётся позвонить. Без часов как без рук.
— Не расстраивайтесь. Знаете, марка новая, так что нужно ехать в гарантийную мастерскую.
— Ладно. Ничего не поделаешь.

4.
— Что у вас?
— Посмотрите мои часы. Вчера остановились.
— Разрешите, я посмотрю механизм. Да, дело серьёзное.
— Ничего нельзя сделать? Они хорошо работали и мне так нравились!
— Почему нельзя сделать? Сделаем. Оставьте ваши часы.
— Большое спасибо! Когда к вам зайти?
— Не раньше пятницы или в понедельник. Сейчас очень много работы.
— Хорошо. В пятницу или в понедельник. Ещё раз спасибо.
— Куда вы? А квитанция?
— Да-да. Спасибо. А я и забыл(а).
— Вот квитанция. Всего хорошего!

09.005

В парикмахерской
At the hairdresser's

1.
— Как будем стричься?
— Покороче, пожалуйста.
— С боков снимать?
— Да, конечно.
— Одеколон?
— Можно.
— Бриться будете?

— Нет, спасибо.
— Посмотрите, как сзади.
— Очень хорошо. Благодарю вас.
— Заходите к нам.

2.
— Следующий! Проходите, садитесь. Что будем делать?
— Я бы хотела сделать (какую-нибудь) модную стрижку. Посоветуйте что-нибудь.
— Я думаю, к вашему лицу пойдёт стрижка «Мазурка». Вот посмотрите фото.
— Мне нравится, только я думаю, что сама не смогу укладывать так.
— Это будет легко, если сделать химическую завивку. Тогда будете укладывать в парикмахерской один раз в неделю.
— Хорошо, давайте сделаем завивку и стрижку.

3.
— Что будем делать?
— Мне только уложить волосы.
— Как вы хотите, на бигуди или феном?
— Только феном.
— Нужно вымыть голову.

. . . .

— Ну, вот и всё... Вам нравится?
— Да, очень. Спасибо большое.

09.006

У меня не работает машинка
My typewriter is broken

1.
— Что с вашей машинкой?
— Мотор шумит. И не печатаются некоторые буквы.
— Давайте попробуем.
— Вот видите, не печатается «л», «ш», «ю».
— Разрешите я сниму крышку. Так! Надо почистить рычаги. Через полчаса будет готово.
— Через полчаса? Тогда я подожду здесь. Можно?
— Конечно. Садитесь вот сюда, посмотрите журналы.

2.
— Посмотрите, пожалуйста, что с моей машинкой? Вот, видите, не работают клавиши.
— Нужно посмотреть. Оставьте свою машинку.
— Когда приходить? Мне она очень нужна для работы.
— Для работы... Позвоните к концу дня. Я разберу к этому времени вашу машинку, тогда скажу определённо.

— Спасибо. У вас установлен максимальный срок ремонта?
— Конечно. Ремонт производится в течение 10 (десяти) дней. Вон, справа, «Правила».
— Хорошо, я оставлю машинку и позвоню вам вечером.

09.007

Фотоателье
The camera workshop

1.
— Здравствуйте, мне нужно сфотографироваться на паспорт (на документ).
— Садитесь в кресло. Вот так. Пожалуйста, голову чуть-чуть поднимите. Так. Хорошо. Внимание! Готово.
— Когда можно прийти за снимками?
— Вот квитанция. За снимками приходите в пятницу.
— А раньше нельзя?
— Зайдите в четверг. Постараемся сделать.

2.
— Мне нужно проявить плёнку.
— Какая плёнка — чёрно-белая, цветная?
— Цветная.
— Обычная, обратимая?
— Обратимая, для слайдов.
— Можем принять ваш заказ на 21-е число.
— Извините, а раньше нельзя?
— Это будет срочный заказ, он стоит дороже.
— Я согласен (согласна).
— Пожалуйста. Рубль сорок восемь (копеек). Вот ваша квитанция.
— Значит, приходить 19 (девятнадцатого) числа?
— Да, как написано.

3.
— Девушка, посмотрите, пожалуйста, не готовы ли мои фотографии.
— А когда вы фотографировались (снимались)?
— 2 дня назад.
— На паспорт?
— Да.
— Сейчас, минуточку. Вот несколько заказов, выберите свой.
— Что-то я не нашла. Похоже, здесь нет.
— Нет — значит, ещё не готово. Зайдите позже.
— Как это позже?!

09.008

Автозаправочная станция
The petrol station

1.
— Извини, Джудит, нам надо заехать на заправку. У меня кончается бензин.
— Как неудачно. Это надолго?

— Конечно, нет. Достань, пожалуйста, талоны на бензин. Они в ящике для перчаток.
— Сейчас посмотрю... Есть, вот они. На сколько литров?
— Литров на двадцать. Дай четыре талона!

2.
— Скажите, пожалуйста, у вас заправляют на талоны или за деньги?
— Только за деньги. Видите, вот объявление.
— Тогда, будьте добры, тридцать литров 93-го (девяносто третьего).
— Подъезжайте к третьей колонке!

3.
— Пожалуйста, 30 литров 76-го (семьдесят шестого). Вот талоны.
— Вы уже вставили шланг?
— Да. Седьмая колонка. Вон мой «Запорожец». А моторное масло у вас есть?
— Вам какое?
— Лучше летнее.
— Что-нибудь ещё?
— Кажется, всё... Нет, простите, совсем забыл. Мне нужны фильтры.
— Какие? Масляный? Воздушный?
— Оба, пожалуйста.

09.009

Бюро находок
Lost property office

1.
— Алло, бюро находок?
— Да, слушаю.
— Я забыл в автобусе папку с бумагами.
— Опишите, пожалуйста, вашу папку.
— Коричневая, на молнии. Довольно новая.
— С монограммой?
— Да, папку мне подарили сослуживцы.
— Ваша фамилия?
— Николаев. Александр Петрович Николаев.
— Ваша папка у нас, приезжайте.
— Что вы говорите! До которого часа вы работаете?

Уважаемые москвичи!

ОБЪЕДИНЕНИЕ «МОСГОРСПРАВКА» И УПРАВЛЕНИЕ ГОРОДСКОЙ ТЕЛЕФОННОЙ СЕТИ

ОКАЗЫВАЕТ УСЛУГИ

через справочные таксофоны, установленные на улицах и площадях Москвы, по телефонам:

002 — о забытых вещах в городском транспорте;

003 — об адресах и номерах телефонов дежурных гастрономов и часах работы;

004 — о результатах тиражей «Спортлото»;

005 — любые справки о предприятиях, учреждениях, организациях (кроме справок юридического характера и адресов жителей Москвы).

— До пяти часов. Возьмите с собой паспорт.
— Огромное спасибо. Еду!

2.
— Бюро находок?
— Да, слушаю.
— Я забыл(а) в такси перчатки.
— Вы обращаетесь не по адресу. Звоните в бюро находок для такси. Запишите телефон... Их телефон...

3.
— Алло, бюро находок?
— Да, слушаю.
— Я забыла в метро сумочку.
— Какую, опишите.
— Очень модная, красивая.
— Какого цвета?
— Бежевая, с длинной ручкой.
— Девушка, подождите. Что было в сумочке?
— Паспорт. Там был паспорт.
— Назовите свою фамилию и имя.
— Сергеева Нина Петровна.
— Ваша сумка у нас. Приезжайте. Мы работаем до 5 (пяти).
— Спасибо вам (огромное). Я так волновалась!
— Не за что! Но в следующий раз будьте внимательнее!

09.010

В сберкассе
At the savings bank

1.
— Что вы желаете?
— Я хочу завести сберкнижку.
— Вы хотите открыть счёт?
— Наверное. Я хочу переводить зарплату на сберкнижку.

— Понятно. Заполните этот формуляр и подойдите к окну № 5.

2.
— Вы открываете счёт?
— Да, я вот заполнил(а) формуляр.
— Разрешите! Правильно.
— Что нужно сделать ещё?
— Вы будете сами вносить деньги или переводить?
— Я буду переводить зарплату.
— Тогда вам надо обратиться в бухгалтерию по месту работы, чтобы вашу зарплату переводили к нам.
— Вот как. И какое заявление надо написать?
— Вам скажут, какое. Запишите только номер сберкассы: 7815/0169 и номер вашего счёта.
— А какой номер моего счёта?
— Номер счёта в сберкнижке. Вот получите, видите? А здесь я записала наш телефон.
— Спасибо. Мне, кажется, всё понятно.

3.
— Послушай, тебе придётся подождать. Совсем недолго, а?
— Ладно, я не спешу. А в чём дело?
— Зайдём в сберкассу. Мне надо взять с книжки деньги.
— Но это не долго?
— Пять минут. Только заполнить ордер.
— Ладно, пойдём. Я ещё не был(а) в сберкассе. Это любопытно.

10) Post Office, Telegraph, Telephone

Who doesn't like receiving letters? Everyone likes receiving them! It's especially nice to get a letter or postcard from those who are close to us when we are away in another town or far away from our native land.

However, does everyone like writing letters? We are hardly likely to get a uniform reply to this question. Some of us like writing letters and others of us do not. For some reason most of us fall into the latter category! Usually we write letters when we need something or when we want to tell someone close to us about a happy event, or—on the contrary—convey bad news, when we need help, advice or just sympathy.

Most always when you leave home to go somewhere you are asked: "As soon as you arrive and get settled in, write or phone up to tell us your address, how you've settled in, how the work or the studies are going". And we usually do phone or write. We write letters. On special holiday occasions we send good wishes' cards and telegrams through the post. We send parcels containing presents and souvenirs. People also write to us—reply to our letters, send us greetings or advice, share their joys and sorrows, etc. Therefore the postal service is our friend, helper and go-between.

Here you are in the Soviet Union. You need to inform people at home that you have arrived safely and give them the address of the hotel in which you are staying. How do you do that? How do you address an envelope or postcard? Where can you buy them? We will be told that the post office sells envelopes, writing-paper and stamps. There we may also find notices telling us how to write an envelope or postcard.

At one of our lessons (instrumental game "Address on an envelope") you will learn how to write an address on an envelope, and in another—how to write greetings cards ("Greetings cards").

We may post letters and cards in a post-box (in the post office itself or on the street). How can we send parcels? After all you can't post them into a post-box! We will learn this in the lesson headed "Send by book-post!"

Also at the nearest main sorting office or at a special telegraph point you can send a telegram or book a call to another city and make international calls. You will learn how to make use of these services in the lessons "Send a telegram", "May I book a call to..?" and "International call".

At the post office you can subscribe to newspapers and magazines. You will learn how to do this in "Subscription to newspapers and magazines".

Allow us to give you a little bit of advice: if you are looking for a residential block of flats or establishment of some kind and on the way you see a post office, call in and ask. You will be told how to get to the required address or be given a directory. In any case you will be given help—after all, postmen know their own region.

10.001
Что в этом окошке?
What's at this window?

10.002
В какое окошко мне обратиться?
Which window do I need to go to?

10.003

Напишите адрес
Write the address

КАК ПИШУТ АДРЕС

Anna Wingard
Garden Flat
71 Howard Avenue
Manchester M13 9PL

Адрес отправителя
Москва ул. Волгина дом 6
Институт Русского языка им. Пушкина
Чеботареву П. Г.

310145
Индекс предприятия связи места назначения

Куда г. Харьков
Клочковская ул.
дом 154-а, кв. 97
Кому Иванову
Виктору Петровичу

Индекс предприятия связи
и адрес отправителя 123308
г. Москва, Пр-кт Жукова
дом 10, кв. 3 Петрову А. Я.

10.004

Примите бандероль!
Send by book post!

ЦЕННАЯ БАНДЕРОЛЬ

Ц №
   Москва

на сумму _____
            (сумма цифрами и прописью)

Куда _____

_____

Кому _____

Адрес отправителя _____   Вес
_____   Сбор
                                  (подпись)

Московская фирма «Восход», филиал № 3, зак. 695—500 т.

10. POST OFFICE, TELEGRAPH, TELEPHONE

1.
— Скажите, пожалуйста, можно отправить бандероль за границу?
— Что у вас?
— Книги. Художественная литература.
— В какую страну?
— В Англию.
— Заполните, пожалуйста, бланк в двух экземплярах.
— Сколько это будет стоить?
— Сейчас взвешу. Два семьдесят шесть.
— Сколько вы сказали? Два семьдесят?..
— Два семьдесят шесть!

2.
— Я хочу отправить эти книги бандеролью.
— Так много? Одна бандероль может весить до одного килограмма, а у вас четыре с лишним (килограмма).
— Что же делать? Я согласен отправить четыре бандероли.
— Пожалуйста. Тогда заполните ещё три бланка.

— А где взять бланки?
— Напротив, на столе.
— Спасибо, я вижу.

10.005

На почте
At the post office

1.
— Ты куда идёшь?
— На почту. А что? Тебе что-нибудь нужно?
— Да. Купи мне открыток с марками.
— Ладно, куплю.
— И ещё спроси, если не трудно, сколько стоит отправить бандероль домой.
— Значит, в Эдинбург?
— Да, бандероль с книгами. Не забудешь?
— Нет, что ты! Открытки и спросить про бандероль.

2.
— Я иду на почту. Тебе там ничего не нужно? Могу заодно узнать.
— Да, пожалуйста, узнай, мож-

но ли заказать разговор с Ливерпулем.
— Могу спросить. Только они ответят: да, можно. Это тебя устроит?
— Извини. Надо спросить, сколько стоит разговор с Ливерпулем.
— Вот теперь понятно. Сколько стоит разговор с Ливерпулем, да?
— Да, на три минуты или на пять.

3.
— Скажите, пожалуйста, сколько стоит конверт с маркой?
— Шесть копеек.
— А марка?
— Пять копеек.
— Два конверта и одну марку, пожалуйста.
— Возьмите. За всё 17 (семнадцать) копеек.
— Нет, ещё не всё. Покажите открытки с видами Москвы. Вон те, справа.
— Эту?
— Да, и рядом тоже. Теперь всё.

10.006

Давай купим открытки!
Let's buy some postcards!

1.
— Зайдём со мной на почту? Мне нужно купить открытки.
— Давай. Я тоже возьму несколько открыток, если есть новые.
— Ты собираешь открытки? Вот не думал(а).
— Нет, открытки собирает моя младшая сестра. А я стараюсь посылать ей красивые виды.

2.
— Что вы хотите?
— Мне нужно пять обычных открыток и две поздравительных.
— А мне, пожалуйста, видовые. С памятником Пушкину, с Крымским мостом и Университетом.
— С вас сорок пять копеек, а с вас, девушка, тридцать.

3.
— Ты не хочешь зайти со мной на почту? Мне нужно купить открытки.
— Знаешь, я спешу на тренировку... А какие тебе нужны открытки?
— Обычные.
— Сколько (тебе нужно)?
— Три. У тебя есть?
— У меня в общежитии есть несколько, я тебе дам.
— Спасибо. Они тебе самой не нужны?
— Да нет же. У меня много.

10.007

Адрес на конверте
Address on the envelope

1.
— Вы неверно заполнили адрес. У нас принято писать адрес в другом порядке. Вот так: индекс, город, название улицы, номер дома, номер квартиры, фамилия, имя.
— Как жаль, и исправить нельзя... А так дойдёт?
— Дойти-то дойдёт, но будет дольше.

2.
— Я не знаю, какой индекс написать.
— Вы найдёте сами в справочнике? Или вам помочь?
— Я уже смотрел(а), но только там индекс города, а я не знаю номер почтового отделения.
— Дайте мне ваше письмо. Я напишу сама.
— Спасибо. Вы очень любезны.

3.
— Хэлен, ты не так подписала конверт.

— Почему? Я всё написала верно. Фамилия, имя, город, улицу, номер дома.
— Да, это всё есть. Но мы сначала пишем: город, улицу, номер дома, а в конце фамилию и имя.
— А что, так письмо не дойдёт?
— Дойдёт. Но таков порядок.
— Ну что ж. Спасибо, буду знать.

10.008

Примите телеграмму
I'd like to send a telegramme

1.
— Где можно взять бланк?
— Какой бланк вам нужен? Для телеграммы?
— Ну да. Для телеграммы.
— Посмотрите в ящике на столе.
— Вот такой?
— Нет, это международная.

2.
— Примите, пожалуйста, заказное письмо.
— Вы не указали индекс почтового отделения. Вот здесь, видите?
— Вижу. Только я не знаю индекс.
— Ничего, я сейчас посмотрю в справочнике... Напишите — 129325 (сто двадцать девять триста двадцать пять) Москва.
— Спасибо.

— Кому вы посылаете письмо — Мейли? Я правильно называю фамилию?
— Правильно. Теперь всё?
— Почти всё. Вы забыли написать обратный адрес.
— Одну минуту.

МЕЖДУНАРОДНАЯ ТЕЛЕГРАММА

Слов	Плата		Министерство связи СССР		ПЕРЕДАЧА:
	руб.	коп.			...го ...час ...мин.
			№		№ связи
Итого			Место подачи и страна (в именительном падеже)		Передал
Принял			...сл. ...го ...час. ...мин.		Служебные отметки

Категория и отметки особого вида
Фамилия адресата
Адрес
Город страна

Фамилия и адрес отправителя
не оплачивается и по связям
не передается

ТЕЛЕГРАММА
МИНИСТЕРСТВО СВЯЗИ СССР

Слов	Плата			ПЕРЕДАЧА
	руб.	коп.		...го ...ч. ...м.
Принял			№	Номер рабочего места
			...сл. ...го ...ч. ...м.	Автоответ пункта приема
				Передал
				Служебные отметки

Категория и отметки особого вида
Куда, кому

Квитанция в приеме телеграммы
...ч. ...м.
Куда

Претензии принимаются в течение 1 мес. со дня подачи

Фамилия и адрес отправителя (не оплачивается и по связям не передается)

3.
— Примите, пожалуйста, телеграмму. Надеюсь, (что) я написал(а) всё правильно.
— Пожалуйста. Вы забыли указать номер дома.
— Ой, простите.
— Теперь всё нормально. Вы хотите послать обычную телеграмму или поздравительную?
— Это и есть поздравительная. Я поздравляю моего друга с рождением дочки.
— Я об этом и говорю. Если вы хотите послать праздничную телеграмму, то можете выбрать для неё красивый бланк. Вот, пожалуйста.
— Спасибо. Мне нравится этот, с тюльпанами.
— Хорошо, всё будет сделано.

10.009

Есть для меня письма?
Are there any letters for me?

1.
— Скажите, где выдают корреспонденцию «до востребования»?
— Пятое и шестое окно, направо.
— Вижу. Спасибо.

2.
— Мне есть что-нибудь? Грэй. Барбара Грэй.
— Ваш паспорт!
— Вот моё удостоверение. Пожалуйста.
— Так. Да, вам есть письмо и бандероль.

10.010

Можно заказать разговор с?..
May I book a call to..?

1.
— Междугородная? Мне надо поговорить с Киевом.
— Сейчас будете говорить?
— Да, сейчас.
— Номер абонента, пожалуйста.
— 51-38-96 (пятьдесят один — тридцать восемь — девяносто шесть).
— Кого вызываете?
— Как вы сказали?
— Назовите фамилию абонен-

```
        Заявка на междугородный разговор
С городом _____
Телефон или адрес _____
_____
Кого  _____
Дата и время вызова _____
Количество минут _____
        Подпись_____
```

...та в Киеве. Кого вы вызываете?
— Ах, абонента... Степанов, Николай Алексеевич.
— Оплачивать будете по талону или в кредит?
— По талону на пять минут.
— Заказ принят. Ждите у телефона!

2.
— Вы заказывали Киев?
— Да, я жду!
— Степанов не подходит к телефону. Что будем делать?
— Алло! Вы слушаете? Попросите кого-нибудь из комнаты 487 (четыреста восемьдесят семь), это общежитие.
— Хорошо, сейчас попытаюсь. Значит, кого-нибудь из комнаты 487.

3.
— Скажите, мне можно заказать разговор с Канадой?
— Канада? Какой город?
— Торонто.
— На сегодня?
— Нет, сегодня поздно. На завтра, утром. Тогда в Торонто будет вечер.

— Так. Торонто. Номер? Кого вызываете? Вызов на восемь часов. Вас устраивает?
— Да. Спасибо.

4.
— Алло, девушка! Мне надо заказать Киев.
— В кредит или по талону?
— По талону.
— Номер талона?
— 68 (шестьдесят восемь).
— На сколько минут?
— На три.
— Будете говорить с квартиры?
— Да.
— Пожалуйста, номер телефона.
— 200-50-44.
— Номер в Киеве?
— 70-25-25.
— Кого вызываете?
— Кто подойдёт.
— Приняла 16-я (шестнадцатая). Ждите в течение часа.

5.
— Будьте добры. Мне нужно поговорить с Минском.
— В кредит, по талону?
— В кредит.
— С квартиры, из гостиницы?
— С квартиры.
— Тогда вам не нужно делать заказ. Наберите индекс Минска, потом номер телефона, который вы вызываете.

10.011

Алло! Я вас плохо слышу!
Hello! I can't hear you very well!

1.
— Алло! Москва? Попросите коллегу Уотерхауса.
— Алло! Вас плохо слышно. Кого вам?

— Уо-тер-хау-са. Я звоню из Канзас-Сити.
— Теперь слышу. Одну минуточку. Питер сейчас подойдёт.
— Алло! Уотерхаус слушает.
— Питер, это ты? Здравствуй!
— Стивен! Привет. Говори громче, очень плохо тебя слышно.
— Я вылетаю завтра. Рейс Б-848.
— Так. Ты вылетаешь завтра, рейс Б-848. В котором часу?
— В десять часов утра по-московскому времени.

— Во сколько? В девять?
— Не в девять, а в десять!
— Так. В десять. Хорошо. Встречу. Привет Роузмэри.
— Кому?
— Привет жене!

2.
— Алло! Лондон? Кэррол, это ты?
— Я тебя плохо слышу. Как дела, дорогая?
— Он ещё не вылетел.
— Кто он? Я спрашиваю, как дела?
— Ах, дела? Я тоже тебя плохо

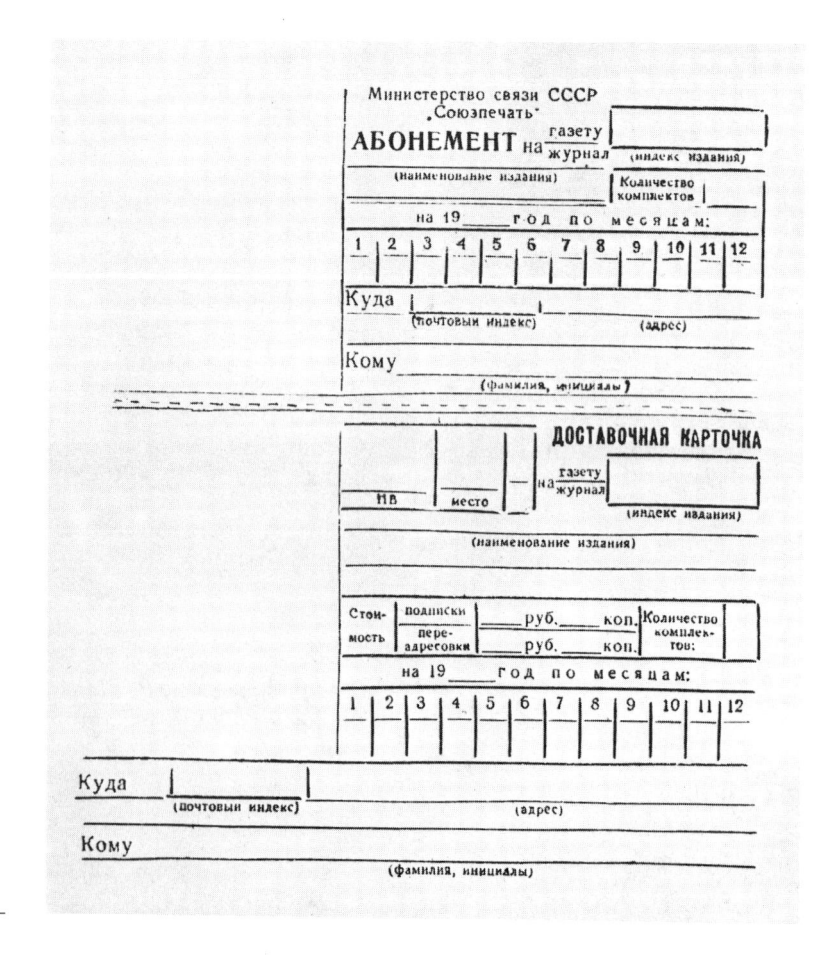

слышу. Хорошо. Мне послышалось «как Дэн»? Он вылетает завтра.
— Когда? Не слышу.
— Завтра в 3 (три).
— Спасибо. Хорошо, что сообщила.

10.012

Подписка на газеты и журналы
Subscription to newspapers and magazines

1.
— Друзья! Начинается подписка на газеты и журналы. Кто хочет подисаться, подходите ко мне.
— Я хочу подписаться на год на «Правду». Сколько это стоит?
— Около восьми рублей. Посмотрите по каталогу.
— А какую спортивную газету можно выписать?
— «Советский спорт».
— Я подпишусь на полгода, до каникул. Так можно?
— Почему нельзя? Хоть на месяц.

— И ещё какой-нибудь молодёжный журнал.
— Пожалуйста, «Юность», «Смена», «Аврора».
— Я подпишусь на «Аврору». Этот журнал мне давно нравится.

2.
— Мейбл, вы занимаетесь подпиской?
— Да. А что вы хотите выписать? Есть газеты, журналы разные, зарубежная пресса.

— Ну, во-первых, какую-нибудь центральную газету и литературный журнал.
— Вот, посмотрите каталог газет и журналов. Когда выберете, заполните эти бланки.
— А вы не скажете, где печатаются переводы произведений зарубежных писателей?
— Вообще-то, во всех литературных журналах, но есть и специальный журнал — «Иностранная литература».

— Замечательно. Его можно выписать на год?
— Конечно.

3.
— Скажите, можно подписаться на «Литературную газету»?
— Да. На какой срок — на год, на полгода?
— Сразу на год.
— Пожалуйста, как вам (будет) угодно!

11) City Transport

In even the smallest city there is a transport system. The bigger the city, the more buses, cars, lorries, trolleybuses, trams and taxies there are on the streets. In many a large city in the USSR there is a metro system, or one is being built. Fares for all forms of city transport (apart from taxi) in the USSR do not exceed 5 kopecks. With each year the city population of our country increases. New blocks of flats are built, new streets and regions emerge and together with this the stock of motor vehicles expands—light transport, heavy transport and public transport. On the one hand this is good, on the other hand many problems arise: the roads become congested, the air gets polluted and this has a negative effect on the health of city dwellers. In the USSR a lot is being done to solve these problems: special city services plant trees and bushes on street kerbs within the city boundaries, and create parks and squares. Multi-lane by-passes are built to reduce the flood of traffic on the city streets, especially in the centre. When new regions are being planned and built, an extension of the public transport system is taken into consideration and likewise the ever-increasing number of private cars, etc.

In big cities it is impossible to do without public transport. Muscovites like using the metro best of all. It is the quickest and most convenient form of transport. The length of some of the lines of the Moscow metro is tens of kilometres, and the overall length of the underground system—over 200 km. Sometimes people have to use a combination of forms of transport if, say, there is no direct way of getting from their home to work.

A competitor and rival of the metro as far as convenience is concerned is the taxi. You can book a taxi by telephone in advance or "hail" one in the street when you are late for something: for work, for catching a train, for the theatre...

A town-dweller has to do a lot of travelling. So as not to waste time buying tickets for single journeys and being given change, people buy tickets which they can use for a whole month. These tickets—known as monthly tickets—are sold at metro ticket offices, by bus or trolleybus stops and at other places where there are a lot of people. An all-in monthly ticket gives its owner the right to use all forms of transport, and there are monthly tickets for only one form of transport, for example only the metro or only buses.

You will learn how to use the public transport system in the USSR in our lessons "How do I buy a ticket?", "In a taxi", "On the bus", etc. You will take part both in a discussion about monthly tickets and single-trip tickets (which are better value?) and in a conference on the problems of transport in a big city ("Transport in a big city"), and in a competition to find the best route through the city ("Competition to find the best route"). Together with vital information you will also master the way to actively use common phrases and grammatical constructions which you will need while travelling on public transport. When you have mastered this chapter, it will be a pleasure for you to use the Soviet public transport system.

11.001

Сколько видов транспорта у нас в городе?
How many forms of transport do we have in the city?

11.002

Чего здесь не хватает?
What's missing here?

11.003

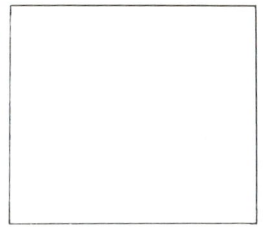

На остановке
At the (bus)-stop

1.
— Скажите, как мне попасть в Лужники?
— Не знаю, я не москвич.
— У кого бы узнать?..
— А в справочном. Вон, напротив, «Горсправка».
— Спасибо. Я и не заметил(а).

2.
— Простите, как мне доехать до гостиницы «Спутник»?
— Садитесь на сто сорок четвёртый автобус.

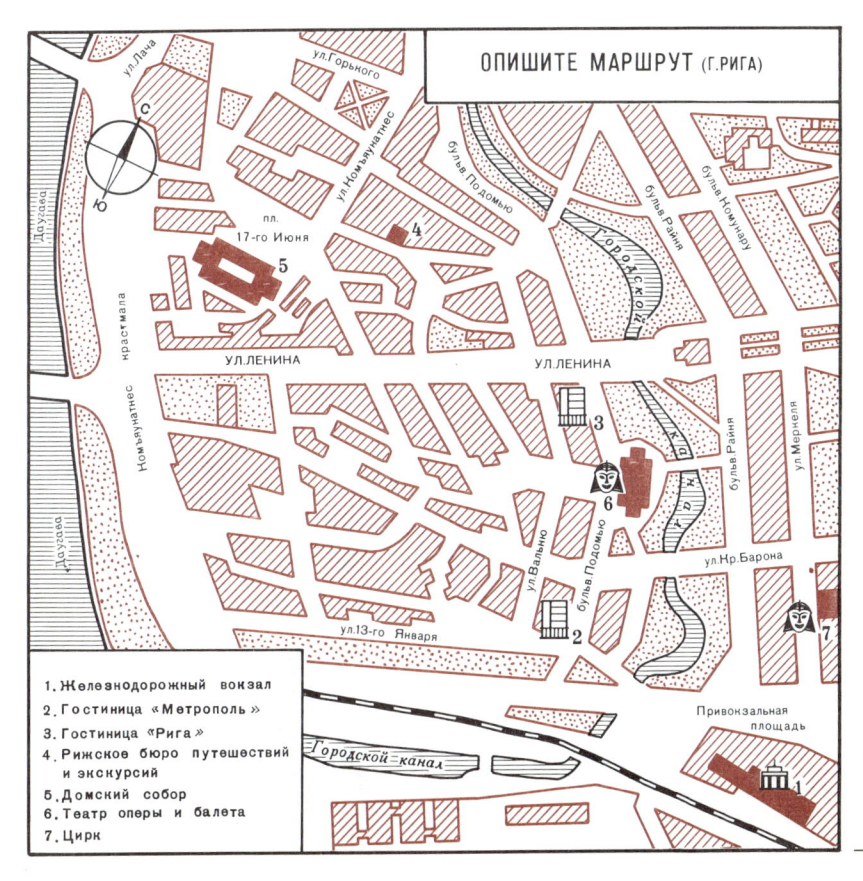

ОПИШИТЕ МАРШРУТ (г. РИГА)

1. Железнодорожный вокзал
2. Гостиница «Метрополь»
3. Гостиница «Рига»
4. Рижское бюро путешествий и экскурсий
5. Домский собор
6. Театр оперы и балета
7. Цирк

11. CITY TRANSPORT

— А когда мне выходить?
— Через пять остановок. Остановка так и называется: гостиница «Спутник».
— Спасибо.

3.
— Мне нужно в Библиотеку имени Ленина. Как мне туда попасть?
— Идите до метро «Профсоюзная», а там на метро с пересадками — на «Октябрьской» и на «Парке культуры».
— Можно ведь проще. На двадцать шестом трамвае до метро «Университет», а там перейдёте проспект Вернадского и спуститесь в метро: дальше на метро до «Библиотеки Ленина».
— Да, можно и так. Тогда без пересадок.
— А как по времени?
— Как быстрее? Я думаю, товарищ прав. На трамвае, а потом на метро.

4.
— Вы не скажете, как проехать в Сокольники?
— В Сокольники?.. Наверное, отсюда только на метро.
— Без пересадок?
— Нет, доедете до станции «Площадь Свердлова» и перейдёте на станцию «Проспект Маркса».

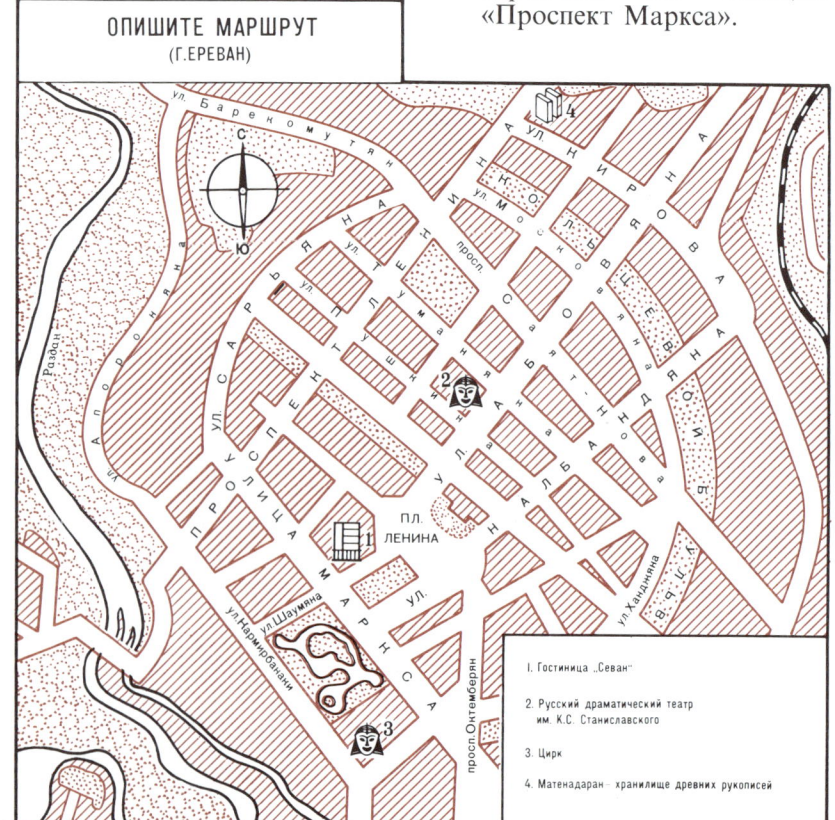

ОПИШИТЕ МАРШРУТ
(Г. ЕРЕВАН)

1. Гостиница „Севан"
2. Русский драматический театр им. К.С. Станиславского
3. Цирк
4. Матенадаран — хранилище древних рукописей

11. CITY TRANSPORT

11.004

Как бы не заблудиться?
I'm bound to get lost!

11.005

На стоянке такси
At the taxi rank

— Пожалуйста, на Курский вокзал!
— По кольцу или через центр?
— Как ближе. Я опаздываю.

— Когда ваш поезд?
— Восемнадцать двадцать...
— Не волнуйтесь. Успеем!

11.006

Давайте поедем в...
Let's go to...

Вы живёте в гостинице «Интурист», а Ваши друзья остановились в «России». Найдите эти гостиницы на схеме внизу и составьте такой маршрут, чтобы познакомиться с центром Москвы. Опишите свой путь, используя выражения: «выхожу на улицу...», «перехожу улицу/площадь...», «справа/слева находится...», «прохожу мимо...», «поворачиваю налево/направо...», «иду до...», «вижу впереди...», «перед собой я вижу...», «...» «остаётся сле-

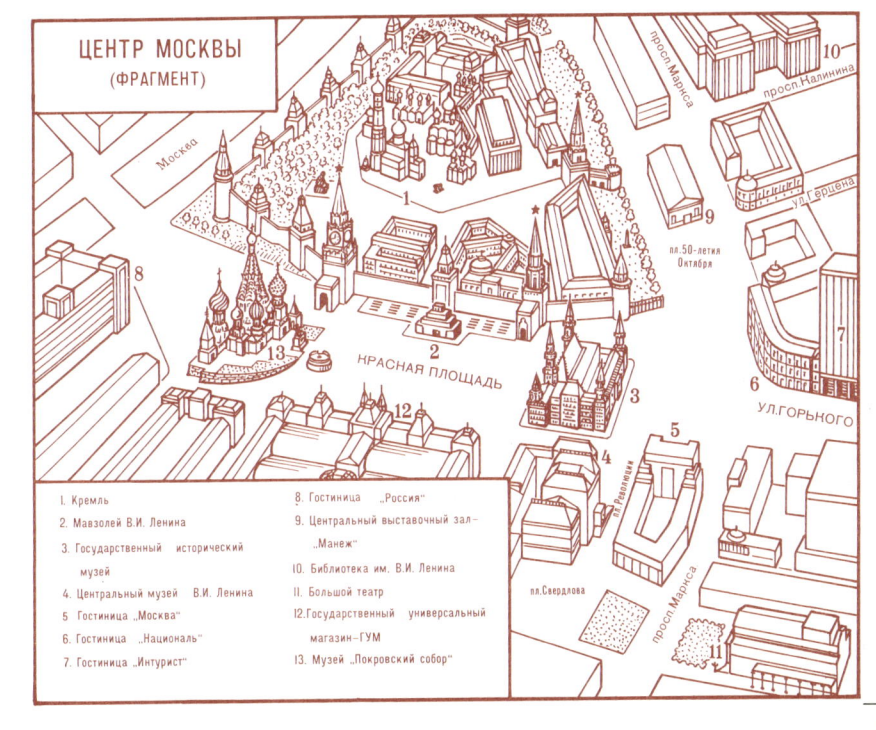

ЦЕНТР МОСКВЫ (ФРАГМЕНТ)

1. Кремль
2. Мавзолей В.И. Ленина
3. Государственный исторический музей
4. Центральный музей В.И. Ленина
5. Гостиница „Москва"
6. Гостиница „Националь"
7. Гостиница „Интурист"
8. Гостиница „Россия"
9. Центральный выставочный зал— „Манеж"
10. Библиотека им. В.И. Ленина
11. Большой театр
12. Государственный универсальный магазин—ГУМ
13. Музей „Покровский собор"

11. CITY TRANSPORT

ва/справа/сзади...», «теперь я нахожусь на улице/площади...», «сейчас нужно/можно повернуть к зданию...». «Интересно, что это за здание?.. Надо сориентироваться по плану. Ага, вот где я нахожусь. Понятно. Гостиница «Россия» впереди справа. Совсем недалеко. Вход, наверное, за углом».

11.007

Конкурс на лучший маршрут
Competition to find the best route

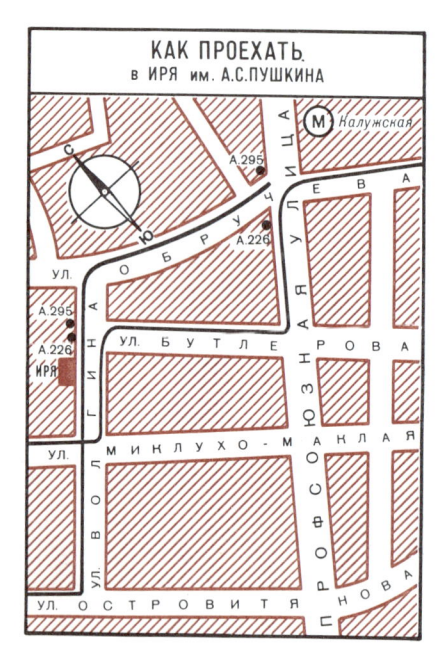

11.008

В автошколе
At the driving school

11.009

В такси
In the taxi

11.010

Как мне купить билет?
How do I buy a ticket?

1.
— Постой, надо взять билеты.
— А как это делают? Я первый раз в автобусе.
— Здесь есть касса, вот она. Смотри, я опускаю пять копеек, нажимаю на ручку и отрываю билет.
— А если нет такой монеты?
— Пятикопеечной? Тогда можно опустить три и две. Вообще, в любом наборе.
— Слушай, а если у меня вообще нет мелочи? Тогда что?

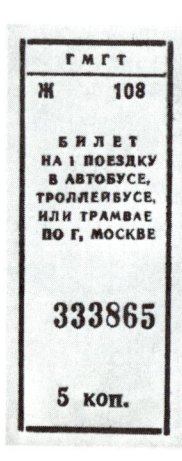

— Можно купить абонементную книжечку у водителя.
— Книжечку?
— Это так называется. Это талоны на десять поездок. Я тебе покажу [1].

2.
— Будьте добры, книжечку.
— Одну?
— Да, одну.
— Вы знаете, у меня нет сдачи. Может быть, вы возьмёте две книжечки?
— Нет, я поищу мелочь... Вот, возьмите.
— Очень хорошо. Просто беда, когда нет мелочи.

3.
— Ты не подождёшь? Мне надо купить проездной билет.
— Ты покупаешь «единый»?
— Да, это мне удобнее. Я езжу с пересадкой.
— Вот как! А я привык(ла) пользоваться талонами, да и не так часто я куда-то езжу. Общежитие рядом с институтом.
— В том-то и дело. А если ездить каждый день и с пересадками, то «единый» выгоднее.
— Сколько он стоит?
— Единый? 6 (шесть) рублей на все виды транспорта. Кроме такси, конечно.

11.011

У входа в метро
At the entrance to the metro

1.
— Поедем на метро?
— Ладно. Мне даже интересно. Я первый раз еду на метро.
— Посмотри, пятачок у тебя есть?
— Сейчас посмотрю. Нет. Другие монеты есть, а пятака нет.
— Тогда надо разменять. Смотри, вот автомат.
— Вижу.
— Бросай монету сюда. А снизу возьми пятаки.
— Так. Что теперь? Это турникет?
— Да. Опусти пять копеек правой рукой, а сам проходи слева.
— Слушай, а если у меня рубль или три рубля? Как разменять?
— В кассе. Кассы есть на каждой станции метро.

2.
— Слушай, во всех метро люди проходят через автоматы. А зачем дежурная?
— Ну, как же. Вот ты опускаешь пятачок, а у меня проездной билет. Куда же мне идти?
— А... Я понял(а), ты показываешь свой билет дежурной.
— Да. Но это не всё. Дежурная может объяснить, как куда проехать.

3.
— Товарищ дежурная, турникет не работает.
— Который?
— Вот этот, третий. Я бросил монету, а пройти не могу.
— Вы идёте не с той стороны. Опускать монету надо справа, а идти слева. Проходите сюда.
— Извините. Спасибо.

---

[1] С 1987 года проезд во всех видах городского транспорта г. Москвы стоит 5 копеек, а в автобусах, троллейбусах и трамваях оплата производится талонами из «книжки».

11.012

В автобусе
On the bus

1.
— Простите, у вас нет лишнего талона?
— Сейчас посмотрю. Вот, пожалуйста. Вам повезло.
— Большое спасибо. Вы меня выручили.
— Не за что.

2.
— «Осторожно. Машина отправлена. Пройдите в салон! Следующая остановка „Школа"».
— Что он сказал? Какая остановка?
— «Школа». А вам до какой?
— «Стадион» — есть такая остановка?
— Есть. Вам ещё долго ехать. Садитесь на моё место, я сейчас выхожу.
— Спасибо.

3.
— На следующей остановке выходите?
— А какая следующая?
— «Школа».
— Мне нужно до универмага.
— Это ещё долго. Разрешите пройти.

4.
— Пробейте талон, пожалуйста.
. . . .
— Кто тут передавал талон?
— Я. Передайте сюда. Спасибо.

11.013

Единые и месячные билеты
All and season tickets

В ходе обсуждения используйте выражения: «Разрешите сформулировать нашу точку зрения», «Основная мысль состоит в том, что...» «Я думаю/считаю, что...», «Разрешите вопрос/У меня вопрос», «Я Вас (не) понимаю», «Согласен».

11.014

Транспорт в большом городе
Transport in a big city

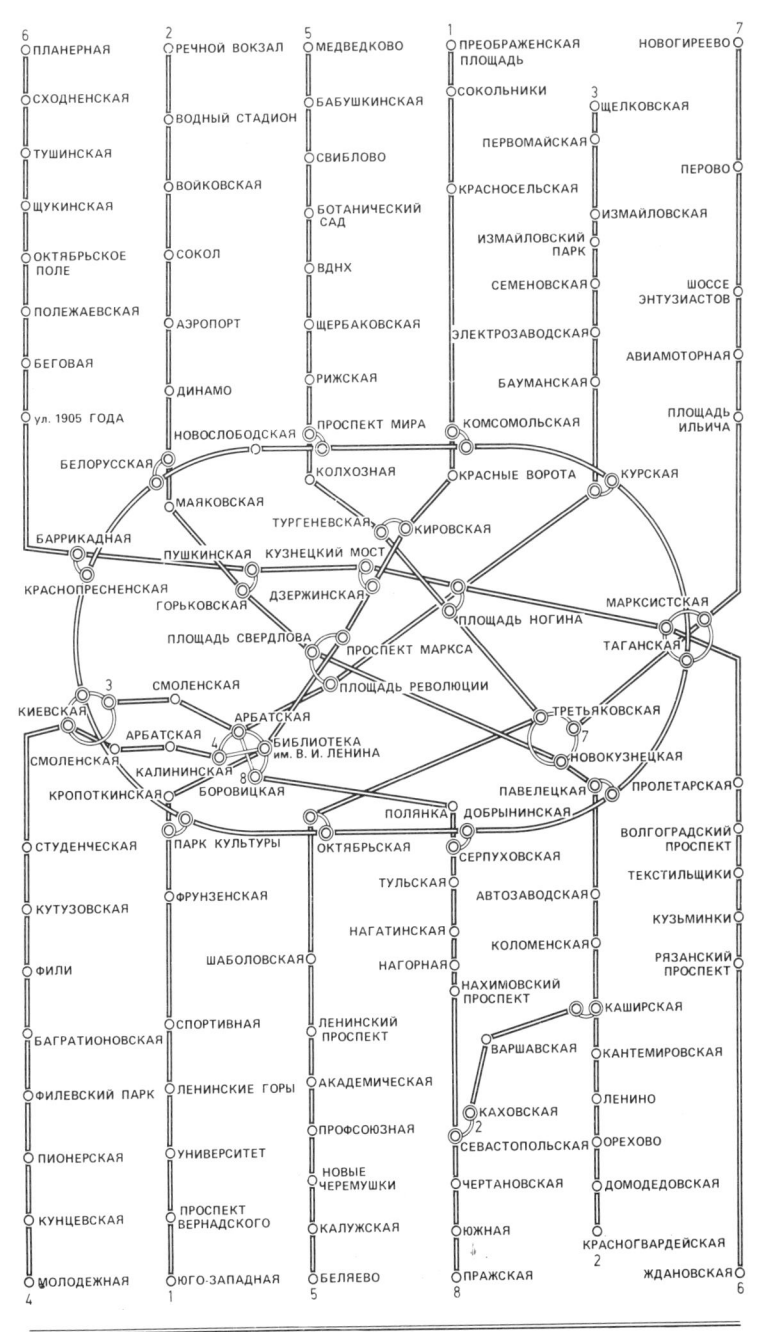

Схема Московского метрополитена

- ПЛАНЕРНАЯ
- СХОДНЕНСКАЯ
- ТУШИНСКАЯ
- ЩУКИНСКАЯ
- ОКТЯБРЬСКОЕ ПОЛЕ
- ПОЛЕЖАЕВСКАЯ
- БЕГОВАЯ
- ул. 1905 ГОДА
- БАРРИКАДНАЯ
- КРАСНОПРЕСНЕНСКАЯ
- КИЕВСКАЯ
- СМОЛЕНСКАЯ
- СТУДЕНЧЕСКАЯ
- КУТУЗОВСКАЯ
- ФИЛИ
- БАГРАТИОНОВСКАЯ
- ФИЛЕВСКИЙ ПАРК
- ПИОНЕРСКАЯ
- КУНЦЕВСКАЯ
- МОЛОДЁЖНАЯ

- РЕЧНОЙ ВОКЗАЛ
- ВОДНЫЙ СТАДИОН
- ВОЙКОВСКАЯ
- СОКОЛ
- АЭРОПОРТ
- ДИНАМО
- НОВОСЛОБОДСКАЯ
- МАЯКОВСКАЯ
- ПУШКИНСКАЯ
- ГОРЬКОВСКАЯ
- ПЛОЩАДЬ СВЕРДЛОВА
- СМОЛЕНСКАЯ
- АРБАТСКАЯ
- КАЛИНИНСКАЯ
- БИБЛИОТЕКА им. В. И. ЛЕНИНА
- БОРОВИЦКАЯ
- КРОПОТКИНСКАЯ
- ПАРК КУЛЬТУРЫ
- ФРУНЗЕНСКАЯ
- СПОРТИВНАЯ
- ЛЕНИНСКИЕ ГОРЫ
- УНИВЕРСИТЕТ
- ПРОСПЕКТ ВЕРНАДСКОГО
- ЮГО-ЗАПАДНАЯ

- МЕДВЕДКОВО
- БАБУШКИНСКАЯ
- СВИБЛОВО
- БОТАНИЧЕСКИЙ САД
- ВДНХ
- ЩЕРБАКОВСКАЯ
- РИЖСКАЯ
- ПРОСПЕКТ МИРА
- КОЛХОЗНАЯ
- ТУРГЕНЕВСКАЯ
- КУЗНЕЦКИЙ МОСТ
- ДЗЕРЖИНСКАЯ
- ПРОСПЕКТ МАРКСА
- ПЛОЩАДЬ РЕВОЛЮЦИИ
- ПОЛЯНКА
- ОКТЯБРЬСКАЯ
- ТУЛЬСКАЯ
- НАГАТИНСКАЯ
- НАГОРНАЯ
- ЛЕНИНСКИЙ ПРОСПЕКТ
- АКАДЕМИЧЕСКАЯ
- ПРОФСОЮЗНАЯ
- НОВЫЕ ЧЕРЕМУШКИ
- КАЛУЖСКАЯ
- БЕЛЯЕВО

- ПРЕОБРАЖЕНСКАЯ ПЛОЩАДЬ
- СОКОЛЬНИКИ
- ПЕРВОМАЙСКАЯ
- КРАСНОСЕЛЬСКАЯ
- ИЗМАЙЛОВСКИЙ ПАРК
- СЕМЕНОВСКАЯ
- ЭЛЕКТРОЗАВОДСКАЯ
- БАУМАНСКАЯ
- КОМСОМОЛЬСКАЯ
- КРАСНЫЕ ВОРОТА
- КИРОВСКАЯ
- ПЛОЩАДЬ НОГИНА
- ТРЕТЬЯКОВСКАЯ
- НОВОКУЗНЕЦКАЯ
- ПАВЕЛЕЦКАЯ
- ДОБРЫНИНСКАЯ
- СЕРПУХОВСКАЯ
- АВТОЗАВОДСКАЯ
- КОЛОМЕНСКАЯ
- НАХИМОВСКИЙ ПРОСПЕКТ
- ВАРШАВСКАЯ
- КАХОВСКАЯ
- СЕВАСТОПОЛЬСКАЯ
- ЧЕРТАНОВСКАЯ
- ЮЖНАЯ
- ПРАЖСКАЯ

- НОВОГИРЕЕВО
- ЩЕЛКОВСКАЯ
- ПЕРОВО
- ИЗМАЙЛОВСКАЯ
- ШОССЕ ЭНТУЗИАСТОВ
- АВИАМОТОРНАЯ
- ПЛОЩАДЬ ИЛЬИЧА
- КУРСКАЯ
- МАРКСИСТСКАЯ
- ТАГАНСКАЯ
- ПРОЛЕТАРСКАЯ
- ВОЛГОГРАДСКИЙ ПРОСПЕКТ
- ТЕКСТИЛЬЩИКИ
- КУЗЬМИНКИ
- РЯЗАНСКИЙ ПРОСПЕКТ
- КАШИРСКАЯ
- КАНТЕМИРОВСКАЯ
- ЛЕНИНО
- ОРЕХОВО
- ДОМОДЕДОВСКАЯ
- КРАСНОГВАРДЕЙСКАЯ
- ЖДАНОВСКАЯ

1 — 1 КИРОВСКО-ФРУНЗЕНСКАЯ ЛИНИЯ
2 — 2 ГОРЬКОВСКО-ЗАМОСКВОРЕЦКАЯ ЛИНИЯ
3 — 3 АРБАТСКО-ПОКРОВСКАЯ ЛИНИЯ
4 — 4 ФИЛЕВСКАЯ ЛИНИЯ
5 — 5 КАЛУЖСКО-РИЖСКАЯ ЛИНИЯ
6 — 6 ЖДАНОВСКО-КРАСНОПРЕСНЕНСКАЯ ЛИНИЯ
7 — 7 КАЛИНИНСКАЯ ЛИНИЯ
8 — 8 СЕРПУХОВСКАЯ ЛИНИЯ
9 КОЛЬЦЕВАЯ ЛИНИЯ

СТАНЦИИ ПЕРЕСАДОК

11. CITY TRANSPORT

11.015

Метро или автомобиль?
Metro or car?

Используйте в ходе дискуссии выражения: «Слово имеет представитель...», «Прошу задавать вопросы», «Есть вопросы?», «Повторите, пожалуйста, цифровые данные о...», «Трудно согласиться с тем, что...», «Мы, кажется, забыли одну важную сторону проблемы», «Встанем на позицию...», «Мы думаем, что проблема имеет и другое решение», «Выводы докладчика (не) убедительны», «Из выступления следует, что...», «С этим мнением трудно/нельзя согласиться», «Итак, подведём итоги».

11.016

Далеко ли вам ехать от дома до работы?
Do you have to travel far to work?

1.
— Вы ко мне?
— Разрешите? Я из горсовета. Мы проводим социологическое обследование «Затраты времени на транспорт». Можно войти?
— Заходите, пожалуйста. Чем я могу вам помочь?
— Спасибо. Вы не заполните нашу анкету?
— Разрешите. «Время проезда от дома до работы» — надо написать, сколько минут?
— Да, сколько минут в среднем, в один конец.
— А это: «Число видов транспорта» — сколько пересадок?
— Совершенно верно. Например, с автобуса на метро.
— Тогда всё. Пожалуйста.

2.
— Даша, ты долго едешь на работу?
— Очень долго, больше часа.
— Что ты говоришь? Это что, другой конец города?
— Да, почти через весь город.
— Где же ты работаешь?
— В Черёмушках.
— А как ты едешь?
— Сначала автобусом до метро, потом в метро с пересадкой, потом опять на автобусе.
— Ужасно неудобно. А почему бы тебе не найти работу ближе к дому?
— Я думала об этом. Только, знаешь, к людям привыкла. У нас очень хороший коллектив.

3.
— Извините, мы проводим опрос. Скажите, пожалуйста, сколько времени вы тратите на дорогу?
— Из дома на работу? Немного, я живу рядом с институтом и иду пешком десять минут.
— Да, это большое удобство.
— Конечно, а в условиях большого города — почти редкость.

11.017

Авария!
Accident!

1.
— Алло, милиция?
— Дежурный капитан Басов слушает.

— Тут на улице Губкина авария. «Жигули» столкнулись с автобусом.
— Не волнуйтесь. Говорите спокойнее. В каком месте авария?
— На перекрёстке, улица Губкина и улица Вавилова.
— Пострадавшие есть?
— Да, водитель «Жигулей» без сознания.
— Какой автобус?
— Сто пятнадцатый.
— ГАИ выезжает. Вы можете подождать?
— Могу, раз надо. Я же понимаю, что дело серьёзное.
— Будем через 10—15 минут.

2.
— Алло! «Скорая помощь»?
— Слушаю!
— Здесь авария. Человек ранен.
— Пожалуйста, говорите спокойнее. Где авария?
— Пересечение улицы Губкина и улицы Вавилова.
— Сколько пострадавших?
— Один.
— Что с ним?
— Он без сознания, ранен осколками стекла.
— В милицию сообщали?
— Ещё нет.
— Мы позвоним сами. Сейчас выезжаем.

3.
— Инспектор Соколов! Вы видели, как произошла авария?
— Да. Загорелся красный свет, а автобус не смог остановиться и ударил «Жигули».
— Он тормозил, вы не заметили?
— Да, конечно, но видите, как скользко.
— А где вы находились во время аварии?
— На переходе, слева отсюда. И мне хорошо было всё видно.

— Спасибо. Ваша фамилия и адрес. Если понадобится, мы вас вызовем.
— Сомов, Олег Петрович. Улица Губкина, 15, квартира 137.

11.018

Кто виноват?
Who's fault was it?

12) City

We make preparations for a trip abroad in advance: we leaf through guide books, travelling companions, brochures, find out about the history and traditions of the country and its people, are interested in the sights and cultural and architectural monuments of the place we are going to.

Here we are in the country whose language we are studying. We want to see with our own eyes the things we have read about and heard from our friends. We like going for walks around the city, going to the theatre, seeing new buildings and monuments to the past. We get our photograph taken as a record of our trip to that country. We look for similarities and differences between the cities we visit and the cities of our native country. We are interested in reading the names of the streets and squares. In Paris we will undoubtedly be shown the Eiffel Tower and the Louvre, in Rome — the Coliseum, in Leningrad — the Winter Palace, the Hermitage. Muscovites are proud of the Bolshoi Theatre, the Kremlin, the Exhibition of Economic Achievements, the Tretyakov Gallery and the metro.

When we see an interesting building, whether it be old or modern, it is difficult to refrain from asking: "What is that building?" In any country and in any city, an inhabitant of that city will freely tell us when it was built and sometimes name its architect. Our curiosity will be rewarded two-fold if we talk to a foreigner in his native language. It's always nice and arouses feelings of goodwill even in the busiest or most suspicious person.

The lessons in chapter 12 contain the most necessary things for you to know in order to find your way about the streets of the city to which you have come, find out about its cultural and academic life, its achievements and problems. Together we will go on an excursion by bus ("Excursion about the city"), each one of you will be able to suggest your own itinerary and route for such an excursion, we will take part in a competition for guides ("Competition for guides"), we will discuss the problems of a modern-day city ("Problems of a modern-day city"), we will play the part of a representative of a construction firm in the game-discussion "Shall we demolish this building?", where it will be important to substantiate one's point of view on the question in hand. The winner will be the person whose arguments are most convincing.

No doubt you have already guessed that the material in this chapter adds material to the game situations in the section "In the Street". Some games on the theme of "The City" can also be found in other sections of our textbook.

12.001

Что вы знаете о нашем городе?
What do you know about our city?

12.002

Старожил
Old resident

12.003

Что это за здание?
What building is that?

1.
— Вот мы и в городе!
— Это уже Москва? Скажите, пожалуйста, что это за здание?
— Проектный институт. А теперь мы едем по Ленинградскому шоссе. Вот справа, видите, два здания — это городской аэровокзал.
— Правильно. Я уже бывал(а) здесь. А слева что? Стадион?
— Да, это стадион «Динамо». Завтра состоится интересная игра: играют «Динамо» и «Спартак». Советую посмотреть.
— Обязательно. Я очень люблю футбол! А вот эти башни и золотые купола — это, наверное, Кремль?
— Да, это наш Кремль. Мы ещё будем проезжать мимо него.

2.
— Мы находимся на Красной площади. Прямо перед нами Кремль и Мавзолей Владимира Ильича Ленина. Справа — музей.
— Музей? Какой это музей?
— Исторический.
— А церковь? Там, слева?
— Это храм Василия Блаженного. Памятник архитектуры XVI века.
— Какой он красивый!

3.
— Девочка, скажи, пожалуйста, это Казанский собор?
— Нет, что вы! Это Исаакиевский.
— Значит, я ошиблась. Я не ленинградка...
— Казанский собор здесь недалеко. Нужно выйти на Невский проспект и потом повернуть налево.
— Спасибо. Там я спрошу.

12.004

Экскурсия по городу (*подготовка*)
Excursion around the city (*preparation*)

12.005

Покажи(те) мне город
Show me the city

1.
— Энн, ты уже целый год учишься в Советском Союзе и хорошо знаешь Москву. Ты покажешь мне центр города?
— С удовольствием, вечером мы можем совершить прекрасную прогулку.
— А по какому маршруту?
— Поедем до Библиотеки Ленина, пройдём мимо старого здания университета, на Красную площадь, а потом погуляем по улице Горького. Там хорошие магазины, кафе. Ты согласен?
— С удовольствием. Я давно мечтал увидеть Кремль и Красную площадь.

2.
— Брус, ты обещал показать мне город.
— Я помню и сам хотел тебе

сегодня это предложить. Давай встретимся у станции метро «Кропоткинская» в шесть вечера.
— Хорошо, а куда мы пойдём?
— Я проведу тебя по бульварному кольцу.
— А что это такое?
— Это район старой Москвы, чудесное место.
— Там есть какие-нибудь исторические памятники?
— Конечно, я покажу тебе места, где гулял Пушкин, церковь, где он венчался с Гончаровой...
— Ладно, ладно. Всё расскажешь потом. Это действительно интересно.
— В таком случае, до встречи.
— До встречи.

12.006

Прогулка по городу
Walk through the city

1.
— У меня есть предложение: давайте погуляем после ужина.
— Хорошая мысль.
— А куда пойдём?
— Погуляем по улице Горького.
— Пошли. До ужина есть время.
— Посмотрите, в витрине красивые сувениры.
— Очень красивые. Вот эту керамику я бы купила.
— А вот Центральный телеграф.
— Здание с глобусом?
— Ну да, напротив. Посмотрите, как много народу на улицах!

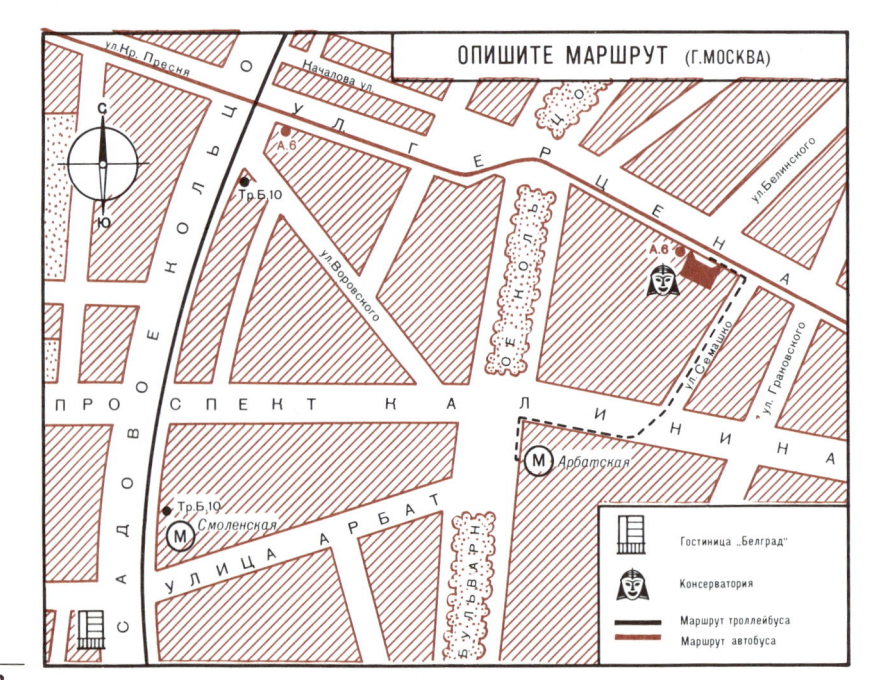

ОПИШИТЕ МАРШРУТ (г. МОСКВА)

Гостиница „Белград"
Консерватория
Маршрут троллейбуса
Маршрут автобуса

2.
— Давай сегодня вечером погуляем.
— Сегодня? Хочешь, пройдёмся по бульварам?
— Да мне всё равно, можно и по бульварам.
— Тогда начнём от Пушкинской площади и пойдём вниз по Тверскому бульвару.
— Кстати, кажется, около Пушкинской площади новое здание МХАТа?
— Да, да. Только МХАТ уже вернулся в своё старое здание. А в этом здании теперь Театр Дружбы народов. Мы как раз и будем идти мимо. И Театр им. Пушкина там же, рядом.
— Отлично. А потом поужинаем где-нибудь, да?

3.
— Слушай, у меня сегодня так болит голова.
— Ты просто переутомилась. Надо отдохнуть. Давай погуляем.
— С удовольствием. Но только недалеко, уже поздно.
— Давай походим около университета, посмотрим здания, а потом выйдем на смотровую площадку, постоим там немного.
— Давай, я люблю это место. Москва вечером такая красивая!
— Очень. И её огни успокаивают.
— Ну и хорошо. Это не займёт много времени? Мне завтра рано вставать.
— Я думаю, часа два. Тебя это устраивает?

— Пожалуй. Два часа — это как раз то, что нам надо.
— Ну и отлично. Значит, договорились?
— Договорились. В 7 часов на «Проспекте Маркса».
— Всё. До встречи.

12.007

**Давайте сфотографируемся!
Let's get our photograph taken!**

1.
— Давайте сфотографируемся здесь, перед музеем. Очень красивое место, будет хороший снимок.
— Фотографироваться так фотографироваться! Как нам встать?
— Вы, вы и, пожалуйста, вы встаньте на лестницу. Остальные впереди.
— Так хорошо? Все в кадре?
— Да, теперь хорошо. Внимание! Снимаю... Готово.

2.
— Ребята, давайте здесь сфотографируемся на память.
— Где? Вот здесь? У набережной?
— Да, а чем плохо?
— Вид неинтересный. Эта набережная есть на всех открытках. Лучше отойдём поближе к памятнику Петру Великому.
— К Медному всаднику? Верно, тогда на снимке будут видны и памятник, и Адмиралтейство.

12.008

Экскурсия по городу (реализация)
Excursion around the city (realization)

12.009

Конкурс гидов
Competition of guides

12.010

Сносить ли это здание?
Shall we demolish this building?

12.011

Конкурс строителей
Competition of builders

12.012

Проблемы современного города
Problems of modern-day cities

12.013

Городской пейзаж
Townscape

12. CITY

13) Hotel

You arrive in a strange country. One of the first things you have to do is get settled into a hotel or hostel: you have got to get yourself sorted out, have a shower or bath, have a rest after the journey. After your papers have been officially registered, you are given the key to your room and the floor lady explains how to use the facilities provided in the room and where to go or whom to turn to if something goes wrong and which number to phone if you need service.

During your stay abroad in a hotel (or hostel) you spend the night in your room, relax after lessons or after work, receive guests, prepare for lessons or work on a paper you have to give at a conference. The hotel during all this time is your home. Therefore you try to settle in as best you can. Sometimes your new accommodation suits you down to the ground, and sometimes you are not happy with something or want to share with a colleague or fellow countryman. How do you explain and substantiate your request to the hotel administration? How do you make use of the service bureau? How do you order breakfast in your room or book a taxi for a certain time? How do you get in touch with a repair workshop? You will learn all this and much more in this chapter. The role play lessons "What is there in the hotel?", "Let's build a hotel", "How do I get into the room 914?", "You'll stay in room 517!", "In a hotel room", "Booking a room by telephone", "Call in, if you would, at room 517", "I need another room!", "Service Bureau", "Taxi for 8 a.m.", "Breakfast for room 317!" "I'm from the workshop...", "Get the tap fixed!" will give you an idea of what to do in various situations related to your stay in a hotel. Don't be put out by the fact that the situations given here are not exhaustive: in good hotels the service bureau can offer its clientèle tens or even hundreds of services. Knowledge of speech patterns and the ability to make active use of them will guide you in any similar situation.

13.001

Что есть в гостинице?
What is there in the hotel?

13.002

Строим гостиницу
Let's build a hotel

13.003

Как мне попасть в номер 914?
How do I get into room 914?

1.
— Простите, как мне попасть (пройти) в номер 914?
— А вы проживаете в гостинице? Тогда надо показать гостевую карточку.
— Нет, не проживаю. Здесь остановился мой коллега. Он тоже приехал на конгресс.
— Ах, вот как. Прошу вас: на 9-м (девятом) этаже останавливаются третий и пятый лифты.
— Лифт справа? Вижу, спасибо.
— На этаже спросите у дежурной. Она вас проводит.
— Там я сам разберусь. Всё в порядке!

2.
— Простите, вы мне не поможете?
— Пожалуйста, в чём дело?
— Просто не знаю, как быть. Моя подруга приехала из Киева и остановилась в вашей гостинице, а номер забыла сообщить.
— Конечно, я помогу вам. Как фамилия и имя вашей подруги?
— Алексеева... Алексеева Ольга Дмитриевна.
— Так посмотрим в регистрационной книге. Алексеева Анна... Это не то, а вот — Алексеева Ольга Дмитриевна — номер 914 (девятьсот четырнадцать)?
— Спасибо большое, вы мне так помогли! Номер 914. Где же это?
— Подождите, подождите, вы не туда пошли. Лифт прямо и налево.
— Спасибо большое.

3.
— Девушка, вы кого-то ищете?
— Здравствуйте, я никак не пойму, где находится номер 914.
— Девятьсот четырнадцатый номер на девятом этаже.
— А где мне лучше подняться?
— Пройдите к лифту, это там, направо.

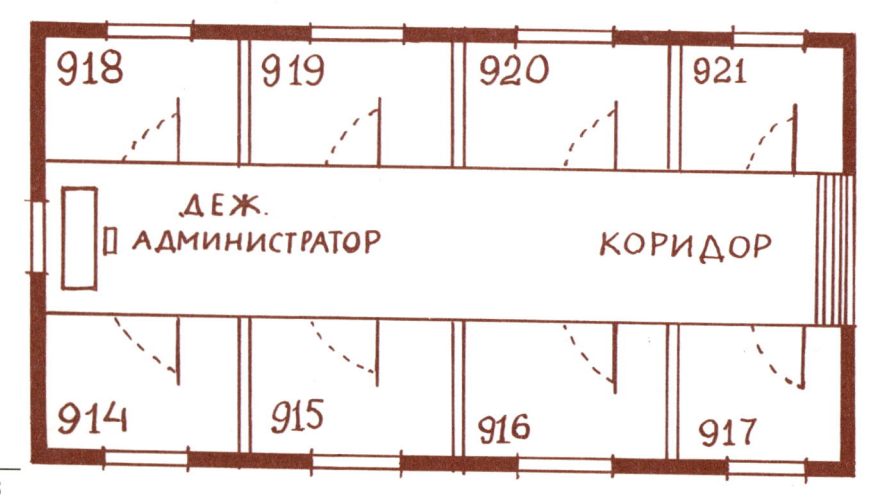

— Большое спасибо.
— Если не найдёте, спросите у горничной.

13.004

Вы будете жить в номере 517!
You'll stay in room 517!

1.
— Внимание! Сейчас я вам прочитаю список номеров, а вы сразу говорите мне, кто где хочет жить. Номер 517 (пятьсот семнадцать). Двухместный.
— Можно нам?
— Пожалуйста. Записываю. Джон Оуэн с супругой. Вы будете жить в пятьсот семнадцатом номере. Дальше — номер 127 (сто двадцать семь). Одноместный.
— Предлагаю оставить этот номер профессору Мейли. Ему будет удобнее на первом этаже.
— Совершенно верно. Хорошее предложение.
— Нет возражений? Профессор, ваш номер 127.

2.
— Вы сказали, мой номер 602. Я была там.
— Ну и что? Не понравилось?
— Не в этом дело. Там окно выходит на площадь. Очень шумно.
— Значит, вы хотите другой номер. Я вас правильно понимаю?
— Да, если можно. Вы знаете, я плохо сплю.
— Сейчас свободен только 604-й (шестьсот четвёртый), он тоже выходит окнами на улицу.

— Но как же быть? Войдите в моё положение.
— Завтра освободится шестьсот семнадцатый. Комната тихая.
— Буду вам очень признательна.
— Подойдите ко мне завтра перед обедом.

13.005

Мне нужен номер!
I need a room!

— Здравствуйте, я здесь в командировке. Мне нужен номер на пять суток.
— Пожалуйста, заполните анкету и подойдите к администратору.
— Простите, а где администратор?
— Здесь же в холле, налево.

2.
— Здравствуйте, моя фамилия Петров. Для меня забронирован номер, правильно?
— Одну минуточку. Сейчас посмотрю. Петров Иван Сергеевич?
— Совершенно верно.
— Для вас забронирован номер 175 (сто семьдесят пять). Вот ваша карточка.
— А где я могу взять ключ? На этаже?
— Да, у дежурной по этажу.

3.
— Здравствуйте. Мне нужен номер на пять суток.
— Свободных номеров у нас сейчас нет.
— Что же делать? Что вы мне посоветуете?
— Обратитесь в Олимпийский гостиничный комплекс. Это довольно далеко от центра, но у них, как правило, бывают свободные номера. Вот телефон.
— Спасибо. Я попробую.

13.006

В номере гостиницы
In the hotel room

1.
— Доброе утро, вот мой пропуск.
— Номер 327 (триста двадцать семь). Пойдёмте, я покажу вам номер.
— Надеюсь, это не близко от лифта? Я плохо сплю.
— Нет, в конце коридора, окна выходят на тихую улицу.
— Давайте посмотрим.

2.
— Пожалуйста, входите. Вот стенной шкаф. Ванная и туалет направо.
— Телефон городской?
— Да, через девятку (через цифру девять).

— А как позвонить в бюро обслуживания?
— 6—37. Список телефонов на столе.
— Спасибо.
— Когда будете уходить из гостиницы, не забывайте сдавать (мне) ключ.
— Хорошо. Мне будет нужна пишущая машинка. Это можно сделать?
— Сейчас уже поздно, а завтра мы поставим вам машинку. Вам не нужен телевизор?
— Нет, у меня будет много работы. Кстати, разбудите меня завтра в полседьмого, пожалуйста.
— Не беспокойтесь, будет сделано. Спокойной ночи!

3.
— Вы горничная?
— Да.
— Здравствуйте. Мне нужно сдать бельё в стирку. Как это делается?
— Приготовьте бельё и положите отдельно. Я буду убирать номер и возьму его.
— А куда положить?
— Куда хотите, на видное место.
— А когда оно будет готово?
— Через два дня. Я принесу его вам сама.
— Заплатить сейчас?
— Нет, не нужно. Я принесу бельё и квитанцию.

13. 007

Заказ номера по телефону
Booking a room by telephone

1.
— Алло, это гостиница «Баку»?
— Да, гостиница «Баку». Слушаю вас.

— Я хочу заказать номер, начиная с воскресенья. Можно сделать заказ?
— Пожалуйста, у нас есть свободные номера. На какой срок?
— Скажем, на неделю. С воскресенья до субботы.
— Вы один?
— С женой.
— Могу вам предложить однокомнатный двухместный номер.
— Хорошо, согласен.
— Фамилия, имя, отчество ваше и супруги?
— Рудин Лев Николаевич и Рудина Ирина Алексеевна.
— Заказ принят. Номер будет готов 21 числа, с 12 часов дня. По приезде обратитесь к администратору.

2.
— Алло, это гостиница «Москва»?
— Да, слушаю вас.
— Можно заказать номер на двоих?
— Когда вы хотите приехать?
— Завтра.
— А в какое время?
— По расписанию самолёт прибывает в 8.35 (восемь тридцать пять).
— К сожалению, завтра в это время свободных номеров не будет.
— А куда можно позвонить ещё?
— Позвоните в гостиницы «Спутник», «Националь», «Космос».

3.
— Я хотел бы заказать номер с 25 по 30 число.
— Одноместный, двухместный?
— Двухместный.
— Ваша фамилия?
— Моррисон. Майкл Моррисон.
— Заказ принят. Один двухместный, на 25-30 число.
— Это всё? К кому мне обратиться, когда я приеду?
— Вы подойдёте к дежурному администратору, скажете свою фамилию. В журнале будет записано. Не беспокойтесь.
— До свидания.
— До свидания.

13. 008

Зайдите, пожалуйста, в номер 517!
Call in, if you would, at room 517!

1.
— Здравствуйте, вы меня вызывали?
— Да, здравствуйте! У меня к вам просьба. Мне нужно погладить рубашку и почистить костюм.
— Пожалуйста. К какому часу?
— К пяти часам. В половине шестого я уезжаю в театр.
— Хорошо. Когда будете уходить, оставьте ваш ключ на этаже.
— Извините за беспокойство.

2.
— Дежурная слушает.
— Будьте добры, попросите горничную зайти в номер 517.
— У вас что-то случилось?
— Ничего страшного. Я собираюсь на приём, а у меня оторвалась пуговица.
— Это легко поправить. Горничная сейчас придёт.

3.
— Здравствуйте, вызывали горничную?
— Да, здравствуйте. У меня к вам просьба. Пришейте мне, пожалуйста, пуговицу на пиджак. Я иду на приём.
— Пожалуйста. Этот пиджак? Я возьму его с собой, его нужно погладить.
— Надеюсь, это не долго?
— Ну, что вы! Всего десять минут.
— Большое спасибо.
— Не за что. Не стоит (благодарности).

13. 009
Мне нужен другой номер!
I need another room!

1.
— Мне нужен другой номер.
— А в каком номере вы живёте?
— Я живу в 513-м (пятьсот тринадцатом) номере.
— Что вас не устраивает?
— Видите ли, комната выходит на улицу. Шумно, и я плохо сплю.
— Могу предложить вам 314-й (триста четырнадцатый). Там тихо.
— Спасибо. Вот ключ от 513-го (пятьсот тринадцатого).

2.
— Вы знаете, у меня очень шумные соседи. Нельзя ли поменять номер?
— В каком номере вы живёте?
— В 120-м (сто двадцатом).
— Одноместный?
— Да.
— Могу предложить вам 402 (четыреста второй). Тоже одноместный.
— Это на четвёртом этаже? Согласен. Что нужно сделать?
— Ничего. Разрешите вашу карточку. Я исправлю номер.
— А мои вещи?
— Вещи придётся уложить. Их перенесут.

13. 010
Бюро обслуживания
Service bureau

1.
— Здравствуйте, я живу у вас в гостинице, в номере 310 (триста десять). Меня зовут Ирвин Грей.
— Очень приятно. Что вы хотите?
— Скажите, можно заказать билет во МХАТ на спектакль «Сталевары»? Видите ли, я перевожу эту пьесу.

— На «Сталеваров»? Сейчас посмотрю. Да, можно, на семнадцатое число.
— Вам два билета?
— Да-да. Желательно десятый-двенадцатый ряд, середина.
— Так. Два билета на «Сталеваров», десятый-двенадцатый ряд. Билеты для вас будут завтра вечером.
— Как мне их получить? Здесь?
— Зайдите к нам завтра и назовите своё имя.

2.
— Алло, добрый день!
— Здравствуйте.
— Можно заказать билет во МХАТ?
— Сейчас посмотрю... Можно только на 25-е (двадцать пятое) число.
— Спектакль «Иванов» по Чехову.
— А раньше нет?
— Нет, до 25 (двадцать пятого) все билеты проданы.
— К сожалению, я уезжаю 20-го (двадцатого).
— Знаете что? Позвоните сегодня вечером. Иногда нам возвращают билеты.
— Правда?! Обязательно позвоню.
— Только учтите, я ничего определённого не обещаю.
— Конечно, я это понимаю. Всё равно, очень признательна.

3.
— Скажите, можно заказать билеты в театр Моссовета?
— Вам на какой спектакль?
— На любой с участием Плятта.
— Завтра идёт спектакль с его участием «Тема с вариациями». Хотите пойти?
— Это современный спектакль?
— Да. В нём заняты кроме Плятта Юрский и Терехова.
— О, Терехова — прекрасная актриса. Два билета, пожалуйста.
— Скажите вашу фамилию и номер. Билеты вам принесут сегодня после 17 часов.

13. 011

Такси на 8 часов утра
Taxi for 8 a.m.

1.
— Алло, бюро обслуживания?
— Да, слушаю (вас).
— Я хочу заказать такси на завтра на 8 часов утра.
— В каком номере вы живёте?
— В 506 (пятьсот шестом).
— Куда поедете?
— В аэропорт «Шереметьево».
— У вас большой багаж? Носильщик нужен?
— Нет, один чемодан. Я сам (а) спущусь с ним.
— Ваш заказ принят. Завтра вам позвонят без пятнадцати восемь и скажут номер машины.
— Спасибо.

2.
— Алло, администратор?
— Да, слушаю вас.
— Мне нужно заказать такси на 4 часа утра в аэропорт. Как туда позвонить?
— Список телефонов у вас на столе. Смотрите «Заказ такси».
— А... вижу. Спасибо.

3
— Алло, я бы хотел заказать такси на завтра в Загорск и обратно.
— Такси в Загорск. На какое время?
— Часов на 9 утра.
— Ваш адрес, фамилия, телефон.
— Улица Горького, номер дома я не знаю, гостиница «Центральная», номер 233. Телефон... 291—35—45. Пейдж.
— Гостиница «Центральная», номер 233, от 9 утра, Пейдж. Машина будет у подъезда в 9 часов утра. Завтра вам позвонят и скажут номер машины.

13. 012

Завтрак в номер 317!
Breakfast for room 317!

1.
— Алло, это ресторан?
— Здравствуйте. Слушаю вас!
— Я из номера 317 (триста семнадцать). Я плохо себя чувствую и прошу принести завтрак в номер.
— Пожалуйста. Что бы вы хотели заказать?
— Лёгкий завтрак.
— Можем предложить вам салат из овощей, творог со сметаной, варёные яйца, чай с лимоном, кофе, печенье, фрукты.
— Хорошо, только без творога, пожалуйста.
— Сейчас вас обслужат.

2.
— Алло, это ресторан?
— Здравствуйте. Слушаю вас.
— Вы не могли бы принести мне минеральную воду в номер?
— Пожалуйста, сколько?
— Бутылочки три.
— Какой ваш номер?
— 214 (двести четырнадцать).
— Сейчас вам принесут.

3.
— Алло, ресторан?
— Да.
— Простите, вы не могли бы принести мне ужин в номер? Я нездоров(а).
— Хорошо, ваш номер?
— 110 (сто десять).
— А что вам принести? У нас есть...
— Да всё равно, на ваше усмотрение.
— Ладно. Сейчас принесём.

13. 013.

Я из ремонтной мастерской
I'm from the workshop

1.
— Здравствуйте, мáстера вызывали?

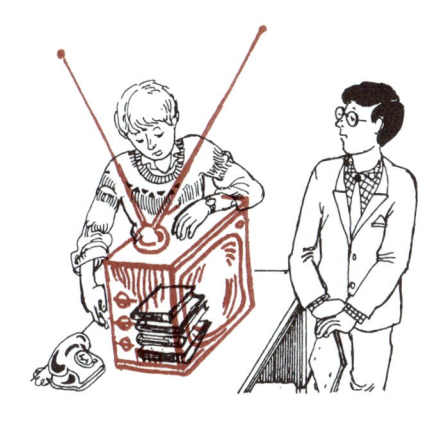

— А может быть, проще заменить аппарат?
— Зачем же менять? Вот... Всё готово. Позвоните кому-нибудь.
— Кому же позвонить?
— Наберите службу времени — 100.

13. 014

Почините кран!
Get the tap fixed!

— Да, у нас что-то с телевизором. Изображение то есть, то пропадает.
— Сразу как включаете?
— Нет, минут через пятнадцать-двадцать...
— Сечас посмотрим. Где у вас розетка?
— Розетка? Вот здесь, внизу.

2.
— Мастера вызывали?
— Да, вызывал(а).
— Что случилось?
— У меня плохо закрывается окно.
— Которое? Это? Да, защёлка отошла. Сейчас сделаем. Вот, пожалуйста, попробуйте закрыть сами. Не трудно?
— Нет, легко. Спасибо.

3.
— Можно? Что у вас?
— Плохо работает телефон.
— Что, плохо слышно?
— Да, всё время слышен треск. А вчера мне звонили, говорят, не дозвонились.
— Вы не роняли аппарат?
— Я не ронял(а). Может быть, до меня кто-то?
— Сейчас проверим. Да. Придётся кое-что исправить.

1.
— Что у вас случилось?
— Что-то с краном... Плохо закрывается. Видите, течёт вода.
— Сейчас посмотрим. Ага, прокладка стёрлась, видите? Заменим-ка её. Теперь всё в порядке.
— Большое спасибо.

2.
— Что у вас произошло?
— Кран сломался. Всё время течёт вода.
— Сейчас я посмотрю. Так, вода течёт, потому что прокладка уже старая. Я вам её сменю.
— Большое спасибо.

13. HOTEL

3.
— Водопроводчика вызывали?
— Да.
— Что случилось?
— Кран сломался.
— Сейчас посмотрим. Да, прокладку надо менять.

— Это долго?
— Нет, что вы, пять минут.

13. 015

Совещание директоров гостиниц
Meeting of the hotel management

14) Work

In the course of many years we study various subjects and acquire the skills that we will need for our future profession. But one day our studies come to an end and we become specialists. The time comes for our knowledge and skills to be tested in practice. We start work (or a course) in an enterprise or educational establishment. What will our first day at work be like? How will they welcome us in the department or in the laboratory? Will we succeed in being wanted by and useful to our new colleagues?

A person spends a considerable and the best part of his life—his mature life—at work. On reaching retirement age (in the USSR this is 60 for men and 55 for women), he is supported by the state and receives a pension. A person leaves work and immediately finds himself in a situation he is not used to. Life slows down sharply and he remains, as it were, on the sidelines of society interests. He gets tired of constant relaxation. He becomes irritable, falls ill, stops getting pleasure out of life. Therefore the majority of people in the USSR want to carry on working even after they have reached retirement age. They work, as a rule, not for the sake of earning money (although the material side is also important). According to the USSR Constitution, every citizen has the right to work, that is to receive guaranteed work for which he is paid according to the quality and quantity of his labours—a sum which is not lower than the national minimum; this includes a person's right to choose his profession and type of work according to his calling, his skills, his professional training and his education. Allocation of work to people graduating from professional technical schools, special and higher educational establishments and post-graduate courses is carried out by a special commission on personnel distribution of young specialists, which gives each candidate several choices of where he may work. Here each person's speciality and academic interests are taken into consideration.

A long time in advance of our first day at work (if only not to be late!) we are already in place. The boss of the laboratory (section, department) talks to us and introduces us to our fellow workers. Thus begins our working life in a working collective. The new chapter opens with two main lessons on "Starting work" and "First day at work". Later, while mastering real or possible situations of professional contact, we will have to take part in a discussion of yearly target plans and reports, be the head of a department (why not? A soldier is not a soldier if he doesn't dream of becoming a general!), devise new instruments and draw up projects, take part in debates. It will all be like it actually as in reality, at work.

14. 001

Сколько профессий есть на белом свете?
How many professions are there in the wide world?

14.002
Контакт
Contact

14.003

Поступление на работу
Starting work

1.
— Здравствуйте!
— Добрый день! Садитесь, пожалуйста. Я вас слушаю.
— Меня зовут Виктор Ансельм. Я студент четвёртого курса МХТИ.
— Вы к нам на практику?

— Да, вот моё направление.
— Так. Вы будете работать в лаборатории машиностроения. Ведь это ваша специальность?
— Совершенно верно. Моя специальность — химическое машиностроение.
— Ваш руководитель — Пётр Фёдорович Никитин, старший инженер. Я сейчас ему позвоню.

14. WORK

2.
— Разрешите?
— Входите, пожалуйста.
— Мне нужно Петра Фёдоровича Никитина.
— Это я.
— Меня зовут Виктор Ансельм. Я...
— Да-да, я знаю. Мне только что звонил директор. Давайте сделаем так. Вы познакомитесь с нашей работой по этим материалам, а потом мы побеседуем.
— Я вижу, это отчёт лаборатории за прошлый год.
— Да, чтобы вы сразу вошли в курс дела. Прочитайте отчёт, подумайте. Жду вас через два часа.
— Я могу идти?
— Конечно. Вы свободны. Можно пойти в читальный зал.

14.004

В отделе кадров
In the personnel department

— Здравствуйте.
— Здравствуйте, садитесь, пожалуйста. Я вас слушаю.
— Меня зовут Хэлен Уотерхаус.
— Вы англичанка?
— Да, но живу в Советском Союзе. Я замужем за русским.
— Вы хотите устроиться на работу?
— Да. Правда, у меня маленький ребёнок. Мне было бы удобно брать работу на дом.
— Так, что же вам предложить? У нас бывает работа по техническому переводу. Вы кто по специальности?
— Я инженер.
— Имеете опыт работы по переводу специальной литературы?
— Да, я делала переводы для фирмы, в которой работала.
— Так, хорошо. Мы могли бы давать вам на дом рефераты для перевода. Вас это устраивает?
— Конечно, это было бы очень удобно.
— Оставьте свой телефон, мы позвоним вам.
— Спасибо.

14.005

Структура предприятия
The structure of the enterprise

14.006

Первый день на работе
First day at work

1.
— Разрешите представить нашего нового сотрудника: Джон Грэй.
— Очень приятно. Ольга Степановна, инженер.
— Коля, лаборант.
— Вот ваш стол, Джон. Ольга Степановна расскажет вам о нашей работе. Если вам понадобится моя помощь, заходите!
— Спасибо. Я хотел бы сначала познакомиться с лабораторией, с её проблематикой и оборудованием.
— Оборудование вам покажет Коля, а о проблематике поговорите с Ольгой Степановной.

2.
— Коллега Грей, вы будете работать в моей группе. Мы хотим поручить вам экономическое обоснование проекта.

— Очень рад, мне будет приятно с вами поработать. С проектом я уже познакомился у главного инженера. Скажите, какая счётная техника имеется в лаборатории?

— Есть электронные калькуляторы и персональные компьютеры. Если понадобится, лаборатория может заказать машинное время на большой ЭВМ.

— Ещё вопрос: где можно получить таблицы нормативов?

— У главного экономиста. Справочники есть в библиотеке.

— А когда должно быть готово экономическое обоснование?

— В конце следующего месяца. Точнее, 27 (двадцать седьмого) числа.

— Значит, у меня шесть недель?

— Точно. Шесть недель. Справитесь? Желаю успеха.

3.

— Познакомьтесь, это Хэлен Уотерхаус. Она будет переводить для нас американскую литературу по приборостроению.

— Очень приятно. Нина Петровна, редактор отдела «Машиностроение».

— Хэлен, Нина Петровна познакомит вас с вашей работой: требования к рукописи, сроки исполнения. Ей вы будете сдавать свои переводы.

— Спасибо, я хотела бы посмотреть рефераты. Знаете, требования везде разные.

— Она вам всё покажет и объяснит.

14.007

Информационный поиск
Information search

Для поиска специальной литературы обычно используют такие каналы: предметно-тематические каталоги, досье и консультации библиографов. Существуют и специальные информационные издания: Реферативные журналы, Экспресс-информация, Каталоги новых поступлений, Тематические планы издательств. Научные организации выписывают «Книжное обозрение», где публикуется рубрика «Книги недели». В отраслевых библиотеках имеются свободные тематические каталоги.

14.008

У меня для вас поручение
I've got an assignment for you

1.
— Стивен, вы сейчас не очень заняты?
— Не очень. Слушаю вас.
— Мы хотим дать вам поручение — следить за литературой по профилю отдела. Как вы на это смотрите?
— Я готов, конечно. Если справлюсь.
— Справитесь, дело несложное. Вот «Книжное обозрение», выходит раз в неделю.
— Понятно. Я должен выписывать названия книг по нашей проблематике?
— Правильно. Просматривайте также разделы «Строительство» и «Транспорт». Там тоже бывают книги по нашей тематике.
— А что делать со списком?
— Списки нужно сдавать в библиотеку по вторникам. А по этим спискам библиотека заказывает литературу.

2.
— Здравствуйте! Я новый сотрудник технологического отдела Стивен Мейли.
— Здравствуйте! Принесли заявку на литературу!
— Да, список литературы по «Книжному обозрению».
— Разрешите! Так, 13 (тринадцать) названий. Это всё?
— Не совсем. У меня вопрос.
— Пожалуйста.
— Мы можем заказывать словари и справочники?
— Справочники можно заказывать, а словари — только специальные.
— А если нам нужны общие словари, что тогда?
— Тогда нужно брать словари в библиотеке.
— В читальном зале? Это очень неудобно.
— Нет, зачем же. Выпишите словари на свой отдел и пользуйтесь ими. Но в конце года их нужно сдать.
— Спасибо. Значит, словари я могу взять уже сегодня?
— Да, и до конца года, если надо.

3.
— Хэлен, у меня есть для вас работа.
— Я готова.
— Вот 3 реферата по вашей специальности. Два из них надо сделать срочно.
— Разрешите я посмотрю. Всего 17 (семнадцать) страниц. Как быстро надо сделать?
— 17 страниц, вы говорите? Обычно мы даём недели две, а сейчас я попросила бы вас

приготовить к понедельнику.
— Хорошо, в следующий понедельник я принесу.

14.009

Вы умеете пользоваться этими приборами?
Do you know how to use this apparatus?

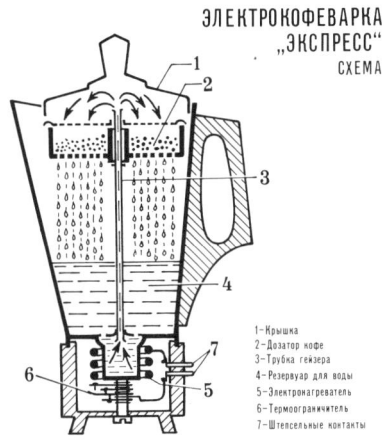

ЭЛЕКТРОКОФЕВАРКА
„ЭКСПРЕСС"
СХЕМА

1 — Крышка
2 — Дозатор кофе
3 — Трубка гейзера
4 — Резервуар для воды
5 — Электронагреватель
6 — Термоограничитель
7 — Штепсельные контакты

1.
— Это калькулятор?
— Да, вы умеете им пользоваться?
— Нет, покажите, пожалуйста. Это всегда может пригодиться.
— Конечно, может пригодиться. Смотрите: сначала включают прибор в сеть. Клавиши с цифрами служат для набора чисел. Наберите, например, 100.
— Так. Один, ноль, ноль. Готово.
— Правильно. Клавиши сверху — плюс, минус, деление, умножение — позволяют выполнять арифметические операции. Попробуйте!
— Разделим сто на десять, умножим на два, прибавим семь и отнимем два. Правильно?

— Совершенно верно.
— А где же результат?
— Для этого нужно нажать клавишу «результат», она обозначена знаком «=», равно. Видите?
— Да. Двадцать пять. Спасибо.

2.
— Сегодня будет обсуждение, надо его записать на магнитофон. Ты сможешь?
— Ой, я не умею записывать.
— Да что тут уметь? Сейчас я тебе покажу.
— Да, покажи, пожалуйста.
— Вот смотри, это гнездо для микрофона.
— Так, беру микрофон, вставляю шнур, потом что?
— Включай магнитофон в сеть.
— Есть, готово. А он не включился.
— Надо нажать вот эту кнопку. Видишь, загорелась лампочка.
— Вижу. Давай я поставлю плёнку, это я умею. Дальше что?
— А теперь нажимаешь эти две кнопки сразу: красную — «запись» и «пуск».
— Проверим? Раз, два, три... десять.
— Так. Нажимаем «стоп», перекручиваем плёнку назад, а затем «пуск». Ну, вот. Узнаёшь свой голос?
— Разреши, я попробую сама.

14.010

Мы получили новый прибор
We've got some new apparatus

1.
— Слушай, что это у тебя за чудо техники?

— Не смейся. Называется сшиватель для бумаг. Только что получили.
— А как он действует?
— Сейчас покажу, давай сошьём несколько страничек.
. . . . .
— Что-то не так, не сшивает твой сшиватель.
— В самом деле. В нём нет скрепок. Видишь, вот сюда надо вставить скрепки.
— Надо отодвинуть пружинку?
— Ну да. Вот так, вставили. Теперь можно попробовать. Готово. Нравится?
— Как тебе сказать. А не проще взять обыкновенную скрепку?
— Ну тебя. Ты всегда был скептиком.

2.
— Здравствуйте. Я должен работать с тренажёром. Мне сказали, что вы можете меня проинструктировать.
— Да, я вас давно жду. Пожалуйста, пройдите. Это — машина «КИСИ», для самостоятельной работы студентов.
— Я вижу экран с карточками и упражнениями.
— Да, надо прочитать предложение и дополнить его нужным словом.
— Каким словом?
— Вот, смотрите, слова даны ниже, надо выбрать подходящее.
— А это что за кнопки? И почему на них номера?
— Это номера ваших ответов. Например, вы выбираете второе слово и нажимаете вторую кнопку.
— Так, а что дальше?

— Когда вы выполните все задания, нажмите кнопку оценок и узнаете свой результат.
— А если я где-нибудь ошибся?
— Машина покажет ваши ошибки.

14.011

Инструкция к прибору
Instructions for using the apparatus

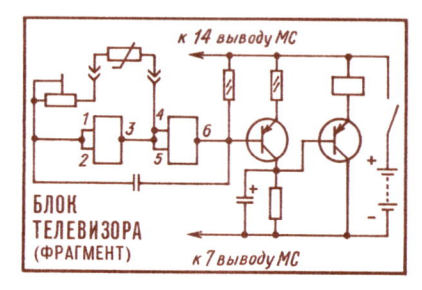

14.012

Обсуждение плана работы на год
Discussing the plan of work for the year

1.
— Товарищи, на производственном совещании нам предстоит обсудить и утвердить план работы на год. Слово для информационного сообщения имеет главный инженер отдела. Прошу вас, Николай Фёдорович.
— Разрешите мне проинформировать собрание о планах на год. Лаборатории отдела представили основные направления своей деятельности. Поэтому нам предстоит заслушать сообщения лабораторий и заняться координацией их планов в рамках отдела.
— Есть предложение заслу-

шать только разделы «Координационная работа».
— Поясните свою мысль. Я, признаться, не совсем вас понимаю.
— Сущность предложения такова: пусть все лаборатории сообщат только те разделы своих планов, где они взаимодействуют друг с другом.
— Логично. Так сказать, «внутренние дела» каждой лаборатории решаются её сотрудниками.
— Да. Это я и имел в виду. Основная трудность комплексного плана состоит в координации.
— Итак, мы выслушали предложение. Какие будут мнения?
— Давайте проголосуем это предложение.
— Голосуется предложение: обсудить координацию планов лабораторий. Кто за? Против? Воздержался? Предложение принято.

2.
— Товарищи, сегодня мы должны обсудить план работы на год аспирантки Моррисон Дороти. Расскажите, Дороти, что вы наметили на этот год.
— Это первый год моей аспирантуры. Я предполагала за это время сделать обзор литературы по моей теме, составить библиографию и приступить к разработке эксперимента.
— Простите, а кандидатские экзамены у вас все сданы?
— Не все, в этом году я хочу сдать специальность и философию.
— Занесите это в свой план, обязательно.
— У кого есть ещё предложения? Нет? Ну, отлично. Дороти, ваш план утверждён.

3.
— Товарищи, нам надо обсудить план работы аспиранта Иванова Сергея Михайловича. Пожалуйста, Сергей, что вы намерены сделать за этот год?
— Хочу сдать все кандидатские экзамены.
— Так, это хорошо, а ещё?
— Собрать библиографию по теме.
— Что ещё?
— Познакомиться с литературой по вопросу. И всё, наверное.
— Нет, этого мало. Вам необходимо подготовить статью, иначе у вас будут сложности перед защитой. Ведь у вас ещё нет ни одной статьи.
— Хорошо, я постараюсь.
— Это надо сделать обязательно. Товарищи, какие будут ещё предложения?
— Сергей, вам надо серьёзнее работать. Вы достаточно способный человек.
— Я понял, спасибо.
— Ваш план утверждается с пунктом «Публикация по теме исследования».

14.013

Отчёт по работе за год
Report on the year's work

1.
— Пожалуйста, ещё вопросы!
— Разрешите?
— Мы вас слушаем. Подойдите к трибуне, пожалуйста.
— Так вот. Если я правильно понял, в докладе сообщае-

...тся не столько о новых результатах, сколько об оригинальной методике исследования. Правильно?
— Мы действительно уделили основное внимание методологической стороне проблемы.

2.
— Вопросов нет? Спасибо, доктор Уайл. Позвольте поблагодарить вас за интересное сообщение.
— Благодарю за внимание.
— Переходим к выступлениям по докладу доктора Уайла. Слово имеет доктор технических наук Семёнов, Институт проблем управления, Москва.

3.
— Ваше мнение о докладе?
— Что же, доклад безусловно интересный. Много экспериментального материала.
— Это верно. И проблема актуальная, но...
— Вот видите, вы и сами говорите «но».
— Ну, в большой работе всегда можно найти слабые места.
— Бесспорно. Весь вопрос в том, не слишком ли много таких просчётов и неточностей.

14.014

Знаешь, я перехожу на другую работу
Do you know that I'm changing jobs?

1.
— Слушай, я хочу перейти на другую работу.
— Что так? У тебя неприятности?
— Совсем нет. Просто зовут на кафедру. В университет.
— Смотри, не пожалеешь?
— Сам(а) не знаю.
— Но а всё-таки, чем тебе плохо в лаборатории?
— Да я и не говорю, что плохо. Но однообразно. Посуди сам(а): тема — методика — эксперимент. И опять всё сначала.
— А в университете? Лекция — семинар — экзамен, а?
— Ты думаешь, не стоит?

ЛИЧНАЯ КАРТОЧКА						
Фамилия _____ имя _____ отчество _____						
образование _____ квалификация _____ специальность _____						
отдел _____ должность _____						
ВЫПОЛНЕНИЕ ПРОИЗВОДСТВЕННЫХ ЗАДАНИЙ						
№№ пп.	Наименование работы, задания	Наименование или шифр темы	Дата выдачи задания	Плановый срок выполн.	Факт. срок выполн.	Подпись заведующего отделом
1	2	3	4	5	6	7

ОБЪЯВЛЯЮТ КОНКУРС

ВСЕСОЮЗНЫЙ ЗАОЧНЫЙ ИНЖЕНЕРНО-СТРОИТЕЛЬНЫЙ ИНСТИТУТ

ОБЪЯВЛЯЕТ КОНКУРС

на замещение вакантной должности профессора по кафедре **сопротивления материалов, оснований и фундаментов.**

Срок подачи заявлений — месяц со дня публикации.

Заявления и документы направлять по адресу: Москва, Ж-29, **Ср. Калитниковская ул., 30.** Телефон 270-72-02.

— Как тебе сказать? Работа везде работа. Надо хорошо подумать.

2.
— Послушай, помнишь, ты говорил, что хочешь перейти на педагогическую работу?
— Конечно, помню. У тебя есть предложение?
— А вот послушай. У нас на кафедре уходит на пенсию один доцент. Скоро объявят конкурс.
— Ты думаешь, надо подать документы?
— Само собой. Но сначала надо зайти на кафедру. Я договорился с завкафедрой на среду.
— Я с удовольствием приду. Что он хочет.
— Познакомиться с тобой. Узнать, где и кем работал, что знаешь, что умеешь...
— Ладно. Я буду у вас в среду. Спасибо тебе.
— Здравствуй, Олег! Ты как сюда попал?
— Привет! Я здесь работаю. В лаборатории.
— Да ну? Ты же был на кафедре. Значит, ушёл?
— Как видишь. Я здесь с марта.

— Выходит, надоело преподавать?
— Не то чтобы надоело, но, знаешь, меня всегда тянуло к исследовательской работе.
— А здесь кем работаешь?
— Научным сотрудником. Кстати, я хочу у тебя кое-что спросить.
— Ладно. Только не сейчас. Я ещё зайду в лабораторию.

14.015

Обсуждаем проект
Let's discuss the project

ЭКСКАВАТОР
ДЛЯ ГРУНТОВ I–IV КАТЕГОРИЙ

Емкость ковша 2,5...3,2 м³

14. WORK

АВТОГРЕЙДЕР

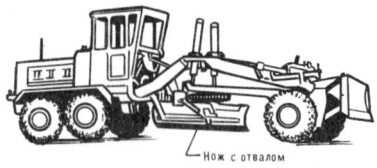

Нож с отвалом

СКРЕПЕР САМОХОДНЫЙ
Емкость ковша 25 м³

14.016

Экономические связи
Economic links

14.017

Мозговой штурм
Brainstorm

14.018

Патентная формула
Patent formula

14.019

Патент
Patent

14.020

На нашем предприятии гости из...
At our enterprise we have people from...

14.021

Кто же он такой?
Who is he?

14.022

Минимум по технике безопасности
The minimum according to safety regulations

14.023

Заседание оргкомитета
Meeting of the organization committee

14.024

Конференция
Conference

14.025

Пойдёшь ли ты на выставку...?
Are you going to the exhibition?...

1.
— Ты знаешь, в Сокольниках открывается выставка «Интертехника».
— Какая?
— Ну, Международная выставка технической литературы.
— А когда она открывается?
— В понедельник. Пойдёшь?
— Пойду. Но только не в первый день. А то там будет очень много народу.

2.
— Алло! Виктор?
— Да, я. Это ты, Барбара?
— У нас в торгпредстве откры-

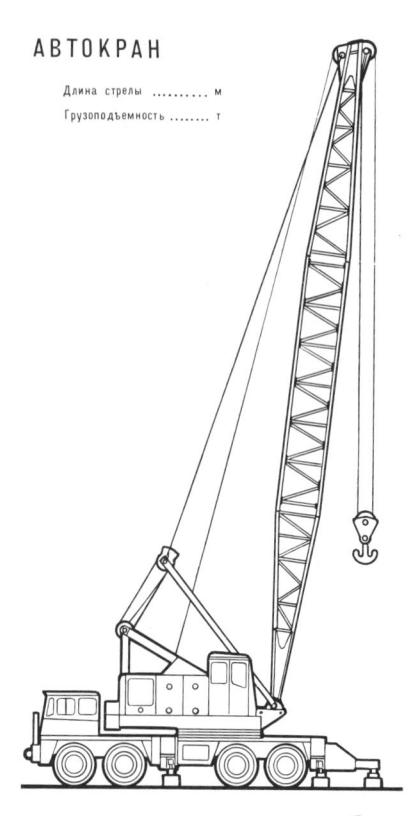

АВТОКРАН

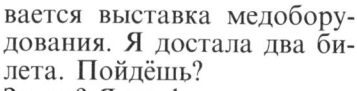

Длина стрелы .... м
Грузоподъёмность .... т

— ...вается выставка медоборудования. Я достала два билета. Пойдёшь?
— Зачем? Я же физик, а не медик.
— Там есть лазерные микроустановки для операций на глазах.
— Лазерные микроустановки? Обязательно пойду.

3.
— Владимир Сергеевич! Вот пригласительный билет на выставку «Геоприбор», на вторник. Сходите, пожалуйста.
— Спасибо. Это очень интересно.
— Посмотрите, что там есть для вас важного, возьмите проспекты, поговорите. Потом доложите.
— Хорошо. А в каком плане это вам нужно?
— Мне хотелось бы получить предварительную информацию о том, какое оборудование можно закупить.
— Понятно. Постараюсь ничего не упустить.

15) Shopping

The theme of today's discussion is devoted to simple but very important questions. Neither at home in your own country or during a stay abroad can you do without shops and purchases. In our day-to-day life there are dozens of things of various types without which it's sometimes difficult and sometimes impossible to cope.

The ink-pen has run out... Where can you buy a new cartridge? Where can you buy paper or a note-pad? We know that there are special shops. We are advised to go to the stationers or to a paper shop. We find the shop. What do we say to the shop-assistant? How do we put our desire into words? Are there special ways of speaking to shop-assistants? If it's a young woman you could hear: "Please, miss, I would like to have two cartriges. Do you have cartriges with black ink?" But what if the shop-assistant is an elderly lady? At best she would laugh if you called her "miss" or ask: "Is that a compliment?" But she could also be offended by an untimely joke. Therefore it's important to know that requests in similar situations start with direct phrases "I would like...", "Tell me, please...","Be so kind...".

In the lessons of this chapter we will learn how to express a request, choose the object or goods we need in the shop, pay and get out purchases and work out the family budget. This will give us the opportunity to put our knowledge in the following and analogous situation into practice.

15.001

Что можно купить в этом магазине?
What is there to buy in this shop?

15.002
Съедобное—несъедобное
Edible—inedible

15.003
Что есть в магазине?
What is there in the shop?

15.004

В продовольственном магазине
In the food shop

1.
— Слушай, надо взять что-нибудь на ужин...
— Ты собираешься ещё готовить?
— Не знаю даже, мы так устали.
— Может, обойдёмся?
— Как? Вообще без ужина?
— Почему без ужина? Возьмём в магазине сыру, колбасы. Чай у нас есть?
— Сейчас посмотрю. Чай есть. Кто пойдёт в магазин?
— Давай я схожу. А ты поставь пока чайник и отдохни немного.
— Спасибо тебе. Вот деньги. Кстати, купи ещё масла.

2.
— Слушаю вас!
— Пожалуйста, дайте триста грамм(ов) «Любительской», двести «Российского»...
— Всё?
— Пачку масла и двести грамм(ов) сосисок.
— Сосиски молочные?
— Не знаю. По два шестьдесят.
— Два семьдесят одна. Ваши три рубля. Вот чек. Двадцать девять копеек сдачи.

3.
— Ваш чек, молодой человек!
— Триста грамм(ов) колбасы, двести грамм(ов) сыра по три рубля и пачку масла.
— Сыр порезать?
— Порежьте, пожалуйста.
— У вас ещё чек на пятьдесят две копейки.
— Ах, да. Простите. Это сосиски.

15.005

В книжном магазине
In the book-shop

1.
— Скажите, что у вас есть по экономической географии СССР?
— Вот посмотрите картотеку. Раздел «Экономика».
— Так. Вот эти две книги я возьму. Сколько мне платить?
— Рубль двенадцать и шестьдесят семь копеек. Рубль семьдесят девять.
— А где касса?
— В центре зала.

. . . .

— Возьмите чек. Две книги.
— Да, я помню. Вот ваши книги. Спасибо за покупку!

2.
— Девушка, мне нужен русско-английский политехнический словарь.

— Такого словаря сейчас нет. Могу предложить вам краткий русско-английский технический словарь.
— Можно посмотреть?
— Пожалуйста.
— Я возьму его.
— Рубль девяносто пять в кассу!

3.
— Здравствуйте! Мне сказали, что у вас есть двухтомник Есенина.
— Был. На прошлой неделе. Даже вчера ещё был.
— Какая неудача! Я так ждал этот двухтомник. Посоветуйте мне что-нибудь.
— Что же я могу посоветовать? Оставьте у нас открытку с вашим адресом. Когда будет Есенин, мы сообщим.
— И долго ждать?
— Трудно сказать. В этом году, думаю, больше не будет.
— Что же делать? Где же мне всё-таки достать Есенина?
— Зайдите в букинистический магазин на Ленинском проспекте. Может быть, вам повезёт.
— Спасибо. А открытку я всё-таки оставлю.

15.006

В магазине «Канцтовары»
At the stationer's

1.
— Мне, пожалуйста, тетради. Общие. Пять штук. Два блокнота.
— Какие блокноты?
— Вот эти, в синей обложке. Потом пачку бумаги.
— Так. Блокноты, бумага. Что ещё?
— Стержни для ручки. Десять штук.
— Короткие, длинные?
— Длинные, чёрные.
— Всё?
— Кажется, всё. Нет, ещё линейку.
— Пожалуйста. Три рубля двадцать копеек.
— Платить вам?
— Нет, в кассу, пожалуйста.

2.
— Будьте добры, покажите мне эту авторучку.

— За десять рублей?
— Да, хочу сделать подарок.
— Если в подарок, посмотрите вот эту.
— Вы думаете?
— Очень красивая ручка. Такие часто покупают в подарок. Стоит 12 (двенадцать) рублей.
— Ну что же, ручка мне понравилась. Платить вам?
— Нет, возьмите ручку, заплати́те на контроле.

3.
— У вас есть красные и синие фломастеры?
— Фломастеры есть только в наборах по 4 штуки.
— Разрешите посмотреть. Выпишите, пожалуйста, и записную книжку.
— Пожалуйста, три рубля в кассу.

15.007

У витрины магазина
Outside the shop window

1.
— Посмотри, какой хороший костюм! Вот такой тебе нужен на лето.
— Зачем? Лето уже кончается. С костюмом можно подождать. А вот Оленьке нужно на зиму пальто.
— Я и не говорю, что нужно сегодня же покупать костюм. Кстати, вот детские вещи.
— Это другое дело. Смотри, по-моему, красивые пальто для девочек. Как ты считаешь?
— Надо зайти в магазин, посмотреть поближе. Зайдём?

2.
— А вон магазин «Подарки». Пойдём посмотрим, может,

выберем что-нибудь Барбаре на свадьбу.
— Давай. Смотри, какие красивые наборы постельного белья!
— Красивые, конечно, но дорого. Ручная вышивка.
— Ну, пусть будет дорогой подарок. Свадьба всё-таки!

15.008

Покажите мне эту шапку, пожалуйста!
May I see that hat, please!

1.
— Покажите мне эту шапку, пожалуйста!
— Вот эту?
— Нет, правее.
— Пожалуйста. Примерьте.
— Как вы думаете, она мне не велика?
— Какой у вас размер?
— Пятьдесят шесть.
— А эта на размер больше.
— Да, действительно, велика. Что вы мне посоветуете?
— К вашему пальто пойдёт вот эта. Натуральный мех, ваш размер. И недорого.
— Разрешите посмотреть.
— Пожалуйста. Вот зеркало.

2.
— Покажите мне перчатки. Это натуральная кожа?
— Да, лайка.
— Это какой размер?
— Семь с половиной.
— А большего размера нет?
— Что вы, это большие перчатки, на широкую руку.
— Дело в том, что у меня пальцы длинные. Трудно подобрать перчатки.
— Покажите вашу руку. Посмотрите вот эти перчатки, по-моему, они вам подой-

ТОРГ МОСОДЕЖДА								
Магазин № _____					Счетом служить не может Чек № _____			
Наименование товара	Сорт	Артикул	Размер	Цена		Сумма		
				р.	к.	р.	к.
Подпись продавца							Заказ 16	

дут, только они бежевого цвета.
— О, у меня есть такая сумка, и перчатки по размеру. Спасибо. Выпишите мне их.
— Пожалуйста. 8 рублей в кассу.

3.
— Покажите, пожалуйста, вот эти туфли.
— Эти?
— Да нет, рядом, чёрные, замшевые, на высоком каблуке.
— Какой размер?
— 25 (двадцать пятый).
— Пожалуйста.
— Ой, какие они мягкие, удобные! Я их беру. Выпишите, пожалуйста, чек.

15.009

Семейный бюджет
Family budget

1.
— Ты зарплату получил?
— Сегодня, ты же знаешь.
— Очень хорошо. Мише надо обязательно купить коньки. Мы ведь обещали и давно каток открылся.
— Надо купить, я не спорю. Пусть катается. Сколько они стоят?
— Я спрашивала, рублей десять-двенадцать.
— А за квартиру ты уже заплатила?
— Заплатила. Семнадцать рублей за квартиру, свет и телефон.
— А как наши хозяйственные

расходы в этот раз? Как всегда?
— Сто двадцать. На еду, прачечную и разные мелочи.
— Значит, остаётся как раз на коньки. А куртка? Ты же говорила сама, что надо купить куртку.
— А куртку купим из моей зарплаты. Я получаю послезавтра.
— Ладно. Раз ты всё подсчитала, будь по-твоему.

2.
— Какая я всё-таки плохая хозяйка!
— Да нет, Энн, это не так. Ты не плохая, просто молодая хозяйка.
— Ну научи, как разумно вести хозяйство!
— Ты должна знать свой месячный приход и расход. Записывай, заведи специальную тетрадку.
— А что записывать и как?
— Раздели её на две части. В одну пиши, сколько у тебя будет денег в этом месяце.
— А в другую?
— А в другую, на что ты их должна потратить, что купить.
— Откуда же я могу знать это заранее?
— Подумай! Ты ведь знаешь, сколько надо платить за квартиру?
— Конечно, знаю. Это недорого, 13 рублей вместе с электричеством и телефоном.
— А остальное посчитай приблизительно. Сколько идёт на еду, на хозяйственные нужды и так далее.
— Ну и что дальше?
— Ты будешь знать, остаются ли у тебя свободные деньги или нет.
— Конечно, остаются.
— Вот и покупай, что хочешь и что укладывается в эту сумму.
— Так-то оно так...

15.010

**Покупка сувениров
Buying souvenirs**

1.
— Что вы желаете? Выбрали что-нибудь?
— Нет ещё, не выбрал. Мне нужно сделать подарок пожилому мужчине. Посоветуйте, что купить.
— Пожилому мужчине? Он курит?
— Не уверен. По-моему, да.
— Посмотрите вот эту пепельницу. Ручная работа.
— Красивая. Сколько она стоит?
— 28 (двадцать восемь) рублей.
— Это для меня дорого. Тем более, что он, может быть, и не курит.
— Я вас понимаю. Зачем рисковать? Посмотрите вот эти галстуки. Их часто берут. Или вот — работа по кости.

2.
— Ты откуда, Питер?
— Из магазина «Подарки».
— Купил что-нибудь?
— Купил. Жостовский поднос для матери.
— Жостовский? Покажи!
— Посмотри. Чёрный с яркими цветами.
— Красиво. А что значит «жостовский»?
— Жостово — деревня недалеко от Москвы. Там издавна делают такие подносы.
— Красивая вещь.
— Значит, одобряешь? Очень рад.

3.
— Посоветуйте, пожалуйста, мне хочется купить что-нибудь в национальном стиле на память о России.
— Вы можете купить несколько одинаковых сувениров?
— Да, можно. Только я бы хотел(а) недорогие сувениры и красивые.
— Вот-вот. Сегодня в «Детском мире» я видел(а) детские подносы, они стоят 83 копейки. Такие же, как жостовские, только маленькие.
— Вы думаете, они подойдут для подарков?
— Конечно. Я тоже купил(а) такие и доволен(ьна).
— Это был бы выход. Вы мне покажете?
— Конечно. Зайдём в мою комнату.

15.011

Покупаем мебель
Buying furniture

1.
— Вот ордер на квартиру. Посмотри. «Ордер №176. Выдан Иванову Н. П. ... в кв. 18...».
— Наконец-то! Как замечательно! Теперь можно подумать о мебели.
— Для спальни у нас почти всё есть.
— И для детской комнаты. Нужно покупать столовую.
— Я вчера видел столовый гарнитур. Венгерский. Большой стол, буфет, шесть стульев...
— Мне не нравится буфет. Лучше стенка, занимает меньше места и современнее.
— Не будем гадать. Позвони в мебельные магазины, узнай, где продаются жилые комнаты и столовые. Завтра поедем смотреть.

2.
— Алёша, вчера я видела в мебельном магазине хорошую спальню.

РСФСР
Главное управление торговли
МОСГОРИСПОЛКОМА

Управление торговли промтоварами
Мосмебельторг

Магазин № ———

Срок гарантии
на отечественную мебель — 1,5 года
на импортную мебель — 6 мес.

ТОВАРНЫЙ ЧЕК № _____

Адрес магазина _____

Продано гр. _____

С доставкой на дом по адресу _____ улица
_____ переулок, дом № _____ кв. № _____ этаж _____

Наименование товара	№	Кол-во	Цена руб. к.	Сумма руб. к.

ИТОГО _____

Продано „_____"— _____ 19   г.   Продавец _____

Мебель получена _____ в _____ час _____ мин.

Тип. ХОЗУ Минлесбумпрома СССР 4044-10000×100—1980

— Спальный гарнитур? Какого цвета?
— Тёмный. Со шкафом и туалетным столиком, как мы хотели.
— Что ты предлагаешь?
— Ничего ещё не предлагаю. Надо поехать и посмотреть.
— Где магазин? Далеко?
— Не очень. На 17 (семнадцатом) трамвае в сторону (станции) Медведково.

3.
— Вот кабинет, о котором я тебе говорила.
— Н-да... «Дипломат», двенадцать предметов. Зачем нам так много?
— Посмотри: этот диван можно поставить в другую комнату, а кресло и шкаф ты сам хотел. Разве не так?
— Так. А стол мне всё-таки не нравится.
— Ну, посмотрим другие кабинеты.

15.012

Покупаем подарок для...
Buying a present for...

15.013

Лучший подарок
The best present

15.014

Отдел заказов
Order section

16) Weekdays and Holidays

In our day-to-day life we study, work, carry out our family duties and relax. At the end of the working week we have a break. Saturday and Sunday are days off work for most people in the USSR. However, Soviet schoolchildren and students study 6 days a week, and so Saturday is a working day for school teachers, the professorial and teaching staff at establishments of higher education and administrative staff of educational establishments. At the weekend (Saturday and Sunday) people on shift work also have to work—medical officers, people involved with trade, food industries, transport, some service industries, etc. To some extent every day off is a little holiday, however it is not a holiday in the full sense of the word. What is a holiday? Which days are holidays? We will surely not be mistaken if we say that these days are indissolubly linked with unusual (outstanding) events, facts and occurrences in the life of society, of the state (public, state holidays) or our private life (family celebrations).

On festive days Soviet people wish each other many happy returns of the day, give each other presents and souvenirs, send greetings cards and telegrams to their relations, friends and acquaintances. Every family makes preparations for the celebration in advance, invites relations, friends and colleagues from work. The usual bustle, worries and day-to-day chores become of secondary importance or are carried over to another day. Celebratory meals are accompanied by toasts, dancing, etc. Guests and hosts do everything they can to ensure that the occasion is happy and interesting.

We have several lessons devoted to celebrations: "What and how do we celebrate?", "Happy holiday!", "Shopping for the holiday" and others.

But there is a time for everything. The holidays are over and working days take over once more. There are many more of them than holidays! Work, domestic and family cares are what we have to cope with every day. Here we have questions of the family budget, worries about the children, and distribution of household duties between various members of the family. In a family (like in any collective!) there are problems and difficulties. For example, in the upbringing of the children. Or we are niggled by the fact that our wife (or husband) doesn't share our interests. Sometimes we solve our problems within the family circle, but sometimes we have to ask our friends for advice. You'll meet a similar situation in one of the lessons, entitled "Could I ask you for advice?".

The daily round and problems of the daily round take up a large part of our life. To be more precise, that is our life. We think and speak about it and discuss it. It disturbs us and sometimes even alarms us. Therefore in the section "Weekdays and Holidays", working days get more attention than holidays.

16.001

Календарь
Calendar

16.002

День за днём
Day after day

16.003

Который час?
What's the time?

16.004

Мой день
My day

16.005

Утром и вечером
Morning and evening

16. WEEKDAYS AND HOLIDAYS

16.006

Планы на неделю
Plans for the week

1.

— Алло, можно Джона?
— Одну минуточку!

. . . .

— Джон, мне нужно с тобой поговорить. Ты не очень занят?
— Нет, не занят. Смотрю телевизор. Что ты хотел сказать?
— Слушай, ты помнишь о нашем докладе? Время-то идёт.
— И не говори. Надо встретиться. Во вторник вечером тебя устраивает?
— Да. Во второй половине дня. А где?
— Приезжай ко мне, скажем, к 5 (пяти) часам.
— Договорились. Жди меня во вторник в пять-полшестого.

2.

— Николай Викторович, говорит Никитин. Когда вы могли бы принять меня?
— Здравствуйте, Олег Константинович. Вы по вопросу об оборудовании?
— Совершенно верно, об оборудовании для лаборатории.
— Так. Давайте подумаем. Завтра я занят весь день. Может быть, в пятницу.
— Простите, Николай Викторович, в пятницу я никак не могу. Весь день занят.
— Понятно. Тогда остаётся только четверг...
— В какое время?
— До одиннадцати у меня совещание... В пятнадцать я уеду на завод. Встретимся сразу после обеда, согласны?
— Значит, в тринадцать тридцать?
— Да, до встречи в четверг!

3.

— Антон, это Брус! Мне надо срочно тебя увидеть.
— Гм! Ты мне тоже очень нужен, но сегодня я никак не могу.
— А завтра?
— Завтра у нас начинается конференция и я буду занят всю неделю.
— Как же быть?
— Слушай, Брус... Может, всё-таки сегодня? Только позже. Приезжай ко мне, вместе поужинаем и обо всём поговорим. Я буду рад тебя видеть.
— Хорошо, я приеду.

16.007

Собираемся в гости...
Ты ещё не готова?
We're getting ready to go out...
Aren't you ready yet?

1.

— Аня, ты ещё не готова! Нам пора выходить!
— Сейчас-сейчас, ещё пять минут... Мне осталось только причесаться.

. . . .

— Ну, что же ты! Мы уже опаздываем. Нам ведь ехать целый час!
— Стивен, не волнуйся. Мы возьмём такси. Ты не знаешь, где моя сумочка?
— Не знаю. Так что, заказывать такси? Вечно мы опаздываем. Что люди подумают?!

16.008

Дела семейные.
Можно с тобой посоветоваться?
**Family matters.
Could I ask you some advice?**

1.
— Послушай, мы с женой никак не можем договориться, что делать с сыном.
— А что такое?
— Да я тебе уже жаловался, стал плохо учиться, грубит дома... Я хочу быть с ним построже, а Лена не понимает.
— Объясни ей, что мальчику в его возрасте нужна дисциплина. Он уже не ребёнок.
— Я объяснял. Жена говорит, что мальчику дисциплины в школе хватает.
— Значит, у него слишком много свободного времени. Подумай, как занять его интересным и полезным делом.

2.
— Ты что-то опять задумалась. У тебя неприятности?
— Нет, всё в порядке. Просто заботы. Сама знаешь, семья.
— У тебя ведь дочка в девятом классе? Может быть, неважно учится?
— Как тебе сказать, она учится неплохо. Ровно. В основном, на четвёрки.
— А куда она пойдёт после школы?
— Вот это меня, признаться, больше всего и беспокоит.
— А как она сама? У неё есть определённые интересы, планы?
— По-моему, ничего серьёзного. Ты сама-то кем хотела

2.
— Аня, когда же ты будешь, наконец, готова? Мы уже опоздали! Нас ждут к восьми часам! Или мы никуда не поедем?!
— Всё готово! Я всегда быстро собираюсь. Только...
— Ради бога, никаких только!

3.
— Слушай, Энн, сколько можно собираться?
— Ну подожди минуточку. Я надела (своё) серое платье, но мне не нравится, как я в нём выгляжу. Придётся погладить голубой костюм.
— Но ведь это ещё на час! Нет, так невозможно. Мы вечно опаздываем.
— Я не могу идти в том, в чём чувствую себя плохо. Иначе у меня будет испорчено настроение на весь вечер.
— Ну ладно, только быстрее. Не понимаю, для кого ты стараешься? Мне ты нравишься в любом наряде.
— Для себя, дорогой! Если я нравлюсь сама себе, то тебе тогда я нравлюсь ещё больше.

стать в 16 (шестнадцать) лет, помнишь?
— И не вспомню! То учительницей, то врачом, то чуть ли не актрисой.
— Ну вот. И у Ольги моей такая же путаница (каша) в голове.

16.009

Родители в школе
Parents at school.

1.
— Здравствуйте, Анна Васильевна. Я отец Коли Петрова.
— Олег Семёнович? Как же, я вас помню.
— Надеюсь, что не задержу вас долго. Как мой Коля?
— Учится он хорошо. Вы же знаете его отметки. Что вас интересует? Я вижу, что вы волнуетесь.
— Признаться, я обеспокоен. К нему плохо относятся (ребята) в классе, как он говорит. В чём здесь дело?
— Я не замечала, что к Коле плохо относятся. Но многим ребятам не нравится, что он часто нескромен, любит хвастаться.
— Вот как? Дома он ведёт себя хорошо.
— Ну, дома другое дело. Он вас стесняется. А в классе у него такое бывает.

2.
— Здравствуйте, Антонина Павловна. Я мать Иры Петровой.
— Здравствуйте. Ира из 7-го (седьмого) «А»?
— Да, я хотела поговорить о ней. У неё неважно с математикой, а я уже не могу ей помочь. Что вы посоветуете?
— Я вас понимаю. К тому же Ира много пропустила.
— Да, вы ведь знаете, она долго болела... что нам делать?
— Пусть приходит на дополнительные занятия. По вторникам в 3 часа.
— Об этом я и хотела вас просить.
— Пусть приходит. Посмотрим, что она знает, что нет.
— Спасибо. Значит, во вторник Ира придёт к вам.
— Хорошо. До свидания.

3.
— Здравствуйте. Говорит Антонина Павловна, преподаватель математики.
— Здравствуйте, Антонина Павловна. Вы, наверное, насчёт моей Иры?
— Да. Почему ваша дочь не пришла на дополнительные занятия? Мы с вами, кажется, договорились.
— Извините, Антонина Павловна. Ира плохо себя чувствует, и я не отпустила её на занятия.
— Тогда другое дело. Я подумала, что она забыла или не хочет.
— Ну что вы. Она простудилась и сейчас лежит.

— Хорошо. Пусть поправляется и приходит в следующий вторник. До свидания.

16.010

Кем быть?
What shall I be?

Выберите профессию по справочнику «Куда пойти учиться?» на русском или родном языке. Обоснуйте свой выбор.

16.011

За ужином
At supper

1.
— Ты помнишь Грэя?
— Майкла? Отлично помню. А что? Есть новости о нём?
— Говорят, он написал очень хорошую работу.
— Молодец! Рад(а) за него.
— Мы все рады. Очень способный человек.

2.
— Что нам подарить Хэлен к дню рождения?
— Я уже думал(а). Подарим ей лыжи.
— Идея! Она же увлекается спортом.
— А сколько стоят лыжи?
— Рублей пятнадцать-двадцать, по-моему. Точно не скажу.
— Надо узнать. А идея мне нравится.

3.
— У тебя усталый вид. Нездоровится или много работы?
— Просто устал(а).
— Мне кажется, что тебя что-то беспокоит. Или я ошибаюсь?
— К сожалению, ты прав(а).
— Может быть, расскажешь?
— Оставим это. Не хочу расстраиваться.
— Ну, как знаешь. Тебе виднее.

4.
— Знаешь новость? Ирина приехала.
— Из командировки?
— Ну да. С Памира. Представляешь себе?
— Надо бы её пригласить к нам. Пусть расскажет.
— А что? Это мысль.

16.012

Что сегодня по телевизору (по радио)?
What's on T.V. (radio) today?

1.
— Посмотри в программе, что сегодня по телевизору.
— А где у нас программа?
— Где-то на полке. Я видел(а).
— Есть, нашла (нашёл). Слушай: «Сегодня в мире», концерт... «Время».

СРЕДНЕЕ ПРОФЕССИОНАЛЬНО-ТЕХНИЧЕСКОЕ УЧИЛИЩЕ № 47

Готовит квалифицированных рабочих по профессиям:

— маляр (строительный);   — штукатур, облицовщик-плиточник.

Адрес: 129345, Бабушкинский р-н, Анадырский пр., д. 51.

МЕДИЦИНСКОЕ УЧИЛИЩЕ № 8 ПРИГЛАШАЕТ

учащихся 8-10-х классов на подготовительные курсы.

Училище готовит медицинских сестёр широкого профиля.

Адрес училища: **Успенский пер., 8.**

Проезд: до ст. метро ,,Пушкинская'' ,,Горьковская'' (выход на улицу Чехова).

Телефоны для справок: 299-14-9 299-87-99.

ПРАВИЛА ПРИЕМА В ТЕХНИЧЕСКИЕ УЧИЛИЩА

УСЛОВИЯ ПРИЕМА

В технические училища принимаются граждане СССР, окончившие среднюю общеобразовательную школу, в возрасте до 30 лет.

ПОРЯДОК ПРИЕМА

Заявление о приеме в техническое училище или в отдельные группы профессионально-технического училища подаются на имя директора училища с указанием профессии, избранной поступающими.

К заявлению прилагаются:
документ об окончании средней школы;
медицинская справка (форма № 286);
три фотокарточки (размером 3х4 см.);
направление предприятия, учреждения и организации (для лиц, направляемых ими на обучение).

По прибытии в училище поступающий предъявляет паспорт, приписное свидетельство (лица призывного возраста) или военный билет (военнообязанные запаса), о чем делается соответствующая запись в личном деле поступающего.

ИНСТИТУТ БИООРГАНИЧЕСКОЙ ХИМИИ
имени М. М. Шемякина
Академии наук СССР

ОБЪЯВЛЯЕТ ПРИЕМ В АСПИРАНТУРУ
с отрывом от производства
по специальностям:

биоорганическая химия, химия природных и физиологически активных веществ.
Биохимия.
Физическая химия.
Молекулярная биология.

Срок подачи документов: весенний прием — в течение 2 недель со дня публикации объявления; осенний прием — до 1 сентября.

Прием документов по адресу: 117312, МОСКВА, ул. Вавилова, 32, телефон 135-23-91.

ОБЪЯВЛЕНИЯ

ИНСТИТУТ ПРОБЛЕМ МЕХАНИКИ
Академии наук СССР

ОБЪЯВЛЯЕТ ПРИЕМ В АСПИРАНТУРУ
с отрывом и без отрыва от производства
по специальностям:

Теоретическая механика.
Механика деформируемого твердого тела.
Механика жидкостей, газа и плазмы.

Прием заявлений — до 15 сентября. Справки по телефонам: 434-33-13, 343-33-09.

Обращаться по адресу: 117526, МОСКВА, просп. Вернадского, 101.

МОСКОВСКИЙ ОРДЕНА ЛЕНИНА И ОРДЕНА ТРУДОВОГО КРАСНОГО ЗНАМЕНИ ГОСУДАРСТВЕННЫЙ УНИВЕРСИТЕТ
имени М. В. ЛОМОНОСОВА

ОБЪЯВЛЯЕТ ПРИЕМ

на вечернее специальное обучение факультетов вычислительной математики и кибернетики и механико-математического лиц, имеющих высшее инженерно-техническое образование и работающих в Москве или в ближайшем пригороде. Срок обучения — 2 года 10 месяцев. Прием заявлений — по 15 мая.

Справки по телефонам: 139-76-25 (факультет вычислительной математики и кибернетики); 139-37-39 (механико-математический факультет).

Адрес: 117234, Москва, **Ленинские горы**, главный корпус, комната 1208 (механико-математический факультет); гуманитарный корпус № 2, комната 602 (факультет вычислительной математики и кибернетики).

ТВ

15 ЯНВАРЯ

ПЕРВАЯ ПРОГРАММА
6.30 — 120 минут.
8.35 — Мультфильмы. «Фантазёр», «Чудесный колокольчик».
9.05 — «Короткие встречи». Художественный фильм. Одесская киностудия.
10.40 — «Единое дыхание». Встреча с народным коллективом хором «Гаудеамус» ДК МВТУ им. Н. Баумана.
11.10, 15.30, 17.45 — Новости.
15.45 — Концерт. Молдавский ансамбль музыки и танца «Миорица».
16.05 — Мультфильмы: «Жар-птица», «Умка», «Умка ищет друга», «Шесть маленьких пингвинов».
16.40 — Программа Таджикского телевидения.
17.50 — Основы экономических знаний.
18.20 — Фигурное катание. Чемпионат Европы. Женщины. Произвольная программа.
19.20 — Сегодня в мире.
19.40 — Фильмы Л. Шепитько на телеэкране. «Крылья». «Мосфильм».
21.00 — Время.
21.40 — Прожектор перестройки.
21.50 — Мастера искусств. Народная артистка СССР Людмила Чурсина.
22.55 — «Взгляд». Вечерняя информационно-музыкальная программа.

МОСКОВСКАЯ ПРОГРАММА
18.30 — Панорама Подмосковья.
19.00 — Дела артельные. Использование отходов производства.
19.30 — Добрый вечер, Москва!
20.45 — «Спокойной ночи, малыши!».
21.00 — Время.
21.40 — «Кино нашего детства». Документальный телефильм.
22.30 — Московские новости.

— Посмотри вторую программу.
— А сколько сейчас времени?
— Уже полдесятого.
— Вот: 21.35. Премьера художественного телефильма. Будем смотреть?
— Давай. Включай телевизор.

2.
— Опять сегодня хоккей? Это просто невозможно!
— А я очень люблю хоккей!
— Ты — да, а я?
— Не расстраивайся, после хоккея будет какая-то эстрадная программа.
— Да, но уже будет поздно.
— Ну, на тебя не угодишь!
— А я чем (в чём) виновата?

3.
— Сегодня интересные передачи по телевизору, а главное — на все вкусы.
— То есть?
— Для сына — мультфильмы.
— Для тебя футбол?
— Да, ты ведь знаешь, что в этом плохого?
— А для меня?
— А для тебя художественный фильм.
— Фильм это не для меня, а для всех нас.
— Ну и хорошо. Перед фильмом будет перерыв, и мы поможем тебе сделать все хозяйственные дела (всё по хозяйству).

16.013

Правильно ли мы используем время?
Do we make proper use of time?

16.014

Поздравляю с праздником!
Happy holiday!

1.
— Товарищи, поздравляю вас с праздником! Желаю вам успехов, здоровья.
— Спасибо, вам также.

2.
— Здравствуйте! С праздником!
— Спасибо, и вас также!
— Желаю вам всего самого наилучшего!
— Благодарю. Передайте мои поздравления вашим коллегам.

3.
— Алло, Алексей Борисович? С праздником вас!
— Спасибо, Джон. Тебя также.
— Позовите, пожалуйста, Верочку к телефону!
— Сейчас позову. Вера, тебя к телефону. Джон.

. . . .

— Алло, Верочка, это Джон. Поздравляю тебя с праздником!
— Джон, милый, спасибо! Тебя тоже.

— Желаю тебе здоровья, успехов и, как говорится, счастья в личной жизни.
— Спасибо-спасибо. А тебе я желаю всего-всего самого хорошего и исполнения всех желаний!

16.015
Что будем делать в праздники?
What are we going to do on the holiday?

1.
— Скоро праздники. Что будем делать? У тебя есть планы?
— Я, признаться, ещё толком не думал(а). Можно поехать на двухдневную экскурсию. Будет поездка в Киев.
— Мы с тобой бывали в Киеве. Может, соберёмся у нас, в общежитии?
— Можно подумать. А кого пригласим?
— Ну, скажем, Ингу, Марию и Рауля.
— Верно. Рауль — отличный парень и на гитаре хорошо играет. Ну как, остаёмся дома?

— Давай решать. Я бы предпочёл праздничные дни провести здесь.

2.
— Ты как собираешься провести праздники?
— Поеду домой. Я уже купил билет.
— Вот это я понимаю! Как же ты успеешь вернуться? Тебе только на дорогу надо два дня.
— А я полечу самолётом. Это раз. Улетаю в пятницу вечером, значит, выигрываю два дня.
— Это идея. И обратно самолётом?
— Угадал. Прилечу рано утром и пойду на занятия. Ну, как?
— Звучит увлекательно. Но довольно утомительно. Как ты считаешь?
— Не без этого. Зато побываю дома.

3.
— Джудит, скоро праздники. Целых два дня!
— Я знаю, а что мы будем делать?
— Я предлагаю в один из дней съездить в Загорск.
— А там интересно?
— Что ты! Загорск — прекрасный старинный русский город. Там есть что посмотреть.
— Ну что же, поедем.

16.016

**Встреча Нового года
Seeing in the New Year**

```
„МОСКУЛЬТТОРГ"
ЕЛОЧНЫЙ БАЗАР
при магазине №————————
          ТОВАРНЫЙ ЧЕК № ————
          Дата выдачи ——————— 19 ———— года
          на покупку натуральной елки
```

Размер	Единица измерения	Количество	Розничная цена	Сумма	Примечание
до 1 метра	шт.				
от 1,0–1,5 м	”				
от 1,5 – 2 м	”				
от 2,0–2,5 м	”				
от 2,5 – 3 м	”				
от 3,0–3,5 м	”				
Итого					

Сумма прписью _____

Фамилия члена бригады, выписавшего чек _____

Штамп кассы об оплате покупки

Примечание: Товарный чек выписывается в 3-х экземплярах, один выдается покупателю на право выноса елки с базара и провоза в г. Москве.

16.017
Праздничный концерт
Holiday concert

1.
— Друзья, к празднику надо подготовить концерт. Как вы считаете?
— Согласен(на)!
— Не возражаю!
— Хорошая идея!
— Тогда надо подумать о программе. Какие есть предложения?
— Во-первых, попросим Дороти спеть.
— Это обязательно. Записываю. Что ещё?
— Может быть, Сейфулла станцует малайский танец?
— Я думаю, он не откажется. И национальный костюм у него есть. Кто у нас ещё танцует?
— Как кто? А Ламин и Америта из нашей группы?
— Верно. Я поговорю с ними.
— И ещё не забудь Алонсо с гитарой!
— Верно. Он один — уже половина программы.

2.
— Скоро праздник. Нам поручено подготовить концерт.
— А что, будет вечер?
— Обязательно. Надо подумать о программе.
— Знаешь, давай поговорим в группе. У нас так много талантливых ребят.
— Это правда. Мануэль уже согласился выступать. Он будет петь испанские песни.
— А Иванка станцует национальный болгарский танец.
— Мирей хочет читать стихи на французском языке.
— Прекрасно. Видишь, уже 3 номера есть.

3.
— Ребята, давайте приготовим к празднику концерт?
— Давайте, а с чем мы выступим?
— Я предлагаю нашему ансамблю подготовить такую программу: советские песни и песни тех стран, представители которых учатся вместе с нами.
— Это очень много.
— Нет, что вы: шотландские, вьетнамские, болгарские. Не много.
— Надо попросить ребят из этих стран, чтобы помогли нам.
— Обязательно. Помогли и спели вместе с нами.

16.018
Торжественное собрание
Celebratory gathering

16.019
У меня сегодня день рождения!
It's my birthday today!

1.
— Доброе утро!
— Привет! Что ты сегодня такой праздничный?
— У меня есть причина. Уважаемые коллеги, приглашаю вас всех сегодня ко мне!
— Спасибо! А по какому поводу?
— Повод очень приятный. У меня сегодня день рождения!
— Поздравляю!
— Желаем всех благ!
— Всего тебе самого наилучшего!
— Так вы придёте?
— Обязательно!
— Спасибо!

2.
— Аня, что ты сегодня такая грустная?
— У меня день рождения.
— Да ты что? Я поздравляю тебя. Но что за настроение в такой день?
— А чему радоваться? Ведь мне 30 (тридцать) стукнуло.
— Какая ты странная! Это прекрасный возраст для женщины.
— Ничего прекрасного, я уже старуха!
— Я раньше тоже так думала. Когда мне было 30 (тридцать) лет, я сказала маме, что я старая. Она засмеялась и ответила: «Ты молодая, а вот мне уже 50 (пятьдесят)».
— Ну и что. Не понимаю, что ты хочешь этим сказать?
— Слушай дальше. Потом засмеялась бабушка и ответила, что 50 лет — детский возраст и что в нашей семье нет старых.
— А сколько лет твоей бабушке?
— 80 (восемьдесят).

3.
— Энн, ты сегодня какая-то особенная.
— Да, у меня день рождения.
— Поздравляю. Сколько же тебе?
— 25 (двадцать пять).
— Совсем юная.
— Ты так считаешь?
— Конечно, юная, умная, красивая.
— Ну спасибо.

16.020

С днём рождения!
Happy birthday!

16.021

Что и как мы празднуем?
What and how do we celebrate?

17) Leisure

In our time off from work or studies we relax. Each one of us makes use of our free time in different ways. Some people prefer active forms of leisure: going out into the country or for a walk in the forest, doing some sort of sport, going on a tourist hike; other collect postage stamps, coins, badges, labels from match boxes; other enjoy singing, dancing, going to the theatre or reading poetry, joining clubs involved in some creative work; others breed exotic fish in their own aquaria, etc.

The summer holidays is a time for travelling, for going on excursions, hikes lasting several days, going to the sea or to the mountains. Thousands of Soviet students show a preference for working in young people's or student construction brigades, where they beneficially spend part of their summer holidays. Students go to the main construction sites in the country, take part in the construction of factories, railways and housing estates. With their dedicated work they help their motherland. The state pays young people well for their work. Apart from their wages, young people get into the habit of doing physical work, acquire knowledge about building and construction and in their working collectives go through the hard but beneficial school of life. Student construction brigades are popular not only amongst Soviet youth but also amongst foreign students—young men and women— who are studying in higher educational establishments in the Soviet Union. There are construction sites in the town of Gagarin (the birthplace of the world's first cosmonaut), where an international youth construction brigade from the USSR, Hungary, Bulgaria, German Democratic Republic, Poland and other countries has been working for several years running. Students call their work in construction brigades "the third working term".

One of our lessons, entitled "The working term", is devoted to the question of how students spend their leisure time.

The question of leisure is pertinent for everyone, and so in the lessons in this section we will discuss varied ways of spending one's leisure time: "Who likes what", "Our hobbies", "I've got a training session today", "The talking newspaper", "My son wants a dog", "T.V. competition—relaxation and days off", "We're going on a hike", "I need a voucher".

In this chapter we don't mention cultural leisure pursuits, but we will come on to this big subject in the section "Culture and Art".

17.001

Сколько видов отдыха вы знаете?
How many leisure pursuits do you know?

17.002

Кто что любит?
Who likes what?

17.003
Как мы отдыхаем?
How do we spend our free time?

17.004
Чем вы увлекаетесь?
What are your hobbies?

1.
— Внимание! На следующей неделе в нашем клубе начинают работать кружки. Меня попросили записать желающих.
— А какие кружки будут работать?
— Сейчас назову. Спортивные секции занимаются по средам и пятницам на стадионе.
— А плавание?
— Есть секция плавания. Тренировка в те же дни в бассейне университета с 5 до 7 вечера.
— Что нужно, чтобы записаться в кружок?
— Для спортивных кружков нужна справка от врача.
— Почему ты говоришь только о спорте? Других кружков нет?
— Не всё сразу. Будет работать фото- и кинокружок и кружок друзей книги при библиотеке. Прошу записываться!

2.
— На факультете организуются кружки по интересам. В каких кружках вы хотели бы заниматься?
— Прежде всего, кружок страноведения. Нужно знать страну, в которой мы учимся, я так думаю.
— И кружок филателистов. У нас многие собирают марки.
— Это обязательно.
— А спортивные кружки?
— Спортивные секции будут работать при кафедре физкультуры, научные — в научном студенческом обществе. Сейчас речь идёт о кружках по интересам на факультете.
— Тогда хорошо бы иметь...

я не знаю, как назвать... словом, чтобы ходить в театры, на выставки, в кино.
— Я понимаю, что ты имеешь в виду. Только это не кружок.
— Не важно, как назвать. Ты сама говорила в начале — «по интересам». Нам интересно ходить на выставки и так далее.

17.005
Наши увлечения
Our hobbies

17.006
Эксперт по спорту
Expert at sport

17.007
У меня сегодня тренировка
I've got a training session today

1.
— Коля, здравствуй! Не узнаёшь?
— Как же не узнаю?! Нина Соколова из третьей группы. Куда ты пропала?
— Вышла замуж. Живу в Киеве.
— А к нам как попала? Надолго?
— На пять дней. Я приехала на соревнования.
— Верно, ты же занималась плаванием. Ты сейчас спешишь?
— Да, у меня тренировка.
— И до скольких (которого часа)? Мне хотелось бы поговорить с тобой.
— Нет, сегодня уже ничего не получится. Соревнования, режим. Запиши лучше мой телефон.
— Ты остановилась в гостинице?
— Да. В «Доме туриста», номер 1392.
— Может быть, я зайду к тебе. Когда ты свободна?
— Днём. Утром у меня тренировки в бассейне с 9 до 12. В час обед, а после обеда есть свободное время.

2.
— Алло, Марина?
— Здравствуй, Стивен. Как дела?
— Нормально. Слушай, у меня есть билеты на эстрадный концерт в концертном зале «Россия». Пойдём?
— Я люблю эстраду. Когда концерт?
— Сегодня вечером, в 7.30.
— Очень жаль, Стивен. Сегодня я не могу. У меня же по средам тренировки.
— Марина, ты меня обижаешь. Ну, пропустишь одну тренировку, что здесь такого?
— Не обижайся, не могу. У нас очень строгий тренер. Лучше приходи к нам завтра, а?

3
— Когда ты сегодня будешь дома?
— Поздно. У меня тренировка.
— Вечно эти тренировки! Когда ты будешь готовиться к экзаменам?
— Одно другому не мешает.
— Как это не мешает?
— А вот так. После занятий спортом я лучше думаю. И это помогает мне учиться.

17.008

Устный журнал
The talking newspaper

17.009

Мой сын хочет собаку
My son wants a dog

1.
— Слушай, Мейбл, я давно хотел спросить. У тебя ведь есть собака?
— Есть, пудель. А что? Тоже

хочешь собаку? Никогда бы не подумала.
— Не я, мой сын всё время просит купить ему собаку. Что ты посоветуешь?
— А жена что говорит? Возражает?
— Она не в восторге.
— Я бы всё равно купила. Твоему Алёше уже девять лет. Будет с ней гулять, играть. Это очень хорошо для мальчика, когда в доме есть собака.
— Ты так считаешь?
— Конечно. Она будет лучшим другом твоего сына, увидишь сам!

2.
— Наташа хочет собаку, что ты скажешь?
— Прости, но она ведь у тебя в музыкальную школу ходит?
— Ходит, ну и что? При чём здесь собака?
— А кто будет за собакой ухаживать, гулять с ней?
— Наташа уверяет, что она.
— Это она сейчас говорит. Посмотри сама: утром она в школе, потом музыка, вечером уроки. Наташа часто болеет. Знаешь, кто будет заниматься собакой?
— Думаешь, я? Ни за что!
— Именно ты или твой муж! Я это знаю по своему опыту.
— Значит, не советуешь?
— Нет. Категорически!

3.
— Мой сын очень любит животных. То котёнка домой принёс, а вчера — щенка.
— Это прекрасно. Значит, он добрый мальчик.
— Да, но зачем делать из дома зоопарк? Я ему сказала, чтобы он отнёс щенка туда, где нашёл.
— А что он на это говорит?
— Он сказал, что, если я не оставлю щенка, он уйдёт вместе с ним.
— Ты не права. Он ухаживает за ним?
— Очень, просто не отходит от него.
— Ну и прекрасно! Ты должна

понять мальчика. Он (ведь) у тебя один, и ему нужен друг.

17.010
Как вы провели воскресный день?
How did you spend Sunday?

1.
— Привет, Сергей!
— Здравствуй, Питер! Ну, как ты провёл воскресенье? Что делал?
— Очень хорошо. Я был с женой и друзьями за городом. Гуляли. Даже собирали грибы.
— Смотри-ка! И много собрали?
— Не очень. Мы ведь поехали просто отдохнуть.
— Хорошее дело. А я был в кино.
— Что смотрел?
— «Дни и годы».
— Я этот фильм не видел.
— Хороший фильм. Советую посмотреть.

2.
— Слушай, как ты проводишь свободные дни в такую погоду? Дождь и дождь.
— Честно сказать, не очень интересно: читаю, смотрю телевизор. Словом, как все.
— Почему же «как все»?
— А ты проводишь время лучше?
— Не знаю, лучше ли, но интереснее, на мой взгляд.
— Расскажи, если не секрет.
— Совсем нет. Я собираю марки. Любопытное занятие!

3.
— Вы хорошо выглядите. Ездили куда-нибудь?
— Вчера каталась на лыжах. Такая погода была! Просто замечательно!
— Вы что, за город ездили?
— Нет. У нас рядом парк.
— Вот как? Где же вы живёте?
— В районе Тимирязевской академии.
— А, я знаю этот район. Там очень большой парк. Вы там катались?
— Да, в парке.

17.011
Телеконкурс «Отдых в выходные дни»
T.V. competition: Relaxation and days off

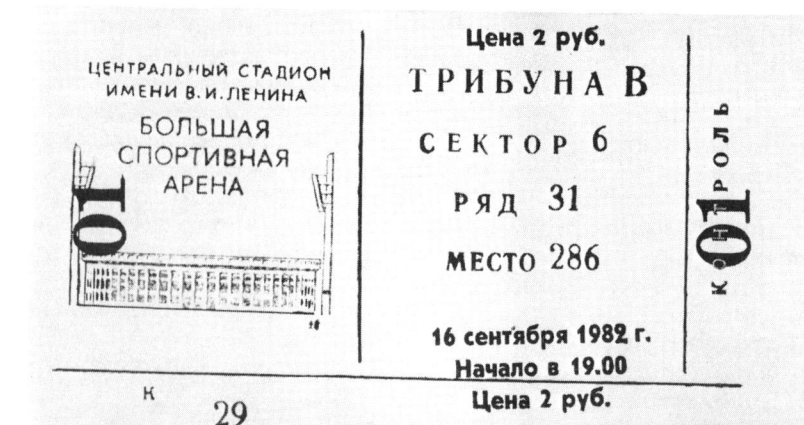

17.012

Воскресный день
Sunday

17.013

В экскурсионном бюро
In the excursion bureau

1.
— Мы хотели бы поехать куда-нибудь на юг Советского Союза. Что вы можете нам предложить?
— Пожалуйста. У нас есть маршруты на Северный Кавказ, в Закавказье, в Крым и Среднюю Азию.
— А что вы нам посоветуете?
— Сколько вас?
— Двадцать два человека.
— Студенты?
— Студенты машиностроительного института.
— Я бы посоветовала вам поехать в Среднюю Азию.

— Почему именно в Среднюю Азию?
— Во-первых, на Кавказе вы либо уже были, либо попадёте туда и без нашей помощи. А в Средней Азии сейчас весна. Цветут сады. В степи маки и тюльпаны. Во-вторых, для большой группы мы делаем скидку. Вы познакомитесь с Бухарой, Самаркандом и Ташкентом.
— Звучит как сказка. Действительно, Кавказ и Крым от нас не уйдут. Можно посмотреть проспекты?
— Конечно, возьмите.

2.
— Здравствуйте! Я был у вас на прошлой неделе и познакомился с проспектами. Мы выбрали маршрут по «Золотому кольцу России».
— Это прекрасный маршрут, особенно если вы интересуетесь русской архитектурой. Вы хотите поехать на своих машинах или на автобусе?
— Мы думаем заказать (у вас) автобус. Так будет проще. Как вы считаете?
— Конечно, автобус удобнее. Сколько человек в вашей группе?
— Семнадцать, а что?
— В автобусе двадцать два места. Вам будет выгоднее, если ваша группа займёт весь автобус.
— А чем выгоднее?
— Каждому придётся меньше платить за транспорт.
— Понятно. Мы подумаем, кого ещё можно пригласить.
— И ещё вопрос. На какое число вы заказываете автобус?
— Если вы не против, я сообщу вам об этом завтра.
— Хорошо. Тогда завтра оформим все документы. Возьмите с собой паспорт.

3.
— Скажите, пожалуйста, можно заказать экскурсию в Ясную Поляну?
— Да, конечно. На какое число?
— Лучше на конец мая.
— Не знаю, посмотрю, получится ли. Сколько вас человек?
— 20 (двадцать).
— Значит, целый автобус. Я могу оформить вам путёвку на 27 мая. Подходит?
— Это воскресенье?
— Нет, суббота.
— Ну хорошо, спасибо.
— Вы должны срочно привезти официальную заявку от вашего института.
— Как срочно?
— Лучше завтра.
— Хорошо. Ещё раз спасибо.

17.014

Мы идём в турпоход
We're going on a hike

1.
— Ребята, давайте на субботу и воскресенье пойдём в турпоход. Пока тепло, сухо...
— Хорошая идея!
— Верно!
— Отлично.
— Согласен.
— Значит, все согласны? Я предлагаю такой маршрут: сначала поедем на электричке до Звенигорода, осмотрим город и пойдём пешком до водохранилища, там заночуем в палатках.

Вчера в 15 часов в Москве было 16 градусов, давление 743 мм, влажность 52 процента. Сегодня давление будет падать, влажность увеличится. Ожидается переменная облачность, местами кратковременный дождь, ветер юго-западный, температура 13—15 градусов.

Вчера в 16 часов в Москве было плюс 3,8 градуса, давление 740 мм, влажность 59 процентов. Днем давление будет слабо падать, влажность существенно не изменится. Днем ожидается переменная облачность, местами слабый снег, ветер западный, 5—10 м/сек., температура плюс 2—4. В последующие двое суток переменная облачность, 7 апреля местами небольшие осадки, 8 апреля без осадков. Ветер западный, 2—7 м/сек. Постепенное повышение температуры ночью до 0—плюс 5, днем до 9—14 градусов тепла.

По данным многолетних наблюдений, 6 апреля в Москве самая высокая температура (плюс 18,4) была в 1975 году, самая низкая (минус 14,1) — в 1896-м.

Какая будет погода

Вчера в 15 часов в Москве было 16 градусов, давление 743 мм, влажность 52 процента. Сегодня давление будет падать, влажность увеличится. Ожидается переменная облачность, местами кратковременный дождь, ветер юго-западный, температура 13—15 градусов.

1 мая в Москве самая высокая температура (26,2 градуса) была в 1949 году, самая низкая (минус 6 градусов) — в 1902-м.

— А где взять палатки?
— Палаток брать с собой не надо. На водохранилище есть турбаза. Там же можно взять напрокат лодки и спортинвентарь.

2.
— Ребята, вы не забыли? В субботу мы идём в турпоход.
— Конечно, помним. А какой маршрут?
— Точно не знаю. Встречаемся в 9 часов на Курском вокзале. Нас поведёт Антон.
— Ну, тогда всё в порядке. Антон знает своё дело.

3.
— Внимание, напоминаю! Завтра турпоход.
— Мы помним, идём на Истру.
— Да, как договаривались.
— Там прекрасное место.
— Лес, вода, прекрасно отдохнём.
— И грибы пособираем.
— Здорово!

17.015

**Трудовой семе́стр
Working term**

1.
— Можете нас поздравить! Мы теперь студенты четвёртого курса!
— Молодцы!
— Замечательно!
— Теперь домой на каникулы?
— Не сразу. Сначала поедем в стройотряд.
— В стройотряд? Куда?
— В город Гагарин, в интернациональный отряд.
— Вам повезло.
— Стивен тоже завидует.
— А он куда едет?
— Не знаю точно. Куда-то на Урал.

2.

— Вы командир студенческого строительного отряда?
— Да, я. Меня зовут Андрей.
— Джон Мейли. У вас записываются на стройку?
— У меня. Какой объект вы выбрали?
— Мы хотели бы поехать на строительство вагонного завода в Абакан. Вы нам советуете?
— Вы из какого института?
— Из МИИТа, четвёртый курс.
— Тогда очень советую. Ваши ребята там работали в прошлом году (на транспортном узле). Работа по специальности, остались довольны. Есть ещё вопросы?
— Есть. Товарищи просили меня подробно узнать об объекте, видах работ и так далее.
— Понимаю, вы будете работать на транспортном узле. Вот отчёт отряда за прошлый год. Познакомьтесь с ним, а потом поговорим.
— Договорились. Мы зайдём часа через два.

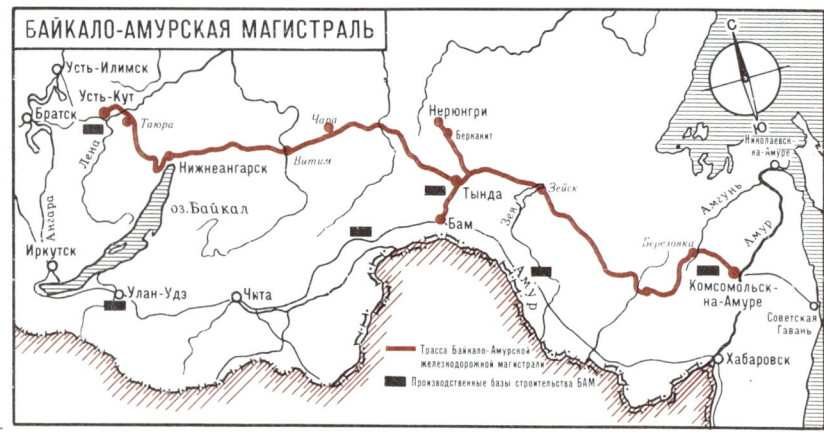

17.016

Мне нужна путёвка
I need a pass

1.
— Товарищи, мы сегодня должны распределить путёвки на второй квартал. Всего у нас четыре путёвки, одна — в кардиологический санаторий и три льготных путёвки в дома отдыха.
— Уточните, пожалуйста, в какие дома отдыха эти путёвки?
— Кардиологический санаторий в Сочи, одна путёвка в дом отдыха в Прибалтику и две — в Подмосковье.
— Разрешите? Я думаю, что путёвку в Сочи надо дать Иванову Павлу Николаевичу. У него больное сердце.
— А заявление на путёвку он подал?
— Да, ещё в прошлом месяце.
— Какие будут мнения?
— Я думаю, что нужно дать. Павел Николаевич — хороший работник, занимается общественной работой, помогает молодым специалистам. Нет возражений?
— Нет. А какие есть заявления на путёвки в дома отдыха?
— Есть четыре заявления.

2.
— Товарищи, у меня к вам большая просьба. Я долго болел и чувствую себя ещё неважно. Мне так нужна путёвка в санаторий! Вы не могли бы мне помочь?
— На этой неделе мы получим путёвки на полугодие. Тогда выяснятся наши возможности. Зайдите через три дня.
— Спасибо.

. . . .

— Это опять я. Николай Петрович Сизов. Я заходил к вам на прошлой неделе по поводу путёвки.
— Да, мы помним. Значит так... Мы можем предложить вам Геленджик.
— Вы знаете, у меня слабое сердце, и я плохо переношу жару. Может быть, есть что-нибудь другое?
— Другое? Сейчас посмотрю. Есть одна путёвка в Прибалтику, поедете?
— Конечно, конечно, с удовольствием!
— Хорошо, мы всё сделаем, не волнуйтесь! А вы принесите справку из поликлиники.

3.
— У меня к вам вопрос. Нет ли у вас путёвки в пионерлагерь?

— На какой месяц?
— На июнь.
— На июнь ещё есть. Сколько вашему ребёнку?
— Десять.
— Лагерь «Звёздочка» под Звенигородом вас устроит?
— Конечно.
— Ну хорошо. Принесите справку о состоянии здоровья ребёнка, лучше побыстрее.
— Из поликлиники? Я могу завтра.
— Давайте завтра. Чем раньше, тем лучше.

17. 017

**Как вы провели отпуск?
How did you spend your holiday?**

1.
— Ну, как отдохнули?
— Спасибо, очень хорошо. Я был с семьёй под Москвой.
— В доме отдыха?
— Не совсем. В пансионате.
— Понравилось?
— Очень. Красивое место у реки. Рядом лес. Хорошее обслуживание...
— И не скучно было?
— Нет, мы много гуляли, ребята ловили рыбу... И библиотека там приличная.
— Словом, вы довольны, а это — самое главное.

2.
— Ты прекрасно выглядишь! На юге отдыхала?
— Совсем нет. На севере. Замечательные места. Леса, озёра...
— Так ты была в доме отдыха?
— Опять не угадала. Мы выбрали остров на большом озере, поставили палатку и жили там две недели.
— А как питались? Сами готовили?
— Да. Продукты привезли с собой, иногда ездили в магазин в деревню.
— А лодку где взяли?
— Привезли с собой байдарку, с неё и рыбу ловили.
— И много наловили?
— Даже насушили. Приходи к нам, угощу!

3.
— Ты так загорела! Хорошо выглядишь!
— Да ведь я только с юга.
— А где была?
— В Туапсе, в пансионате.
— Одна?
— Зачем (Почему)? С мужем.
— В пансионате? Здорово! Отдохнула от домашних дел?
— Не говори! Целый месяц не готовила, не занималась хозяйством...

17. 018

**Как нужно отдыхать
How you should relax**

18) Travelling

It's always interesting to go abroad. The more we travel about in a country, the more we get to know about the people who populate it, about their day-to-day life, their morals, tastes and culture. The Soviet Union is enormous. No Soviet Republic is much smaller than many European countries, with regard to territory and size of population, and in many cases bigger. There are several climatic zones within the territory of the USSR. In one day the difference in temperature between various points in the USSR can astonish any traveller. At one and the same time it might be $-60°$ C in the north of the country, in Yakutia, whereas in the south, in Turkmenia, it might be $+25°$ C!

Soviet people love to travel. Some spend their holidays in the north, in tundra areas, others go to the sea—to the Crimea or the Caucasus. Through the international Soviet organizations "Intourist" and "Sputnik" such opportunities are open to foreign visitors to the country as well.

Every trip always involves thinking about so many things. We've got to choose an itinerary, the most expedient means of transport, get information about the place we're going to, do all we can to make sure our trip is inexpensive, interesting and pleasant.

We plan to take you on interesting journeys around the Soviet Union. We have bought guide-books and maps of the railway and air networks in the USSR. How do we use them? How do we work out the expedient itinerary? Very simple! You've only got to master the lesson which is indeed called "Itinerary for a forthcoming trip". Do you require some information? Go ahead! Let's phone up the travel agencies "Intourist" and "Transagentstvo". We'll see how to do that in the lesson "Hello, I want some information!" Are we late for the train? Don't worry! We'll get a taxi right away. "To the station, please!"

The dialogues "Going abroad on holiday", "In a compartment", "In the aeroplane", "At the border" and all the others will help us master and make active use of all the knowledge which is vital in order to go on a journey.

So friends, we wish you a good trip!

18. 001

Почему люди ездят?
Why do people travel?

18. 002

Маршрут предстоящей поездки
Itinerary for forthcoming trip

АВИАМАРШРУТЫ

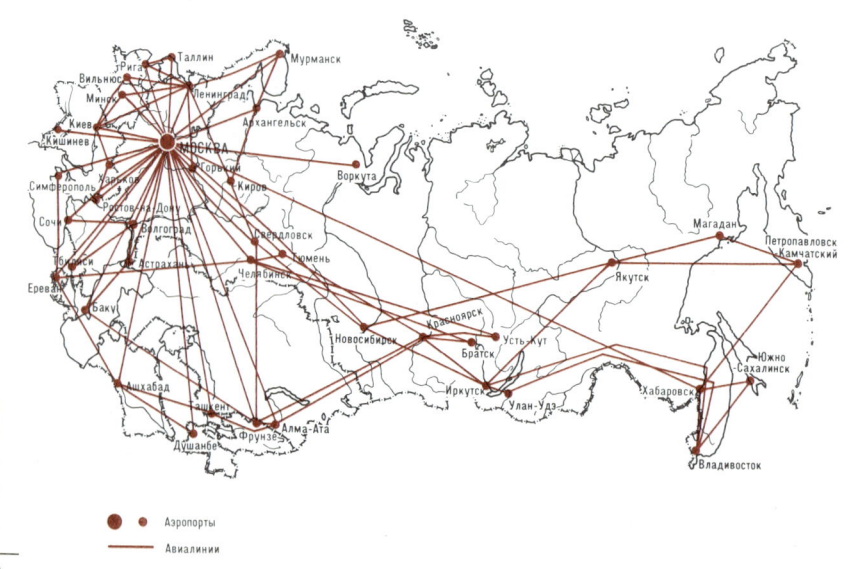

● Аэропорты
— Авиалинии

18. 003
Что вы видели в поезде?
What did you see in the train?

18. 004
Алло, мне нужна справка!
Hello, I want some information!

ЖЕЛЕЗНОДОРОЖНЫЕ МАРШРУТЫ

——— Железные дороги
- - - Строящиеся железные дороги
······ Железнодорожные паромы

18. TRAVELLING

1.
— Какие поезда есть на Ленинград в субботу после 20 часов?
— Записывайте! Двадцатый — «Юность», десятый, двадцать четвёртый, двадцать шестой, второй — «Красная стрела».
— Билеты продаются в кассах вокзала?
— За сутки и более (до отправления поезда) билеты продаются в Центральных кассах на Комсомольской площади, менее чем за сутки — только в кассах Ленинградского вокзала.
— Скажите, а есть билеты на двадцатый скорый?
— Таких справок мы не даём. Обратитесь в справочное (бюро) вокзала!

2.
— Справочное «Трансагентства»? Здравствуйте! Мне нужно быть завтра в Волгограде. Совершенно необходимо.
— В Волгограде... Можно ехать поездом, скорый номер пятьдесят один или пассажирский номер шестнадцать. Можно лететь самолётом, каждый день четыре рейса на Волгоград.
— Сколько времени идёт скорый поезд?
— Двадцать часов, пассажирский — двадцать три.
— А самолётом?
— Полтора часа.
— Простите, ещё вопрос. Сколько стоит билет?
— На поезде — от шестнадцати до двадцати рублей, на самолёте — двадцать шесть.

3.
— Будьте добры, мне нужен билет до Красноярска.
— Ваш паспорт.
— Ой, я кажется, не взяла с собой.
— Ну, как же вы, девушка?
— Билеты на самолёт мы даём только при наличии паспорта.
— Что же мне делать? Ехать домой? А без паспорта нельзя?
— Исключено. Ни в коем случае.
— Как не хочется ехать...
— Ничем не могу помочь.

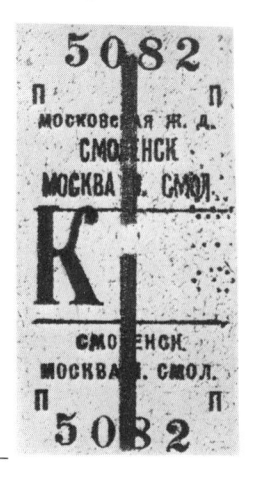

18. 005

Два билета... пожалуйста!
Two tickets... please!

1.
— Пожалуйста, два билета до Нальчика на 20 (двадцатое)!
— Нальчик на двадцатое... Купейный, плацкартный?
— Два купейных.
— Подождите минуточку. Сейчас закажу. Центральная? Нальчик, двадцатое, два купейных. Так. Вот ваши билеты. Одно место верхнее. Поезд сорок три, вагон девять.

— С какого вокзала?
— С Курского. Тридцать шесть рублей.
— Спасибо.

2.
— Мне два билета до Баку на четвёртое число.
— На какой рейс?
— Желательно утром.
— Утром есть рейсы в 10.30 и 12.15.
— Нам лучше на 10.30.
— Ваши паспорта!
— Пожалуйста!
— Восемьдесят рублей шестьдесят копеек. Вылетаете рей-

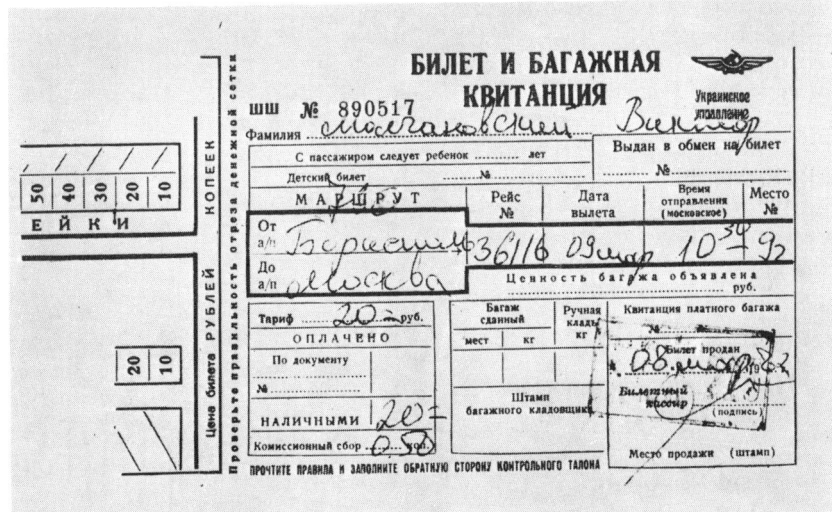

сом 417, аэропорт Внуково. Регистрация билетов за час до вылета.
— Скажите, а как нам добраться до аэропорта? У нас большой багаж.
— Тогда лучше приехать на городской аэровокзал. Там зарегистрируете билеты и оформите багаж.
— Тоже за час до вылета?
— Нет, что вы. За два часа!
— Ну да, правильно. Я сразу не сообразил.

3.
— Два плацкартных до Тобольска на сегодня!
— На сегодня билетов уже нет. Хотите на завтра?
— Что делать, давайте на завтра.
— До Тобольска нет прямых поездов. Пересадка в Тюмени или Свердловске.
— Мне всё равно. По времени это одинаково?
— Не совсем. Лучше делать пересадку в Тюмени. Оттуда на Тобольск идёт больше поездов.
— Хорошо. Сколько с меня?
— Сорок четыре рубля. Отправление с Ярославского вокзала, в восемнадцать часов пятьдесят минут.
— А номер поезда? Вагона?
— Посмотрите в билете, там всё написано.
— Гм... Поезд номер 56 (пятьдесят шесть) «Сибирь». Вагон 9, места 17 и 18.

18. 006

На вокзал, пожалуйста!
To the station, please!

1.
— Такси! Свободно?
— Садитесь. Куда поедем?
— На Казанский (вокзал), пожалуйста!
— Как ехать? Через центр или по кольцу?
— Как быстрее. У меня поезд в 16.10 (шестнадцать десять). Успеем?
— Успеем. Не волнуйтесь. Мы через двадцать-двадцать пять минут будем на вокзале.

2.
— На Курский вокзал, пожалуйста!
— Садитесь!
— Откройте, пожалуйста, багажник! У меня большой чемодан.
— Одну минуту. Я вам помогу. Чемодан можно положить на бок?
— Можно. Там нет ничего такого!

· · · · · · · · · · · · · · ·
— Приехали!
— Сколько с меня?
— Три семьдесят. Сейчас я вам открою багажник.
— Спасибо.
— Пожалуйста. Счастливого пути!

3.
— Здравствуйте! Отвезите меня, пожалуйста, на Ленин-

градский вокзал. Я очень тороплюсь.
— К поезду?
— Да.
— Не волнуйтесь, успеем. Без вас не уедет.
— Да я не уезжаю, а встречаю.
— Во сколько прибывает поезд?
— Через 40 (сорок) минут.
— Успеем, времени достаточно.
— Я всегда в таких случаях очень волнуюсь.

18. 007

Разговор с проводником
Conversation with the conductor

1.
— Вот мой билет.
— Десятое место... В третье купе, пожалуйста!
— Когда мы прибываем в Киев?
— Завтра, в 10. 20 (десять двадцать).

2.
— Это седьмой вагон?
— Да. Ваши билеты!
— Пожалуйста.
— Двадцать второе и двадцать третье места. Проходите!
— Билеты вам отдать?
— Нет, оставьте пока у себя. Я потом соберу.
— Скажите, в поезде есть вагон-ресторан?
— Есть, между восьмым и девятым вагоном. Входите, скоро отправление.

3.
— У вас билеты в другой вагон!
— Да что вы! А это какой же?

— Девятый, а у вас седьмой. Вам дальше.
— Что вы говорите!
— Поспешите. (Поторопитесь!)

4.
— Молодой человек! А ваш билет?
— Я провожаю.
— Не задерживайтесь в вагоне. Отправление через десять минут.
— Не беспокойтесь. Я только отнесу вещи.
— Проходите.

18. 008

Вы не обменяетесь со мной местами?
Would you mind changing places with me?

1.
— Простите, вы не обменяетесь со мной местами? Здесь едет мой товарищ, и мы хотели бы...
— Всё ясно. А где ваше место?
— В соседнем купе. У меня тоже нижнее место.
— Пожалуйста, я не возражаю. Я еду один.
— Большое спасибо. Давайте я перенесу ваш багаж.

2.
— Простите, можно обменяться с вами местами? Я еду в шестом купе.
— В шестом... Нет, это меня не устраивает. Шестое купе в конце вагона, там у двери шумно и дует.
— Очень жаль. Ну что же, извините за беспокойство!

3.
— Здравствуйте, я еду в третьем купе. Вы не могли бы перейти туда?
— А в чём дело?
— Видите ли, у меня с товарищем места в разных купе. А мы едем на совещание и хотели поработать вместе.
— А какое место у вашего товарища? Верхнее, нижнее?
— Нижнее, как у вас. Будьте любезны.
— Ну, ладно. Помогите мне только перенести чемодан. И скажите проводнику, что мы обменялись.
— С удовольствием помогу. И проводнику всё скажу. Не беспокойтесь!

18. 009

В купе
In a compartment

1.
— Вы не уступите мне нижнее место?
— Пожалуйста. Я даже люблю ездить на верхней полке.
— Большое спасибо, вы очень любезны. Я себя неважно чувствую.

2.
— У меня к вам просьба!
— Пожалуйста, слушаю.

— Уступите, пожалуйста, моей жене нижнее место. Она только что из больницы.
— Конечно, конечно. Я сам хотел предложить.
— Большое спасибо. Вы далеко едете?
— В Новосибирск.
— В командировку, наверное?
— Наоборот, из командировки.
— Ещё раз спасибо. Будем попутчиками.

3.
— Простите, это ваше место?
— Да, семнадцатое, а что?
— Вы не могли бы обменяться со мной?
— К сожалению, не могу. Я плохо себя чувствую.
— Ничего не поделаешь, извините!
— А вы далеко едете?
— В Омск.
— А я только до Горького, тогда и займёте моё место.
— А так можно?
— А почему нет? Предупредите только проводника.

18. 010

Товарищ проводник, будьте любезны!..
Conductor! Would you be so kind!..

1.
— Скажите, когда будет чай?
— Через 10 минут. Вода уже закипает.
— Принесите нам четыре стакана, пожалуйста. Да, вагон-ресторан в поезде есть?
— Есть, между восьмым и девятым вагонами. Но он ещё закрыт.
— Закрыт? Когда же он открывается?
— Когда отъедем от города.

Я вас предупрежу. Чай приносить?
— Спасибо. А чай всё-таки принесите.

2.
— Будьте любезны, когда будет большая станция?
— А что вы хотели?
— Мне нужно послать телеграмму.
— В Харькове стоим 15 (пятнадцать) минут.
— Боюсь, не успею. А можно отправить телеграмму из поезда?
— Не могу вам точно сказать. Обратитесь к начальнику поезда. Он во втором купе. Там радиоцентр.

3.
— Вы чай спрашивали? Будете пить?
— Да, четыре стакана. Спасибо. Скажите, когда поезд прибывает в Донецк?
— По расписанию в 2.20 (два двадцать). Вы там выходите?
— Да. Разбудите меня, пожалуйста!
— Хорошо, разбужу. Ваше место седьмое?
— Нет, восьмое. Так не забудьте.
— Разбужу, не беспокойтесь!

18.011

О чём говорят в дороге
What people talk about on the journey

18.012

В самолёте
In the aeroplane

1.
— Будьте любезны, где моё место?

— Разрешите ваш билет! Пятнадцатое «в». Второй салон, налево, пожалуйста.
— А в первом салоне мест нет?
— Подождите, пока все пассажиры сядут. Я посмотрю.
— Спасибо. Мы прилетаем в четырнадцать тридцать?
— Да. В Домодедово. А сейчас, пожалуйста, сядьте на своё место.

2.
— Пассажир, проснитесь! Вы будете обедать?
— А... обедать? Гм... Буду.
— Из напитков есть кофе, чай, минеральная вода. Что вы желаете?
— Кофе, пожалуйста. А то спать хочется.
— Сейчас принесу. Хотите журналы, газеты?
— Вот-вот, принесите.

3.
— Пассажир, вам что, плохо?
— Да, меня немного укачало.
— Я сейчас принесу вам минеральной воды.
— Будьте добры.
— Выпейте, пожалуйста.
— Спасибо.

— Вот вам журналы, почитайте, отвлекитесь.
— Спасибо ещё раз!

18.013

Конкурс проводников
Competition of conductor

18.014

Командировка
Business trip

1.
— Здравствуйте, вы меня вызывали?
— Да, Майкл. Вам придётся поехать в командировку в Волгоград. Знаете, зачем?
— Догадываюсь. На автомобильный завод?
— Совершенно верно. Вчера звонил директор и сообщил, что в нашем проекте есть неточности.
— Он говорил о монтажной линии?
— Вот именно. Нужно разобраться и помочь.
— Ничего не поделаешь, проект разрабатывал наш отдел. Значит, ехать надо мне.
— Значит, не возражаете? Очень хорошо.
— Когда мне вылетать?
— Я думаю, что завтра. Зайдите ко мне перед отъездом. Уточним детали.

ТЕРРИТОРИАЛЬНО-ПРОИЗВОДСТВЕННЫЙ КОМПЛЕКС КУРСКОЙ МАГНИТНОЙ АНОМАЛИИ

- Районы магнитных аномалий
- Месторождения железных руд
  - разрабатываемые
  - перспективные
- ПРОМЫШЛЕННОСТЬ
  - Атомные электростанции
  - Химическая и нефтехимическая
  - Машиностроение и металлообработка
  - Чёрная металлургия
  - Промышленность строительных материалов
  - Лёгкая промышленность
  - Мясная и молочная
  - Другие отрасли пищевой промышленности
- Нефтепроводы
- Газопроводы

2.
— Можно. Владимир Николаевич?
— Заходите. Здравствуйте, Майкл. Подготовились к командировке?
— В основном, да. Детали уточню на месте.
— Проект берёте с собой?
— Обязательно. Уже снял копию. К кому мне обратиться на заводе?
— Представьтесь директору. Он вас познакомит с главным инженером. Хороший специалист.
— Как его зовут?
— Директора или главного инженера?
— Главного. Мне ведь с ним работать.
— Уваров, Константин Михайлович. И запишите телефон директора: 38-96-09 (тридцать восемь — девяносто шесть — ноль девять). Он будет знать о вашем приезде. Звоните мне, если возникнут трудности. Кажется, всё. Есть вопросы?
— Пока нет. Если возникнут, буду звонить в отдел.
— И мне можно позвонить. Желаю удачи!

3.
— Я слышала, что ты летишь в Минск.
— Да, завтра утром, читать лекции.
— А что волнуешься? Боишься самолёта?
— Да нет, что ты. Просто первый раз буду читать лекции в другом вузе.
— Ничего страшного. Надо же когда-то начинать. А потом, что тебе волноваться,

ты хорошо знаешь свой курс.
— Ну всё-таки...
— Всё будет нормально. Летишь надолго?
— На неделю.
— Желаю успеха.
— Спасибо.

18.015

Помоги мне собраться
Help me to pack

1.
— Так как (дела) с командировкой? Едешь?
— Да, лечу завтра. Вот билет.
— Смотри-ка... Рейс 075, Ашхабад. Поздравляю!
— Слушай, ты бы помог(ла) мне собраться, а? Столько дел перед отъездом.
— Ладно, что тебе особенно собираться?
— Да я всё соберу, а ты только уложи в чемодан. Хорошо?
— Не беспокойся, сделаю. Кстати, ты пальто берёшь?
— Сам(а) не знаю. Здесь снег, а там, говорят, уже сады цветут.
— Да, это проблема. Ладно, что-нибудь придумаем.

2.
— Ну вот. Твой чемодан готов.
— Спасибо. Что бы я делал(а)

без тебя! А как всё-таки быть с пальто?
— Посмотри, я приготовил(а) тебе куртку.
— Куртку? А что, это идея!
— Знаешь, я так подумал(а): зачем тебе в Средней Азии пальто?
— Молодец! Значит, можно вызывать такси?
— Да, пора. Проверь, где у тебя билет, паспорт, командировка (командировочное удостоверение), деньги.
— Это я всё приготовил(а). Значит, я вызываю такси.

3.
— Лена, у меня совсем мало времени. Помоги мне собраться.
— Да я уже всё приготовила. Твои вещи лежат на диване.
— Спасибо, ты меня выручила.
— Не забудь свою бритву.
— Да, обязательно, это очень важно.

18.016

В отпуск за границу
Going abroad on holiday

1.
— Маргарет, куда ты поедешь на каникулы, домой?
— Сначала в Болгарию, меня пригласили Стояновы, помнишь Стефана?
— Конечно, помню. Значит, ты едешь в Болгарию. А в какое время?
— Середина июля—август. Я ещё не знаю точно.
— Я тебе советую ехать в августе. Это лучшее время в Болгарии.

2.
— Здравствуйте, я прочитал(а) объявление, что в месткоме есть туристические путёвки за границу.
— Совершенно верно. Когда и в какую страну вы хотели бы поехать?

ОБЪЯВЛЕНИЕ

В профкоме завода "Серп и молот" имеются путёвки для туристических поездок за границу:
- круиз по Дунаю (ЧССР, ВНР, Австрия, СРР);
- автомобильная экскурсия по НРБ;
- на поезд "Дружба" по ГДР.

Информацию о стоимости путёвок и продолжительности туристических поездок вы можете получить в профкоме завода ежедневно, с 17 до 19 часов, или по телефону 472-11-55.

Профком

— Что вы можете предложить на конец июля?
— Есть места на теплоходе «Лермонтов» по маршруту Ленинград—Лондон—Гавр—Марсель—Стамбул—Одесса.
— И сколько сто́ит такая поездка?
— От тысячи до тысячи восьмисот рублей.
— Гм... Это больше, чем я предполагал(а)...
— Видите ли, в стоимость путёвки входят и поездки в другие города. Например, вы проведёте два дня в Париже.
— Спасибо, я подумаю.
— Конечно, подумайте. Но не слишком долго. На этот круиз всегда много желающих.

3.
— Мария, ты уже в отпуске?
— Да, собираюсь домой, на Кубу.
— Когда полетишь?
— Я не лечу.
— Как это?
— Плыву на теплоходе. Это долго, но интересно. Я ещё никогда не добиралась домой океаном.
— Желаю счастливого плавания.
— Спасибо.

18.017

Таможенная декларация
Customs declaration

18.018

На границе
At the border

18.019

Дайте телеграмму
Give me the telegramme

18.020

Ты знаешь, кто к нам приезжает?
Do you know who's coming to see us?

1.
— Алло, Андрей? У меня приятная новость!
— Что такое?
— Час назад я получил(а) телеграмму. Приезжает Брус.
— Брус Блэксмит?
— Собственной персоной. Не ожидал?
— Вот это сюрприз! Надо его встретить!
— Слушай внимательно. Поезд прибывает завтра в 17.35 (семнадцать тридцать пять). Ты придёшь на вокзал?
— Обязательно. А ты? Разве не можешь?
— Почему не могу? Я тоже приду. Жди меня у справочного бюро в четверть шестого. Встретим и поедем ко мне.
— Договорились. В пять пятнадцать у справочного. Привет!

2.
— Мишель, это ты? Здравствуй! Ты знаешь, какая у меня новость? Ты помнишь Мишу Аверкина?
— Конечно, помню. А что?
— Он приезжает завтра.
— Вот это да! Не может быть! Расскажи толком.
— Приезжает на конгресс. Будет здесь пять дней. Хочешь встретить его вместе со мной?

Сохраняется на все время пребывания в СССР или за границей.
При утере не возобновляется.

Сообщение неправильных сведений в таможенной декларации, а также сотруднику таможни влечет за собой ответственность на основании законодательства Союза ССР.

ТАМОЖЕННАЯ ДЕКЛАРАЦИЯ

Фамилия, имя, отчество _____

_____

Гражданство _____

Из какой страны прибыл _____

В какую страну следует _____

Цель поездки (деловая, туризм, личная и т. п.) _____

Мой багаж, включая ручную кладь, предъявляемый для таможенного контроля, состоит из _____ мест.

При мне и в моем багаже имеются:

I. Оружие всякое и боеприпасы

II. Наркотики и приспособления для их употребления _____

III. Предметы старины и искусства (картины, рисунки, иконы, скульптуры, и др.)

IV Советские рубли, облигации государственных займов СССР и билеты советских лотерей

Наименование	Количество		Отметки таможни
	цифрами	прописью	

VI. Принадлежащие другим лицам советские рубли, другая валюта, платежные документы, ценности и любые предметы

Мне известно, что наряду с предметами, поименованными в декларации, подлежат обязательному предъявлению для контроля: произведения печати, рукописи, кинофотопленки, звукозаписи, почтовые марки, изобразительные материалы и т. п.

Также заявляю, что отдельно от меня следует принадлежащий мне багаж в количестве _____ мест.

Подпись владельца ручной клади

«   » _____ 198   г.   и багажа _____

— Конечно, а как же иначе?!
— Тогда приезжай на Северный вокзал. Жду тебя в зале ожидания к пяти вечера. Поезд приходит в полшестого.
— Зачем же так рано?
— Надо же подумать, что ему показать, как принять.
— Ладно, буду в пять. Привет!

3.
— Света, помнишь Дороти из Гарвардского университета?
— Конечно, помню.
— Она прилетает завтра.
— Да что ты говоришь?
— Я хочу её встретить.
— Возьми меня с собой.
— Ладно. Её самолёт приле-

тает в 18.00 в Шереметьево.
— Где мы с тобой встретимся?
— Подъезжай ко мне, я закажу на 16.30 такси.
— Приеду. А успеем?

18.021

Встреча на вокзале
Meeting at the station

1.
— Коля, здравствуй! Как доехал?
— Джон, дорогой, как я рад тебя видеть! О, и Стефан здесь! Спасибо, друзья. Доехал хорошо.
— Как там Оля, Саша?
— Все живы-здоровы, передают привет. Оля сейчас в отпуске. Саша скоро защищает диплом. Он меня провожал.
— Коля, сейчас едем прямо к Анджею, согласен?
— Я немного устал после поезда, и мне надо отправить телеграмму домой... Может быть, завтра?
— Что ты говоришь! И тебе не стыдно?! Отдохнёшь у нас. А телеграмму сейчас отправим вместе.
— Всё. Не спорю, уговорили!

2.
— Женевьева! Наконец-то! Мы уж совсем заждались.
— Здравствуй, Катя! Что поделать, такая погода! Мы два часа ждали вылета в аэропорту.
— Ну, ничего. Как долетела? Как себя чувствуешь?
— Прекрасно. А ты совсем не изменилась!
— Сейчас поедем ко мне. Ты отдохнёшь, а вечером соберутся наши друзья.
— Сейчас не могу. Я же с делегацией. Нужно сначала поехать в гостиницу, получить номер. Видишь, все уже садятся в автобус.
— Давай сделаем так: я поеду с тобой в гостиницу, оставим там твои вещи и поедем ко мне, а? Как ты думаешь?
— Договорились.

3.
— Оля, здравствуй!
— Саша, ты? Вот не ожидала.
— Я вчера звонил твоим, они сказали, что ты приезжаешь сегодня.
— Спасибо, что встретил. Мои (я знаю) сегодня не могут.
— Как доехала?
— Всё хорошо, устала немножко.
— Ничего, сейчас возьмём такси и через полчаса ты дома.

18.022

Когда мы встретимся?
When will we see each other?

1.
— Анри, привет!
— Здравствуйте! Кто это говорит?
— Не узнаёшь? А ведь мы жили в одной комнате.

— Женя, ты? Откуда ты? Когда приехал?
— Вчера. С туристической группой. Мы будем у вас три дня.
— Слушай, обязательно надо встретиться. Где ты живёшь?
— Гостиница «Льеж», номер 317 (триста семнадцать), но завтра с утра у нас экскурсия.
— Никаких экскурсий. Ты мой гость. Жди, буду через двадцать минут!

2.
— Алло!
— Можно попросить Юлию к телефону?
— Её нет дома. Кто её спрашивает? Что ей передать?
— Говорит Роберт Пейдж. Я учился вместе с Юлией в Москве и очень хотел бы её видеть.
— Вы надолго в нашем городе?
— До субботы. Будьте любезны, запишите мой телефон: 195-13-18 (сто девяносто пять—тринадцать—восемнадцать).
— Записал(а). Я обязательно передам Юлии, что вы звонили. Роберт Пейдж?

— Совершенно верно. Сегодня вечером я дома. Жду её звонка в любое время.

3.
— Соня, привет!
— Алло. Кто это? Я не узнаю.
— Это я, Стас.
— Стас? Какими судьбами?
— Я вчера прилетел из Софии. Очень хочу тебя увидеть.
— Я тоже. Когда встретимся?
— Может, сегодня?
— Давай, во сколько и где?
— Часа через два, у нового цирка. Тебе удобно?
— Конечно, я ведь рядом живу.
— Как же, помню. Договорились.

18.023

Сообщение о приезде (деловое письмо)
Confirmation of arrival (business letter)

18.024

Деловая встреча
Business meeting

1.
— Говорит доктор Смитт из Эссекса. Соедините меня с господином Орловым.
— Одну минуту, пожалуйста!
. . . .
— Господин Смитт? Говорит Орлов. Очень рад. Вашу телеграмму получили.
— Рад вас слышать. Когда мы назначим встречу?
— Я думаю, вы сегодня отдохнёте, посмотрите город... Ждём вас завтра в министерстве, скажем, в 10.30 (десять тридцать). Это время вас устраивает?

— В 10.30. Да. Это меня устраивает. До свидания.
— Всего хорошего, до завтра.

2.
— Алло, дирекция! Меня зовут Питер Моррисон, представитель фирмы «Ай-Ти-Си». Будьте любезны, попросите товарища Никонова.
— Директор сейчас на совещании, освободится через час-полтора. Доложу о вас, как только Юрий Николаевич освободится. Как с вами связаться?
— Я только что прилетел. Звоню вам из аэропорта.
— Ах, вот как, извините. За вами приедет машина. Запишите, пожалуйста, номер!
— Записываю.
— Б-54-11-МО (пятьдесят четыре—одиннадцать). Вас встретит инженер Козлов.
— Записал, инженер Козлов. Когда будет машина?
— Минут через тридцать пять-сорок. Извините ещё раз. Мы не получили телеграмму о вашем приезде.
— Телеграммы и не было. Значит, я жду в зале ожидания № 3 (номер три).

3.
— Товарищи, позвольте вам представить наших коллег из США — Хэлен Грэй и Питер Каупервуд, представители фирмы «Текстема», Нью Джерси.
— Очень приятно.
— Рады вас видеть.
— Тогда давайте начнём наше заседание. Я предлагаю, чтобы наши гости познакомили нас с оборудованием, которое будет монтироваться на текстильном комбинате в Иваново. Прошу вас, коллега Каупервуд.
— Позвольте мне поблагодарить вас за тёплые приветствия. Сначала несколько слов о технических характеристиках наших машин.
— Простите, вы будете гово-

КРУПНЕЙШИЕ ГОРОДА СССР
С ЧИСЛОМ ЖИТЕЛЕЙ БОЛЕЕ 1 МЛН.

18. TRAVELLING

рить и об условиях их эксплуатации?
— Конечно, но сначала несколько слов об общих характеристиках.
— Пожалуйста, просим!
— Как вам уже известно, наши машины предназначены для производства широкого ассортимента тканей из разного сырья.
— На плакате изображена принципиальная схема?

— Совершенно верно. Прошу обратить внимание на это устройство. В нём реализовано новое техническое решение наших инженеров и сотрудников.
— Пожалуйста, подробнее.

18.025

Рассказ о поездке
Story about a trip

19) Health

The theme of today's chat is connected with health. We wish our friends and relatives good health on their birthday, on anniversaries and festive days, in letters, greetings cards and on the telephone, in official speeches and during table-talk. And that's not surprising. An awful lot depends on health and how we feel: our mood, our ability to work and the well-beings of our family. It is with good reason that people say: you can buy everything but health. It's good to feel well, but, unfortunately, no one is insured against illness. It's not very nice to be ill at home, but, in the words of a popular saying, at home even the walls help. To be ill while on a trip abroad is twice as bad. How will people react to your illness in a foreign country? Where and to whom do you turn for help? How do you call the doctor?

Medical care is free in our country. In every town there are town and regional polyclinics and hospitals. There is a large contingent of district doctors to serve every city region. A district is one or several streets, and thus we usually know our district doctor by sight, and know his name and surname.

In major higher educational establishments such as Moscow University named after Lomonosov, for example, in plants and factories and in various enterprises there are out-patients' clinics, polyclinics and hospitals. In cases of emergency we call out the ambulance. The sacred duty of every Soviet doctor is to help every ailing person.

How do you carry out first aid on a sick person and whom do you need to turn to? How do you summon the ambulance? We will be dealing exactly with these matters in our lessons. So that we can master speech patterns in these and similar situations we will be playing the part of patients, administrative workers, and chemists, we'll go for a consultation at the doctor's ("At the polyclinic", "In the doctor's surgery", "At the chemist"). "Calling out the doctor", "The ambulance", "First aid" and other dialogues will help you convert your language skills into practice when you find yourself in need of medical help.

19.001

Главный врач
The head doctor

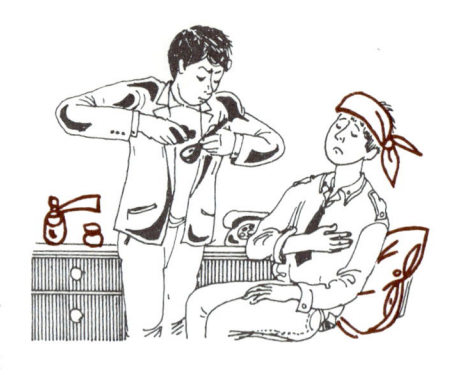

19.002

Что с вами?
What's the matter with you?

1.
— Ты сегодня плохо выглядишь. Ты не болен?
— Нет, просто устал. У меня сейчас много работы.
— Может, выпьем кофе.
— Спасибо. С удовольствием.

2.
— Вы неважно выглядите. Не заболели?
— Боюсь, что простудился. Я действительно плохо себя чувствую. Голова что-то болит...
— Хотите, я вам дам таблетку? Голова сразу пройдёт.
— Да, дайте, пожалуйста.

3.
— Что с тобой? На тебе лица нет. Бледный, под глазами синяки (круги)...
— Боюсь, что заболел. Ночью почти не спал. Сердце колет, голова болит.
— Слушай, тебе нужно к врачу. Такими вещами не шутят.
— Вечером пойду.
— Да, не откладывай. Сейчас найду в аптечке что-нибудь от головной боли. Сядь, отдохни.
— Спасибо, не беспокойся.
— Сядь, пожалуйста, в кресло. Я открою окно.
— Нет, я лучше выйду на воздух.

19.003

Что лежит в аптечке?
What's in the medicine chest?

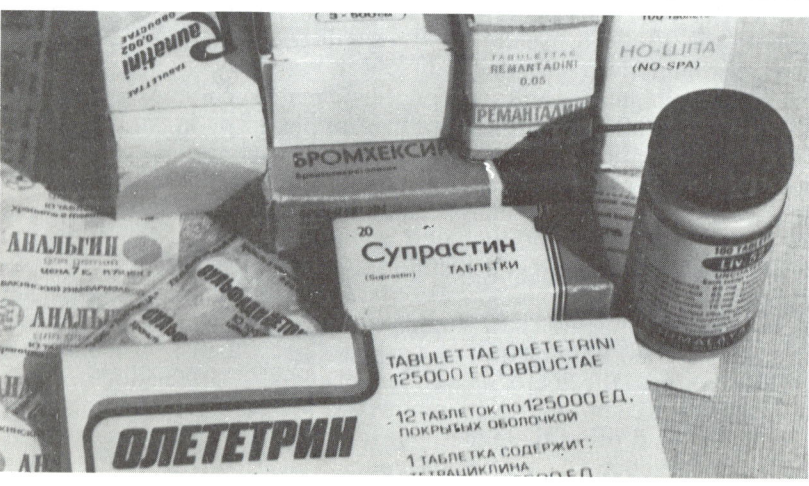

19.004

Хорошо—плохо
Good—bad

19.005

Вызов врача
Calling out the doctor

1.
— Извините, мне очень неловко, вы не могли бы вызвать врача?
— Конечно. Что с вами?
— Голова кружится, горло болит.
— Я сейчас же позвоню в бюро обслуживания. Прилягте. Окно открыть?

2.
— Бюро обслуживания. Слушаю вас!
— Тут у меня сосед заболел. Просит вызвать врача.
— Вы из какого номера?
— Из 214 (двести четырнадцатого).
— А на что жалуется больной?
— Говорит, что голова кружится. По-моему, у него температура.
— Фамилия больного?
— Сергеев Иван Семёнович. Когда будет врач?
— Не беспокойтесь. Сейчас вызову дежурного врача. Минут через пятнадцать будет у вас.
— Большое спасибо.

3.
— Здравствуйте! Вы вызывали врача?
— Да, доктор. У меня горло болит. И температура.
— Так, покажите горло. Скажите: а-а-а! Да, горло красное. Какая температура?
— Тридцать семь и девять.
— У вас ангина. Придётся полежать. Я оставляю вам стрептоцид, принимайте по таблетке каждые три часа. И делайте полоскания.
— Извините, доктор. Я здесь в командировке. Мне нужно в пятницу уезжать.
— Не волнуйтесь. Через день-два всё будет в порядке. Приходите послезавтра в медпункт. Седьмой этаж, комната 705 (семьсот пять).
— Хорошо. Когда вы принимаете?
— С восьми до двенадцати. Выздоравливайте!

19.006

Что у вас болит?
Where does it hurt?

19.007

В поликлинике
At the polyclinic

1.
— Мне нужно к зубному врачу.
— Одну минуточку. Номер вашей медицинской карты?
— У меня нет карты. Я у вас первый раз.
— Тогда заполним карту. По-

жалуйста: фамилия, имя, год рождения?
— Артур Зайдлер. Из Австрии.
— Где вы работаете, учитесь?
— Я стажёр в Институте физической химии.
— Живёте в общежитии?
— Да, улица Вавилова, семнадцать.
— Всё. Возьмите талон к врачу. Ваша очередь в половине двенадцатого. Второй этаж, двадцать пятый кабинет.

```
Врач        Зайцева Н. А.
                    2 ЭТАЖ
┌─────────┬──────────────┐
│  каб.   │   очередь    │
│         │              │
│         │              │
│         │    2 0  ЯНВ  198
└─────────┴──────────────┘
```

2.
— Мне, пожалуйста, талон к терапевту.
— Ваша фамилия?
— Хабиб.
— Так. Сабра Хабиб. Студентка из Индии. Вас лечит Зайцева?
— Да, доктор Зайцева.
— Она принимает сегодня после обеда. Вы хотите попасть именно к ней или направить вас к другому врачу?
— Если можно, то лучше к Зайцевой.
— Хорошо. Вот вам талон на четырнадцать сорок. Второй этаж. Кабинет номер одиннадцать.
— Я знаю. Спасибо.

3.
— Мне нужно попасть к глазнику (окулисту).
— Глазник принимает только 2 раза в неделю.
— В какой день следующий приём?
— В пятницу.
— Мне это неудобно.
— Тогда вторник с 15 до 20.
— Вот это (мне) подходит. Запишите меня к нему?
— Мы не записываем, придёте утром во вторник и получите талон к врачу.
— Да, но утром я работаю. Как же быть?
— Ну тогда зайдите вечером в понедельник.
— Спасибо большое.

19.008

Какой врач вам нужен?
Which doctor do you need?

19.009

В кабинете врача
In the doctor's surgery

1.
— Садитесь. На что жалуетесь?
— У меня в последнее время болит голова.
— А температура есть?
— Небольшая, по вечерам.
— Разденьтесь до пояса. Я вас послушаю. В лёгких у вас чисто. Ну-ка, откройте рот. В горле покраснение. Вы курите?

2.
— Разрешите войти? Здравствуйте!
— Проходите. Садитесь. На что жалуетесь?
— Знаете, в последнее время я чувствую, что у меня есть

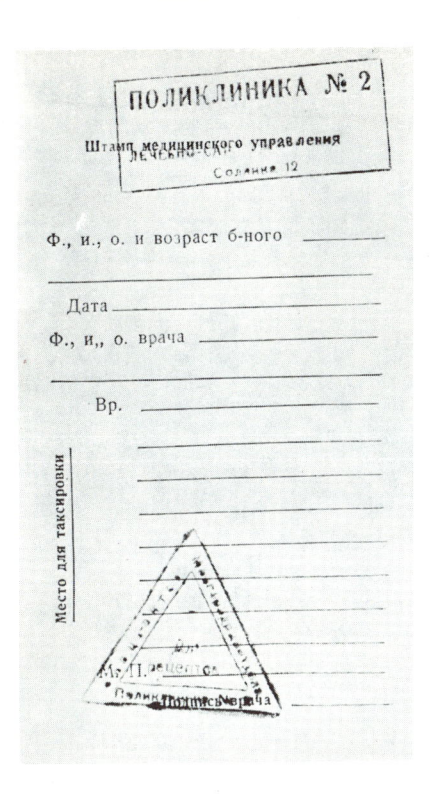

сердце. Не то что болит, но я его замечаю.
— Давно это у вас?
— Месяца два-три.
— Сколько вам лет?
— Двадцать три.
— Вам ещё рано «чувствовать» сердце. Я думаю, что у вас невроз или переутомление. Вы спите хорошо?

— Неважно.
— Будем вас обследовать. Возьмите направление на электрокардиограмму. Это на первом этаже. После этого зайдите ко мне ещё раз.

19.010

«Скорая помощь»
The ambulance

1.
— Хорошо, что ты вернулся. Джудит очень плохо себя чувствует. Не знаю, что делать!
— Что с ней?
— Я не доктор. У неё очень высокая температура.
— Надо вызвать «Скорую помощь». Позвони по телефону 03 (ноль-три).
— Разрешите. Где больная?
— В соседней комнате, доктор.
— На что она жалуется?
— У неё высокая температура. Говорит, что кружится голова.
— Так. Пульс плохой. Сейчас сделаем укол. Где можно вымыть руки?

2.
— Володя, у меня очень болит живот. Просто не знаю, что делать.
— Дать тебе болеутоляющее?
— Я уже выпил две таблетки. Не помогает.
— Я совершенно беспомощен в таких вещах. Может, поставить грелку?
— Нельзя. Без врача опасно. Боюсь, что нужно вызывать «Скорую помощь». Ты сможешь это сделать?
— Какой разговор! Сейчас позвоню. Помочь тебе лечь?
— Нет, я посижу. Так легче.

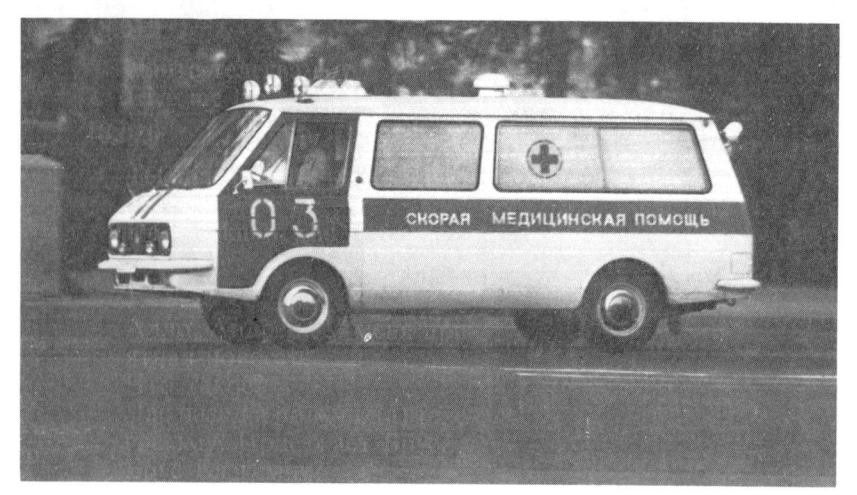

3.
— Алло, «Скорая»?
— Слушаю вас.
— Запишите вызов. Улица Вавилова, дом семнадцать, комната триста сорок шесть. Майкл Уотерхаус.
— Уотерхаус. Вавилова семнадцать. На что жалуется больной?
— Сильные боли в животе. С правой стороны.
— Ждите. Врач будет в течение часа.
— Я думал дать ему грелку.
— Ни в коем случае! Это может быть аппендицит. Ничего не делайте до прихода врача.
— Я вас понял. Ждём.

19.011
От чего это помогает?
What does that help?

19.012
В аптеке
At the chemist's

1.
— Скажите, что у вас есть от головной боли?
— Анальгин. Тридцать одна копейка в кассу.
— А это лекарство? Вот у меня рецепт.
— Это надо заказывать в рецептурном отделе.
— В рецептурном?
— Да. Второе окно направо.
— Спасибо.

2.
— Вот мой рецепт.
— Так. Сорок пять копеек в кассу. Рецепт и чек принесите мне.
— Вот, возьмите.
— Лекарство будет готово в пять часов вечера. Следующий!

3.
— Скажите, когда будет готово лекарство?
— Часа через два-три.
— А нельзя ли побыстрее? Больному очень плохо.
— А кто больной?
— Мальчик шести лет.
— Хорошо. Зайдите минут через сорок. Я попрошу приготовить срочно.
— Большое спасибо.

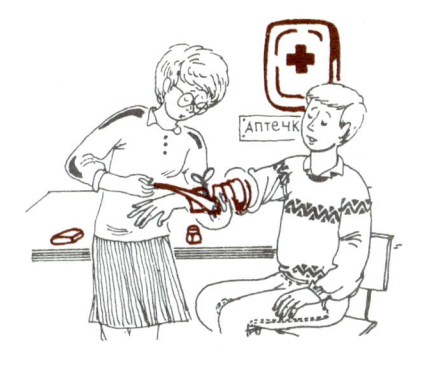

19.013

Что такое травма?
What is shock?

19.014

Первая помощь
First aid

1.
— У тебя вся рука в крови? Что случилось?
— Открывала банку и порезала ладонь о край.
— Как же ты так! Это опасно, может быть заражение крови. Надо помазать йодом.
— Может, просто вымыть холодной водой, а?
— Потерпи. Сейчас будет немножко больно.
— Ой! Больно!
— Вот и всё. А ты боялась!
— Так ведь больно!
— Ничего. До свадьбы заживёт!

2.
— Саша, я порезал палец. Надо перевязать.
— Ну-ка, покажи! Больно?
— Не очень. Где у вас аптечка?
— Сейчас, сейчас. Подними руку. Вот йод, вата и бинт.
— Забинтуй, пожалуйста, покрепче, чтобы повязка не спала.
— Так хорошо? Не туго?
— Нормально. Всё в порядке.

19.015

Как быть здоровым?
How can we be healthy?

20) Culture and Art

Let's talk about our cultural life. We will talk not about the culture of our behaviour in relation to our relatives and our colleagues at work or school (college) (although that's no less important!), but about something else. The theme of our conversation is our relation to art, our spiritual interests.

Some of us like the theatre, others—the cinema, others—opera or ballet, others can't imagine life without music, others like painting, etc.

In every nation's art is reflected its spirit, its life—past and present—its hopes for the future. Art is international, it has no barriers. It brings people of different nationalities together and helps them understand one another better. Isn't that why we are interested in art of different nations of our planet? In addition, works of art are constant subjects for discussion; we have heated arguments about the creative success or failure of an author and likewise the creative and aesthetic merits of one or other work of art—a book, a picture, a play, a film.

So, we are together in the USSR. How shall we spend our free time? We can sit down in an armchair and read a classic of Russian literature or a fashionable detective novel. But we can read books at home in our own country. And there's so much of interest going on outside! How can we miss the chance of going to the conservatoire, to a museum, watching a new film starring popular movie stars, refuse a ticket to the Bolshoi Theatre?

So we have decided to go as a group or with a friend to the cinema or the theatre. How can we make our desire a reality? The titles of some of the lessons will give us a hint as to where we can find the answers: "Let's go to the cinema!", "At the theatre box-office" and others. We've arrived at the theatre, shown the door-lady our tickets and gone into the foyer. What should we do now? We will find the answer in "Before the start of the play". We have taken our outdoor clothes off in the cloakroom, gone to find our seats in the stalls and we suddenly see that our seats are taken! How do we curb our bewilderment? How do we sort out the situation? We'll find the answer in "You're in the wrong seats!"

The section "Culture and Art" is composed of a large number of the most varied game situations. We will take part in a competition to see who knows Russian literature best, take on the part of producers, script writers, journalists, etc. When we have mastered this section we'll find it easy to make our way round the cultural life of any town in the Soviet Union and speak about art without worrying that we won't be understood.

20.001

А что мы там будем делать?
What shall we do there?

20.002

Искусство и мы (первая часть)
We and art (first part)

20.003

Искусство и мы (вторая часть)
We and art (second part)

20.004

План культурных мероприятий
The plan of cultural events

МОСКОНЦЕРТ

КИНОКОНЦЕРТНЫЙ ЗАЛ «ОКТЯБРЬ»
(просп. Калинина, 42)
2, 3, 4 апреля в 20 час.

«СМЕХ, ДА И ТОЛЬКО»

Участвует:

Геннадий ДУДНИК

КИНОКОНЦЕРТНЫЙ ЗАЛ «ВАРШАВА»
(Ленинградское шоссе, 10-а)
1 апреля в 20 час.
КИНОКОНЦЕРТНЫЙ ЗАЛ «СОФИЯ»
(Сиреневый бул., 31)
2 апреля в 20 час.
ЦЕНТРАЛЬНЫЙ ДОМ СОВЕТСКОЙ АРМИИ имени М. В. ФРУНЗЕ
Краснознаменный зал
(пл. Коммуны, 2)
3, 4 апреля в 14 и 19 час.

КОНЦЕРТНЫЙ ЗАЛ МОСКОВСКОГО ИНСТИТУТА СТАЛИ И СПЛАВОВ
(Ленинский просп., 4)
5 апреля в 19 час.
КИНОКОНЦЕРТНЫЙ ЗАЛ «ЭНТУЗИАСТ»
(Вешняковская ул., 18)
6 апреля в 20 час.
ДВОРЕЦ КУЛЬТУРЫ «ПРОЖЕКТОР»
(1-я Владимирская ул., 10-а)
7, 8 апреля в 19 час. 30 м.

ЦЕНТРАЛЬНЫЙ ДОМ СОВЕТСКОЙ АРМИИ имени М. В. ФРУНЗЕ
Краснознаменный зал
(пл. Коммуны, 2)
2 апреля в 19 час.
ДВОРЕЦ КУЛЬТУРЫ АВТОЗАВОДА имени ЛЕНИНСКОГО КОМСОМОЛА
Концертный зал
(Волгоградский просп., 45/15)
3 апреля в 19 час.

ДВОРЕЦ КУЛЬТУРЫ «МОСКВОРЕЧЬЕ»
(Каширское шоссе, 83/84)
4 апреля в 19 час.
ТЕАТРАЛЬНО-КОНЦЕРТНЫЙ ЗАЛ ДВОРЦА КУЛЬТУРЫ ЗАВОДА имени ВЛАДИМИРА ИЛЬИЧА
(Павловская ул., 6)
7 апреля в 19 час. 30 мин.

Ксения ГЕОРГИАДИ

Вокально-инструментальный ансамбль
«ВЕРНЫЕ ДРУЗЬЯ»

ГОСУДАРСТВЕННЫЙ ЦЕНТРАЛЬНЫЙ КОНЦЕРТНЫЙ ЗАЛ
6, 7 февраля

„НА РОССИЙСКИХ ПРОСТОРАХ"

Концерт мастеров искусств России

Режиссер — заслуженный деятель искусств РСФСР, заслуженный артист Белорусской ССР, профессор О. Моралев.

Начало концертов 6 февраля в 19 час. 30 мин., 7 февраля — в 14 час. и в 19 час. 30 мин.

9, 10 февраля в 19 час. 30 мин.
12 февраля в 20 час.

Поет
Радмила КАРАКЛАИЧ

в сопровождении вокально-инструментального ансамбля
„РАДУГА"
(Социалистическая Федеративная Республика Югославия)

КОНЦЕРТНЫЙ ЗАЛ „ЛУЧ"
(Варшавское шоссе, 71)

2, 3 апреля в 19 час. 30 мин.

„СОЛНЦЕ ДЛЯ ВСЕХ"

Поет заслуженная артистка РСФСР Ирина БРЖЕВСКАЯ

Конферансье — заслуженный артист Таджикской ССР Сергей АЛЕННИКОВ.

4 апреля в 19 час. 30 мин.

„РАЗМЫШЛЕНИЕ"
Вечер пантомимы

Исполнители: лауреаты конкурса пантомимы на X Всемирном фестивале молодежи и студентов в Берлине Аида ЧЕРНОВА и Юрий МЕДВЕДЕВ.

20.005

Куда мы сегодня пойдём?
Where shall we go today?

1.
— Энн, ты сегодня вечером занята?
— Нет, а что?
— Да у меня сегодня тоже свободный вечер. Пойдём куда-нибудь?
— А куда?
— Так, погуляем.
— Погуляем? Да сегодня, смотри, какой дождь.
— Вечером он может кончиться. А как насчёт кино?
— Знаешь, вчера в «России» была премьера нового фильма.
— Честно говоря, в кино мне не очень хочется.
— Ну и зря! Этот фильм снял Рязанов. Известный режиссёр.
— Раз ты так хочешь...

2.
— Виктор! Я достал на сегодня два билета на хоккей.
— А кто играет?

— Ты что, не знаешь? Чехи с канадцами.
— Я не очень люблю хоккей.
— Знаешь, такие матчи надо смотреть.
— Извини, я вспомнил, что у меня (ведь) на вечер назначена встреча. Так что никак не смогу составить тебе компанию.
— Жаль. Одному ходить на хоккей не так интересно.

20.006

Идём в кино!
Let's go to the cinema!

1.
— Алло, Том! Пойдём сегодня в кино?
— Пойдём, я свободен.
— Отлично. У меня билеты на семь тридцать в «Россию». Где мы встретимся?
— Можно в метро.
— Лучше у памятника Пушкину, там удобнее.
— Договорились: у памятника Пушкину в семь пятнадцать.
— Всё! До встречи!

— Подожди. Может быть, ты скажешь, на какой фильм мы идём?
— Да, извини. Фильм называется «Однажды вечером». Это тебе что-нибудь говорит?
— Признаться, ничего. Рискнём?

2.
— Мейбл, ты свободна завтра вечером?
— Свободна. Во всяком случае нет ничего срочного. А что?
— Виктор хочет купить билеты в кино. Взять для тебя?
— Смотря на что. А что идёт?
— «Степь». По Чехову.

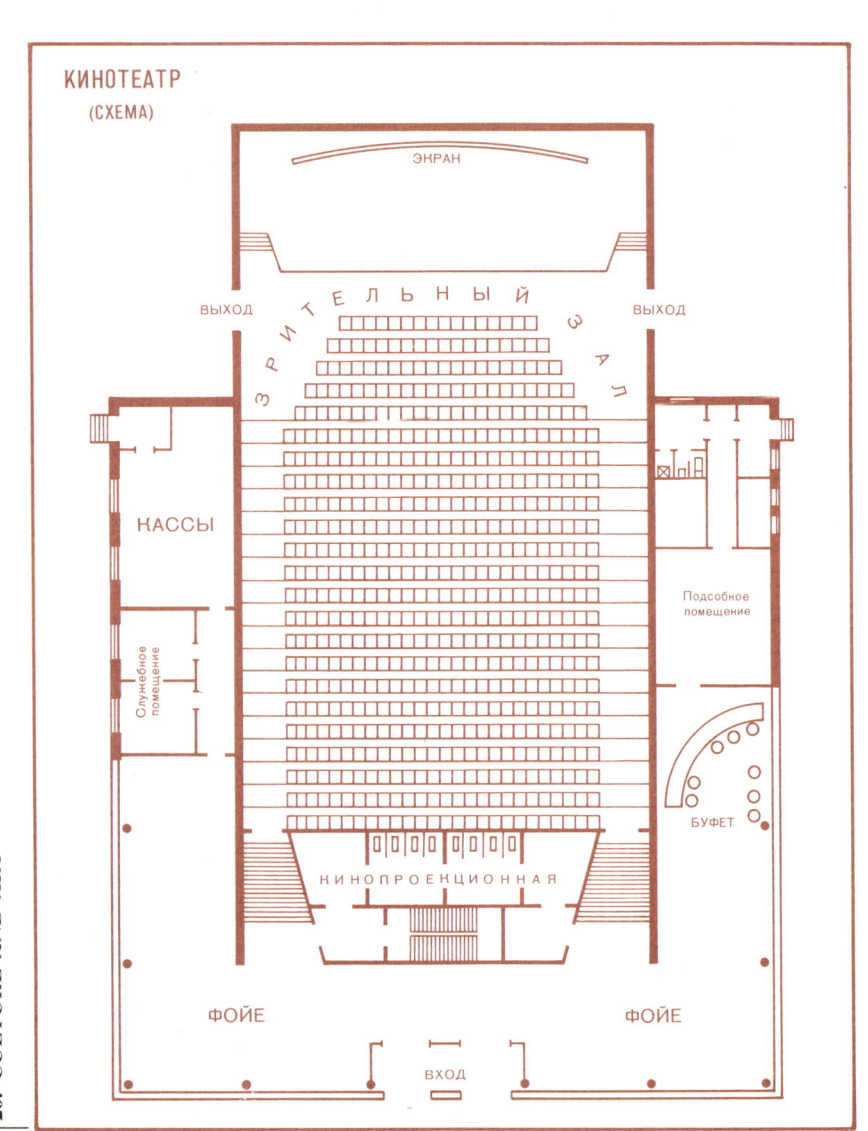

— Интересно. Повесть мне очень нравится. Любопытно, как её поставили.
— Тогда позвони Вите. Знаешь его новый телефон?
— Сейчас посмотрю. 237-01-18 (двести тридцать семь— ноль один—восемнадцать)?
— Правильно. Так позвони, мы будем ждать.

3.
— Таня, привет!
— Здравствуй, Коля! Где ты пропадал?
— Потом расскажу. Знаешь, в «Киеве» идёт «День как день».
— Знаю.
— Так ты уже смотрела?

```
         ЗАВТРА В КИНО
„НАШ ОСНОВНОЙ ЗАКОН" – Россия, Эра.
„ЗЕМЛЯ МОЯ – СУДЬБА МОЯ" – Керчь.
„ПРАГА – СТОЛИЦА ЧЕХОСЛОВАЦКОЙ
   СОЦИАЛИСТИЧЕСКОЙ РЕСПУБЛИКИ"
   – Ашхабад.
„КТО СЕЕТ ВЕТЕР" – Россия, Звездный,
   Метрополь, Стрела.

         ЗАВТРА В КИНО
„ЛЮБОВЬ МОЯ – ПЕЧАЛЬ МОЯ" – Ашхабад, Березка, Бородино, Витязь, Восток, Восход, Зарядье, Кишинев, Комсомолец, Красная Пресня, Метрополь, Молодежный, Нева, Новатор, Огонек, Планета, Призыв, Полярный, Рассвет, Сатурн, Слава, София, Спорт, Таллин, Темп, Ударник, Урал, Факел, Эльбрус.

         ЗАВТРА В КИНО
„ДА ЗДРАВСТВУЕТ МЕКСИКА!" – Горизонт, Зарядье, Призыв, Ударник.
„ВЕСЕННЯЯ ПУТЕВКА" – Восток, Первомайский, Электрон.
„МЯТЕЖНЫЙ ОРИОН" – Восход, Орел.
„ДОЖДИ ПО ВСЕЙ ТЕРРИТОРИИ"
   – Улан-Батор.
„СЕГОДНЯ ИЛИ НИКОГДА" – Зарядье.
„ВИКИНГИ" – Октябрь, Россия.
```

— Нет, в «Советском экране» была рецензия. Хвалили.
— И Сергей смотрел. Говорит: «Замечательно!» Ну как, пойдём?
— Сегодня не могу. Может быть, завтра?
— Ладно. Я возьму билеты на 18.30 (восемнадцать тридцать). Встречаемся, как всегда, на остановке твоего автобуса.
— Ты мне позвонишь ещё?
— Да, конечно. Как только куплю билеты.

20.007

Коллективная рецензия
Collective review

20.008

У меня есть билеты в Большой театр!
I've got tickets for the Bolshoi Theatre!

1.
— Дороти, хочешь пойти в Большой театр? У меня есть два билета на субботу.

— В Большой театр? Конечно. С удовольствием! А на что?
— На «Лебединое озеро». Ты знаешь этот спектакль?
— Я знаю музыку, а на спектакле не была.
— Это очень хороший балет. Значит, идём?
— Идём. Спасибо тебе, Витя!
— Рад, что ты довольна.

2.
— Алло, Лена? Привет. У меня для тебя приятная новость. Угадай, какая?
— Ты сдал экзамен?
— Точно. И достал билеты на «Спартак»!
— Миша, какой ты молодец! Спасибо тебе. Это с Максимовой и Васильевым?
— Гм... кажется. На пятницу. Где мы встретимся (встречаемся)?
— Я зайду за тобой в общежитие.

3.
— Энн, ты была в Большом театре?
— Нет, это моя мечта.
— Могу тебя обрадовать. У меня есть 2 билета.
— На балет или оперу?
— А тебе не всё равно? В Большом театре интересно и то и другое.
— Да, я знаю. Но балет лучше, в опере я не понимаю слов.
— А, вот в чём дело. Обрадую тебя ещё раз. Билеты на балет «Жизель».
— Да что ты?! Я очень люблю этот балет. Вот спасибо! Так когда мы идём?
— Сегодня вечером, вот, держи!
— А почему два? Ты что, не идёшь?
— Да, к сожалению, я никак не могу сегодня.
— Как жалко! Кого же позвать...

20. 009

Что вы знаете о театре?
What do you know about the theatre?

20. 010

У театральной кассы
At the theatre box-office

1.
— Скажите, пожалуйста, у вас есть билеты в Театр имени Вахтангова?
— Есть на пятницу.

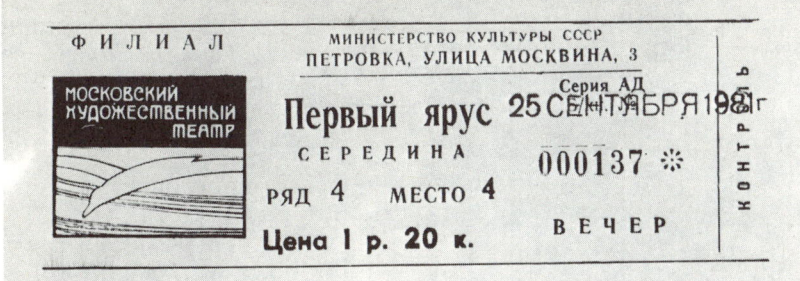

```
ФИЛИАЛ      МИНИСТЕРСТВО КУЛЬТУРЫ СССР
            ПЕТРОВКА, УЛИЦА МОСКВИНА, 3
МОСКОВСКИЙ                    Серия АД
ХУДОЖЕСТВЕННЫЙ  Первый ярус 25 СЕНТЯБРЯ 1981 г
ТЕАТР           СЕРЕДИНА
                               000137
                РЯД 4   МЕСТО 4
                Цена 1 р. 20 к.    В Е Ч Е Р
```

— А какие места?
— Есть хорошие места в амфитеатре, есть ложа.
— Пожалуйста, два билета в ложу!

2.
— Скажите, пожалуйста, когда идёт «Борис Годунов»?
— Семнадцатого, двадцать третьего и двадцать шестого.
— И билеты есть?
— Только на двадцать шестое.
— На двадцать шестое... Меня уже не будет в городе. Я приезжий.
— Постараюсь вам помочь. Позвоните семнадцатого за час до спектакля. Иногда возвращают билеты.
— Большое спасибо. Вы очень любезны.

3.
— Будьте добры, на пятницу есть билеты?
— Пятница... Это четвёртое число. В этот день у нас два спектакля. Что вас интересует?
— «Царь Фёдор Иоаннович». Смоктуновский будет играть?
— Будет. Сколько вам билетов?
— Пятнадцать. Мы идём всей группой.
— Сейчас посмотрю. Не знаю, найду ли я столько... Три билета в партер, два в ложу, остальные на балкон. Устраивает вас?
— А вместе никак нельзя?
— Ничем не могу вам помочь. Вам и так очень повезло.
— Хорошо. Я беру. Сколько с меня?

МОСКОВСКИЙ
ордена Трудового Красного Знамени
ТЕАТР им. М. Н. ЕРМОЛОВОЙ

20. 011

Перед началом спектакля
Before the start of the play

1.
— Ваши билеты?
— Минуточку... Вот, пожалуйста!
— Хотите программу?
— Да, будьте любезны!

. . . .
— Простите, вы не покажете наши места?
— Разрешите ваши билеты. Так, партер, 12 (двенадцатый) ряд, десятое и одиннадцатое место. Идите за мной, я вам покажу... Вот ваш ряд.

2.
— Приготовьте билеты.
— Вот, пожалуйста.
— Хотите программку?
— Да, пожалуй, можно взять. А бинокль?
— Бинокль в гардеробе.

. . . .
— Простите, я никак не найду своё место.
— Дайте ваш билет. Так, понятно. Вам нужна правая сторона амфитеатра, а это — левая.
— Действительно, как это я так?!
— Пройдите вот здесь, вам надо успеть, а то свет погаснет.

3.
— Ваши билеты?
— Вот, пожалуйста.
— Программа не нужна?
— Конечно, нужна, сколько стоит?
— 10 копеек.
— Пожалуйста. Спасибо.

20. 012

Вы ошиблись местом!
You're in the wrong seats!

1.
— Простите, но это моё место!
— Как ваше? Вот мой билет.
— Посмотрите, у вас партер. А это амфитеатр.
— Ах, извините, я ошибся!

2.
— Простите, пожалуйста, какое это место?

— Двадцать третье... Посмотрите, вот мой билет.
— Разрешите? Да, двадцать третье место, седьмой ряд. А это же восьмой!
— Ах, восьмой... Извините, пожалуйста!

3.
— Простите, вы не ошиблись? У меня тоже билет на это место.
— Семнадцатый ряд, место семь. Действительно странно.
— Что же мне делать?
— Давайте обратимся к билетёру.

20. 013

В антракте
In the interval

1.
— Тебе нравится?
— Да, особенно постановка.
— А актёры не нравятся?
— Замечательно играют.
— Согласен. Не хочешь выпить лимонада?
— С удовольствием.
— Тогда пойдём в буфет.

2.
— Ну как, тебе нравится?
— И да, и нет. Актёры нравятся, особенно Савина в роли младшей сестры.
— А что не нравится?
— Как режиссёр понимает Чехова.
— Вот как?
— Ну да. Режиссёр делает героев слишком современными. А это ведь люди конца прошлого века.
— Пожалуй, ты прав(а).

3.
— Ну, как тебе нравится?
— Нет, я даже расстроилась.
— Почему?
— Вещь хорошая, но актёры...
— Что актёры?
— Актёры играют неважно.
— Ты не права, есть удачно сыгранные роли, потом надо сделать скидку...
— Кому, интересно, на что?
— Всё-таки это студенческий театр, они ведь ещё учатся быть актёрами.

20. 014

Музеи нашего города
The museums of our town

1.
— Сегодня мы идём в краеведческий музей!
— Почему так категорично?
— Быть в нашем городе и не

сходить в краеведческий музей — просто стыдно!
— Вот как? А что там интересного?
— Для меня — изделия народных промыслов. Очень много хороших работ по дереву, посуда, вышивки. Об этом трудно рассказывать, надо увидеть.
— Ладно, уговорил(а)! Согласен.

2.
— Что ты делаешь вечером? У меня есть билеты на выставку.
— На выставку акварели?
— Да, в Академии художеств. А как ты догадалась?
— Сейчас весь город говорит о ней. Там и правда есть прекрасные картины.
— Ты что, уже была там?
— Была. Но с удовольствием пойду с тобой ещё раз.

3.
— И это всё?
— Как видишь. Ты разочарован(а)?
— Признаться, я ожидал(а) совсем другого.

— Я так и думал(а), что тебе не понравится.
— Вот так выставка!
— Не преувеличивай! Не так уж плохо, по-моему.

20. 015
Что ты там видел?
What did you see there?

20. 016
Что включить в экскурсию?
What shall we include in the excursion?

20. 017
Экскурсия по музею
Excursion to a museum

20. 018
За и против экранизации литературных произведений
For and against the screening of the literary works

20. 019
Художественный салон 198... года
The art room for 198...

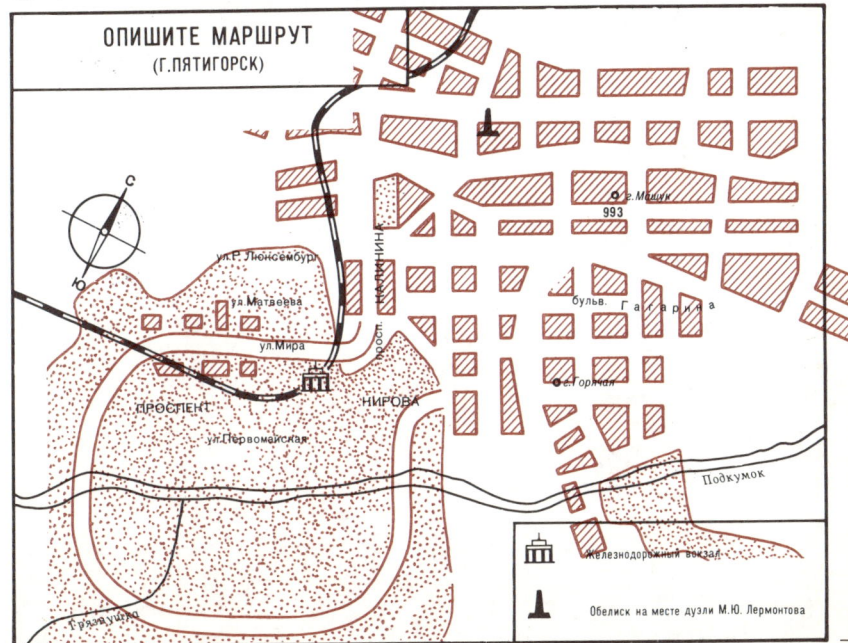

ОПИШИТЕ МАРШРУТ
(Г. ПЯТИГОРСК)

20. 020

Кинофестиваль
Film festival

20. 021

Внимание, съёмка!
Attention, action!

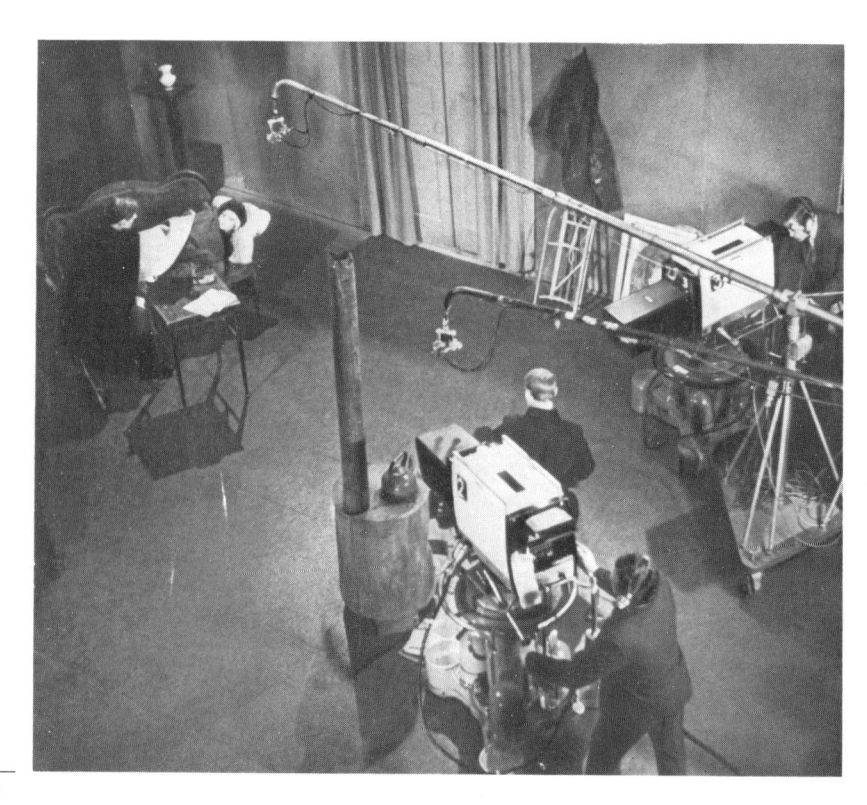

20. 022
Что спросить у знаменитости?
What should we ask a famous person?

20. 023
Интервью
Interview

1.
— Над чем вы сейчас работаете?
— Сейчас я работаю над ролью Потапова в спектакле «Премия».
— Чем вас привлекает эта роль?
— Потапов — сложная и интересная личность. По-моему, он очень близок нашему зрителю.
— А какая ваша самая любимая роль?
— Обычно говорят: самая любимая роль та, над которой актёр работает.
— И ещё вопрос. Что вы пожелаете читателям нашего журнала?
— Побольше верить актёру.

2.
— Анатолий Михайлович, наши телезрители рады увидеть вас в сегодняшней «Кинопанораме». Расскажите, над чем вы сейчас работаете.
— Я закончил съёмку 2-серийного художественного фильма «Воспоминания».
— О чём этот фильм? Расскажите вкратце.
— Этот фильм о судьбе женщины, любящей, преданной, о её жизненном пути.
— А почему так называется ваш фильм?
— Мне хотелось бы, чтобы на этот вопрос ответил сам зритель.
— После просмотра фильма?
— Разумеется.
— Может быть, мы покажем нашим телезрителям несколько эпизодов из фильма?
— Конечно. Я специально подготовил несколько сцен.

3.
— Поздравляю вас, ваша выставка имеет грандиозный успех!
— Ну что вы, это слишком громко сказано.
— Нет, правда. Будьте добры, Сергей, ответьте на несколько вопросов.
— Пожалуйста, я вас слушаю.
— Скажите: как вы, молодой, я бы сказал, юный, сумели добиться такого успеха?
— Не знаю, на это трудно ответить... Просто, я всегда много работал.
— Но ведь вы талант? А талант это то, что заложено в человеке.
— Не совсем так. Главное всё-таки трудолюбие. Можно быть талантливым и ничего не добиться и можно...
— Не обладая особенным талантом добиться многого?
— Да, именно это я и хотел сказать.

20. 024
Кто лучше знает русскую классику?
Who knows Russian classics best?

20. 025
Традиции и новаторство в искусстве
Traditions and innovations in art

СТРАНОВЕДЧЕСКИЙ КОММЕНТАРИЙ

Изучая иностранные языки, мы ставим перед собой две задачи: получать через прямые контакты или опосредованно информацию о стране изучаемого языка и передавать аналогичную информацию о своей стране. Следовательно, содержанием коммуникации является страноведение в широком смысле: мы сообщаем о действительности или истории своей страны и хотим узнать сходные факты о стране изучаемого языка.

«Игровые задания» имитируют ситуации и задачи реального общения, поэтому их содержанием является страноведение в коммуникативном аспекте — о чём, с кем и как принято говорить в той или иной ситуации общения. Всем, кто будет заниматься по этому пособию, было бы полезно прочитать такие книги: *Верещагин Е. М., Костомаров В. Г.* Язык и культура. 3-е изд. М., 1983; *Чернявская Т. Н., Руденко В. Б.* Советская культура. М., 1982; *Зинченко Н. И.* Спорт в СССР. М., 1982; *Милославская С. К.* Для блага человека. М., 1980; *Зиновьева М. Д.* и др. Москва. М., 1980; *Акишина А. А., Формановская Н. И.* Русский речевой этикет. М., 1978. Полезные для себя сведения вы найдёте в ежегодниках «Народное хозяйство СССР», «СССР в цифрах» и справочных изданиях.

Наш комментарий ставит перед собой цель сообщить самые общие сведения о традициях вербального и невербального поведения в Советском Союзе для того, чтобы игры приобрели достоверность. Мы постарались представить наши комментарии в виде связного текста по темам.

Как вы, может быть, знаете, в Советском Союзе проходит радикальная социально-экономическая реформа, поэтому страноведческие сведения в нашем комментарии могут оказаться ко времени издания книги несколько устаревшими. Заинтересованного читателя просим обратиться к основным законодательным актам 1986—1988 гг., опубликованным в центральной печати СССР.

Вводная тема 01. Стереотипы и тактики общения

По диалогам-образцам вводной темы вы могли убедиться, что наиболее распространёнными в устном общении являются формулы привлечения внимания, обращения, приветствия и прощания, этикетные фразы в начале и в конце беседы, поздравления и пожелания, вопросы, переспросы, уточнения, информирование, выражения удивления и недоумения, просьбы, советы, распоряжения и реакции на них, разрешение и запрещение, согласие и возражение, мнения, оценки, суждения, похвала и порицание, уверенность и сомнение и некоторые другие.

В комментарии к теме 01 мы постараемся объяснить выбор той или иной формулы через ситуации общения и роли участников коммуникативных актов.

Наиболее простой и универсальной является формула привлечения внимания *Простите!* После неё может следовать любой вопрос: *Простите, как мне попасть в... (связаться с...) где можно купить?...* и т. д. Формула *Прошу прощения* звучит несколько старомодно и претенциозно. К ней обращаются, когда нужно подчеркнуть настоятельность своей просьбы, выделить себя из ряда других лиц. *Будьте любезны* обычно употребляют в сфере обслуживания, например чтобы привлечь внимание официанта, служащего в гостинице, продавца в магазине. *Одну минуту!/ Минуточку!* говорят, обращаясь к равному в любой сфере общения — на работе или в кругу друзей. Но было бы неуместно остановить таким возгласом директора предприятия или ректора института, если вы сами не равны им по своему служебному рангу. Внимание водителя такси обычно привлекают жестом: правая рука вытянута на уровне плеча и как бы преграждает дорогу машине.

Обращение *Девушка!* характерно для разговорно-обиходной сферы общения в транспорте, на улице, в общественных местах. Оно уместно по отношению к любой молодой женщине и не имеет прямого отношения к её семейному положению. В Москве вы можете услышать: *Вон идёт девушка с ребёнком. Она из того дома, который вам нужен. Спросите у неё.*

Обращение *Молодой человек!* можно употреблять в тех же ситуациях, но при условии, что вы значительно старше юноши или мужчины, к которому обращаетесь, иначе *молодой человек* может быть понято как насмешка. Как видите, вполне зрелым женщинам приятно обращение *девушка*, а молодым людям хочется выглядеть солиднее!

В профессиональном общении для средней и старшей возрастных групп наиболее характерно обращение по имени и отчеству и на «вы», если собеседники связаны только официальными отношениями. Молодые люди даже в служебной обстановке обычно называют друг друга по имени и на «ты».

Формулы *Здравствуйте!* и *До свидания!* универсальны для всех сфер общения при приветствии и прощании. Они нейтральны. При употреблении приветствия *Добрый день!, Доброе утро!, Добрый вечер!* следует учитывать, что эти формулы сохраняют и элемент пожелания: *Желаю вам доброго дня/хорошего/успешного дня!* Поэтому иногда можно услышать одновременно: *Здравствуйте! Добрый день!* Формула *Добрый день!* предполагает наличие между людьми взаимной симпатии, неформальных, дружеских отношений. Со стороны старшего во возрасту и должности она может восприниматься как знак внимания, расположения, уважения, а со стороны младшего по служебному положению по отношению к своему руководителю предпочтительнее нейтральное *Здравствуйте!*

Широко распространены формулы прощания *До свидания!*, а также *Всего хорошего/доброго!* Формула *Прощайте!* имеет не очень широкое распространение и употребляется, когда люди знают или предполагают, что расстаются надолго или навсегда. Как стилистическое средство употребляется иногда для выражения недовольства результатами встречи.

В русском речевом этикете не принято сразу после привлечения внимания переходить к деловой части беседы за исключением очень официальных случаев (совещание, переговоры, консультации, экзамен и т. д.). Обычно между приветствием и содержательной частью диалога располагается краткий обмен этикетными репликами типа а) выражение радости: *Рад(а) тебя / вас видеть! Давно не виделись! Давно / сто лет тебя / вас не видал(а)!*, б) проявление внимания: *Как поживаешь / поживаете? Как дела? Всё в порядке?*, в) несложный комплимент (даме): *Ты / Вы отлично выглядишь / выглядите! У тебя / вас прекрасный вид!*

В официальном общении в качестве формул перехода используются а) неявные извинения: *Вы не очень заняты? У вас не найдётся нескольких минут? Я не задержу вас долго!*, б) информирование о «жанре» предстоящей беседы: *У меня к вам / тебе (один) вопрос / (одно) дело / поручение / просьба / предложение. Я хотел бы проинформировать вас / узнать ваше мнение по такому вопросу... Мне нужно посоветоваться с вами.*

После завершения основной части беседы принято перед формулой прощания вставлять этикетную фразу: *Спасибо за беседу. Вы мне очень помогли. Спасибо за совет / информацию / консультацию. Не хочу / Не буду задерживать вас больше / дольше.*

Наиболее общая и простая формула самопредставления в официальных ситуациях строится по модели: фамилия (**ф**) + имя (**и**) + отчество (**о**): *Иванов, Николай Иванович; Орлова, Нина Степановна.* Для молодых людей, например старшеклассников и студентов, используется модель **ф** + **и**: *Иванов, Николай; Орлова, Нина.*

В неофициальном, например семейном или дружеском, обиходе принято называть себя только по имени: *Николай, Нина*, для пожилых людей — по имени и отчеству: *Николай Иванович, Нина Степановна*.

На вопрос *Как вас зовут?* возможны два ответа: а) в официальных ситуациях — **ф + и + о**, б) в неофициальных ситуациях (в студенческом общежитии, в кругу друзей, коллег) — **ф + и** или только имя. В семье детей называют полным (*Николай, Ольга*), сокращённым (*Коля, Оля*) или ласкательным именем (*Коленька, Оленька*). Дети называют родителей *папа, мама* и на «ты».

В ситуациях представления (интервью, пресс-конференция, конференция, конгресс) к формуле **ф + и + о** добавляют краткую информацию — учёное звание, должность, место работы, название страны и т. п. Например: *Профессор Иванов, Николай Петрович, заведующий лабораторией технической эстетики из Киева*.

Наиболее широкий класс ситуаций общения представляет обмен информацией. В ситуациях обучения, дискуссий, научного обсуждения и т. п. запросу информации предшествуют формулы: *У меня есть вопрос! Можно / Разрешите спросить / задать вопрос!*

В повседневном и неофициальном общении запрос информации не предваряется специальной формулой, но открывается специальными словами, которые сигнализируют о том, что за ними последует вопрос: *Послушай(те), Скажи(те), Вы не скажете?..*, или союзами **а, и**: *А когда ты позвонишь? И что же ты мне посоветуешь?* Для уточняющих / удостоверяющих вопросов в повседневном общении используются слова **значит, выходит, так**: *Значит, мы встречаемся завтра? Выходит, ты ничего не знал? Так это он(а) звонил(а) мне вчера вечером*.

В ситуациях организованной дискуссии (собрание, совещание, конгресс) для уточняющих вопросов и переспросов используются формулы: *Следовательно, ... Таким образом, ... Правильно ли я понял?.. Верно ли, что?.. Докладчик говорит / утверждает, что...* Например: *Правильно ли я понял, что контрольный эксперимент не проводился? Таким образом, контрольный эксперимент не проводился*.

При ответах на уточняющие вопросы также употребляются определённые штампы: *Повторяю/ Уточняю/ Нужно / Необходимо сделать уточнение... Как было сказано / Как сообщалось в докладе, ...*.

В повседневных или неофициальных ситуациях (разговор на перемене, за обедом или за ужином, в купе поезда и т. д.) новая информация часто вводится через указание на неопределённый источник: *Говорят, что... Вы уже слышали / знаете, что?.. Слышали / Знаете новость? По радио / по телевизору передавали, что...* . Например: *Говорят, что лето будет холодное. По радио передавали, что лето будет холодное*.

В официальных сообщениях новая информация вводится через отсылку к источнику: *По сведениям / По данным ЮНЕСКО, ... Как сообщает ТАСС, ... По сведениям, поступившим из ... и т. д.*

Обмен информацией составляет самый широкий класс ситуаций общения, но не исчерпывает содержания коммуникации. Коммуникацией называется достижение целей взаимопонимания и взаимодействия вербальными средствами. А для достижения взаимопонимания и взаимодействия простого обмена сведениями явно недостаточно.

Второй обширный класс ситуаций общения связан с выражением различного рода побуждений к действиям с разной степенью категоричности и разным направлением побуждения: просьба и требование, совет и рекомендация, распоряжение и приказ, приглашение к совместным действиям. Стандартная формула для выражения просьбы строится по модели: **Пожалуйста / Будьте добры / Будьте любезны + глагол в повелительном наклонении и управляемые этим глаголом слова**. Например: *Пожалуйста / Будьте добры / Будьте любезны, закройте окно, здесь дует*. Более деликатная формулировка просьбы строится по модели: **Вы/ты не + глагол 2 лица будущего времени совершенного вида**. Например: *Вы не закроете окно? Ты не принесёшь мне словарь?*

Нередко просьба вуалируется как совет: *Вы бы закрыли окно, здесь дует. Ты бы принёс мне словарь, надо проверить одно слово*.

Стандартная формула совета строится по модели: **Вам / Тебе следует / стоит /не мешает / полезно / нужно + инфинитивная группа**. Например: *Вам / Тебе следует / полезно / нужно заниматься спортом / больше двигаться*. При этом *следует* звучит как предписание, *стоит, не мешает* — как совет, выполнение которого желательно, но не обязательно. Врач, например, предпочтёт формулу *Вам следует заняться спортом*, а ваш знакомый выскажется менее категорично: *Тебе не мешает / стóит заняться спортом*.

Ещё более деликатно звучит формулировка *Вам / Тебе надо бы / хорошо бы заняться спортом* (т. е. **Вам / Тебе надо бы / хорошо бы + инфинитивная группа**). Довольно распространена формула косвенного совета: *А вы не пробовали / не пытались заняться спортом / больше двигаться / чаще бывать на свежем воздухе?* В этом варианте говорящий как бы снимает с себя ответственность за совет, просто констатирует, что в данной ситуации возможно и такое решение.

Наряду с просьбой и советом в коммуникации используются побуждения, обладающие предписательной силой и обязательные для исполнения — указание, предписание, инструкция, приказ. Для их выражения используются те же грамматические средства: а) повелительное наклонение: *Пойдите в деканат и спросите, когда / где / кто...*, б) инфинитивные конструкции: *Стоять смирно!* (команда); *Взять вольтметр, подключить его к сети в указанном месте и измерить напряжение* (инструкция).

В русской традиции общения принято формулировать распоряжение в форме просьбы. Если, например, начальник говорит своему подчинённому *Вы не зайдёте ко мне в кабинет завтра в 12.10?*, то это, конечно, распоряжение, тактично представленное как просьба. Аналогично, фраза *Я вас попрошу выяснить / узнать...*, в устах руководителя и обращённая к его сотруднику, является просьбой только по форме.

Ситуации разрешения и запрета описываются антонимистическими рядами: *Можно / разрешается / разрешено / не запрещается / Нельзя / запрещается / запрещено / не разрешается*. В надписях и табличках используются и такие формулировки: *Здесь не курят, Просьба не курить, Просим не курить*.

Часто разрешение и запрет не регламентированы, а зависят от простого согласия собеседника. В этих случаях спрашивают: *Вы не против, если я закурю / открою окно, включу радио / сяду на это место и т. д.* (т. е. **Вы не возражаете / не против, если я + глагол совершенного вида в будущем времени**). В ответ вы можете услышать разрешение в форме согласия: *Я не возражаю / не против / пожалуйста / как хотите / как вам угодно* или несогласия: *Не надо / не стоит / Лучше не надо*. Реже вы можете столкнуться с категорическим возражением: *Я возражаю / Я против / Ни в коем случае / Нельзя!* В этих случаях предпочтительнее мягкая форма возражения и с мотивировкой: *Лучше не надо открывать окно, я немного простужен(а) / боюсь простудиться. Давайте не будем включать радио, у меня ужасно болит голова*.

Ситуации, требующие согласования действий нескольких участников, предполагают формальную процедуру голосования или неформальный опрос точек зрения.

Неофициальные ситуации этого класса решаются с помощью выбора позиций в антонимистических рядах: *согласен / не возражаю / не против / я «за» — не согласен / возражаю / я против*.

Обычно выбор решения сопровождается оценкой предложения. Например: *Это интересная идея / разумное предложение / реальный план, я «за». Это сомнительная идея / непродуманное предложение / нереально / нецелесообразно, я возражаю / я против*.

Если согласие или возражение продиктовано обстоятельствами, говорят: *Я вынужден согласиться / Приходится согласиться. К сожалению, я вынужден отказаться / не могу согласиться / не имею возможности принять участие в...*

Если вы ещё не успели или не сумели сформулировать свою точку зрения, уместно сказать: *Мне бы хотелось ещё подумать / взвесить «за» и «против». Не будем спешить с решением, время ещё терпит. Отложим этот вопрос до среды / на некоторое время / пока не выясним все обстоятельства / пока не получим всю необходимую информацию*.

Коммуникация обычно сопровождается оценкой информации, событий, поступков, действий. Наши мнения и оценки строятся по трём направлениям: а) по логической оси: *истинно / правильно / верно / точно — сомнительно / ложно / ошибочно / некорректно*, б) по прагматической оси: *разумно / реально / выполнимо / целесообразно / уместно / своевременно — неразумно / бессмысленно / зря / излишне / неэффективно / без толку / нереально / невыполнимо*, в) по этической оси: *справед-*

ливо / честно / благородно / этично — несправедливо / нечестно / подло / неэтично.

Однако в жизни нам приходится формулировать мнения и давать оценки по нескольким осям одновременно. Это и порождает такие высказывания: *Ваше доказательство математически безупречно, но практически неэффективно; Наше решение разумно и своевременно, но оно несправедливо по отношению к Н.: ведь именно он провёл всю подготовительную работу; Она поступила справедливо, даже благородно, но в практическом отношении неэффективно; Её предложение нереально и несвоевременно.*

Неожиданное для собеседника сообщение вызывает спонтанную реакцию удивления: *Неужели? Не может быть! Что ты говоришь / вы говорите?* Эта реакция может сопровождаться эмоционально окрашенной оценкой: *Замечательно! Отлично! Ну и ну! Безобразие! Возмутительно!*

Ответные реплики *Вот как? Странно. Гм... Ты не шутишь? Кроме шуток?* содержат наряду с удивлением известный элемент сомнения в достоверности услышанного, а реплики *Вот так так! Ну и дела! Вот тебе и на!* свидетельствуют обычно о неудовольствии, разочаровании, неодобрении. Фразы *Меня удивляет / Странно, что...* часто содержат скрытый упрёк: *Меня удивляет, что ты даже не поставил нас в известность; Странно, что ты даже не сообщил нам об этом.*

Итак, мы познакомили вас с некоторыми формулами общения, которые пригодятся вам при работе с заданиями основных тем пособия.

Комментарии к темам 02—20 имеют другой характер. В них содержатся некоторые данные о советской действительности, полезные для выполнения игровых заданий.

Для того чтобы занятия проходили живо и интересно, вам нужно иметь «фоновые» знания, известные каждому советскому человеку. Например, чтобы играть этюды по теме «Городской транспорт», нужно знать основные виды городского транспорта в советских городах, способы оплаты проезда и владеть известным этикетом общения. Представьте себе, что вы находитесь в автобусе. В автобусе — компостер. Нужно оплатить проезд, а у вас не оказалось талонов. Как вы поступите в этом случае? Можно попросить у пассажиров продать талон, обратиться к водителю автобуса и купить у него «книжечку». В «книжечке» десять талонов на один проезд каждый. «Книжечка» стоит 50 коп.

Конечно, вы уже не первый день в нашей стране. Советы друзей, наблюдения и опыт подскажут вам, как поступить.

В этом разделе мы попытаемся сообщить вам основные, полезные, на наш взгляд, сведения. Возможно, они уже известны вам; возможно, у вас возникнут совсем другие вопросы. Но все вопросы предусмотреть невозможно, как невозможно предвидеть все жизненные ситуации. В затруднительных случаях вам на помощь придёт преподаватель и справочные страноведческие издания.

Тема 02. Знакомство, представление

Знакомясь, люди сообщают друг другу своё имя и фамилию, а русские люди — имя, отчество и фамилию.

Имя даётся человеку при рождении его родителями: *Иван, Пётр, Сергей* (м.р.), *Анна, Мария, Наталья* (ж. р.).

Отчество в русском языке образуется от имени отца. Например, если сына зовут *Иван*, а отца — *Пётр (Сергей)*, то сына будут звать *Иван Петрович (Сергеевич)*. Если дочь зовут *Анна*, а её имя и отчество — *Анна Петровна* (если отца зовут *Пётр*) или *Анна Сергеевна* (если отца зовут *Сергей*).

Фамилия обычно бывает общей для всех членов одной семьи и как бы передаётся по мужской линии, так как дочь носит фамилию отца до замужества, а после замужества может взять фамилию мужа или оставить свою (т. н. девичью) фамилию. Если у мужа и жены разные фамилии, при рождении ребёнка ему даётся фамилия матери или отца в зависимости от желания родителей.

Знакомства и представления людей происходят в самой разной обстановке. В официальной обстановке посредник называет полные имена, отчества, фамилии знакомящихся, в неофициальной — пожилых людей называют по имени и отчеству, молодых — только по имени. Например: *Познакомьтесь, пожалуйста. Сергеев, Николай Михайлович / Николай.* При деловом представлении посредник часто называет должности и звания знакомящихся. Например: *Познакомьтесь, пожа-*

луйста! Сергеев Николай Михайлович, профессор МГУ — Григорьев Пётр Иванович, сотрудник нашей лаборатории.

Так же происходит и самопредставление — знакомство без посредника — в официальной обстановке. Инициатива обычно исходит от более заинтересованного лица. Первой фразой в этом случае будет *Разрешите* / *Позвольте вам представиться* / *Позвольте с вами познакомиться.* *Я* / *меня зовут* + **фамилия и имя** (для молодого человека), **фамилия, имя и отчество** (для человека среднего или пожилого возраста), краткие сведения о себе или цели визита: *Я член делегации венгерских врачей и хотел бы узнать...*

Но мы встречаемся и знакомимся не только в официальной обстановке. Например, вы пришли в гости к своему другу или коллеге по работе, который знакомит вас со своей семьёй. Отца, мать, дедушку, бабушку, т. е. людей, старших по возрасту, он, конечно, назовёт по имени и отчеству: *Познакомьтесь: Петер Хорн, мой коллега из ГДР. Мария Николаевна, моя мама. Иван Сергеевич, мой отец. Миша — мой брат.*

Когда представляются или знакомятся молодые люди, их часто называют сокращёнными именами: *Миша* — вместо *Михаил, Наташа* — вместо *Наталья* и т. д. А самую младшую в семье, семилетнюю племянницу, ваш друг назовёт так, как принято называть детей в русских семьях — ласкательным именем: *А это наша Катенька.* (Сравните: *Екатерина — Катя — Катенька; Николай — Коля — Коленька*.)

Если ваш друг уже рассказывал вам о своей семье, то он не будет сообщать при знакомстве, что его отец работает на заводе, мама — врач, брат учится в автодорожном институте, сестра — в школе, а племянница ходит в детский сад. Но если вы ничего не знали раньше об этих людях, он может сообщить вам и эти сведения, чтобы ориентировать вас для последующей беседы. В дальнейшей беседе называйте своих новых знакомых так, как вам их представили. Постарайтесь запомнить имена и отчества: переспрашивать не всегда удобно.

Вариантом самопредставления может быть обмен визитными карточками, но обычно ими пользуются лица, вступающие в контакты с иностранцами, — дипломаты, журналисты, участники конгрессов. Внутри страны визитные карточки не имеют широкого распространения (образец визитной карточки см. в игре 02.008).

Бывают, конечно, в жизни и случайные знакомства, например в транспорте, у кассы кинотеатра, во время экскурсии, в купе поезда и т. д. Общих правил таких самопредставлений в русском языке нет. Здесь всё зависит от обстоятельств. Если в метро девушка читает книгу, ей может показаться неуместным ваше желание познакомиться. Если первые попытки не принесли успеха, лучше не настаивать. Но любую просьбу (как проехать в нужное вам место, где находится какой-либо магазин, библиотека, учреждение и т. п.) смело обращайте к любому человеку. Он постарается вам помочь, если сможет.

Тема 03. Учёба, занятия

Конституция СССР гарантирует всем гражданам страны право на образование. Это право обеспечивается бесплатностью всех видов образования, обязательностью всеобщего среднего образования, широким развитием профессионально-технического, среднего и высшего специального образования, системой заочного и вечернего образования, предоставлением государственных стипендий, бесплатной выдачей школьных учебников, возможностью обучаться в школе на своём родном языке.

Многие дети в нашей стране до школы ходят в детский сад — учреждение для общественного воспитания детей в возрасте от 3 до 7 или 6 лет. Дети до трёх лет, также по желанию родителей, могут воспитываться в детских яслях.

Детские сады бывают районные и ведомственные. В районные сады принимают детей по месту жительства. Ведомственные сады организуются при предприятиях, учреждениях, колхозах, совхозах, где работают родители. Имеются и кооперативные детские сады.

Ребёнок находится в саду с утра до прихода родителей с работы. Имеются и пятидневные группы (их называют «пятидневкой»). Если родители по роду своей работы не могут забирать ребёнка домой ежедневно, они отдают его в такие группы, где ребёнок находится с понедельника до пятницы. В летние месяцы, как правило, детские сады выезжают за город.

Родители платят за содержание ребёнка в детском саду в зависимости от семейного бюджета. Основные расходы берут на себя районные Советы народных депутатов или предприятия и учреждения, которым принадлежат детские сады.

Воспитательная цель детских садов — подготовка к школе, в которую дети поступают с 7 (6) лет. Старшая группа детей — подготовительная — приходит в школу с элементарными навыками счёта и чтения.

Учебный год в советских школах начинается с 1 сентября, оканчивается в первых — седьмых классах в конце мая, в восьмых — десятых классах — в июне. Учебный год делится на 4 учебных четверти, а в старших классах — на полугодия. Между четвертями бывают каникулы: в начале ноября — 7 дней, сразу после Нового года — 10 дней, в конце марта — 7 дней и летние каникулы — с момента окончания занятий до 1 сентября.

Основная форма обучения в школе — урок. Продолжительность урока — 45 минут. Занятия проходят каждый день, кроме воскресенья. В школах есть кабинеты, где проходят уроки физики, химии и т. д., специально оборудованные мастерские для уроков труда, спортивные площадки и залы для уроков физкультуры и занятий спортом, библиотеки, актовые залы для проведения торжественных мероприятий, учительские комнаты, столовые, буфеты.

Всё большую популярность приобретают так называемые группы продлённого дня, которые организуются для учащихся младших классов. Дети в таких группах после окончания занятий остаются в школе, обедают, отдыхают на воздухе или в специально оборудованных комнатах, под руководством опытных учителей выполняют домашние задания и т. д. Родителям учащихся младших классов, ещё не привыкших к самостоятельности, не надо беспокоиться о том, как их дети проводят свободное время после школы. Школа заботится об их полноценном питании, организации внеклассной работы и досуга. Из групп продлённого дня дети возвращаются домой к моменту прихода родителей с работы.

Знания учащихся оцениваются по пятибалльной системе. Высшая оценка — 5 (пятёрка, отлично). Оценки ставятся в классный журнал и дневник учащегося. В конце учебного года по итогам четвертных оценок выводятся годовые оценки. В восьмом и десятом классах учащиеся сдают выпускные экзамены. После восьмого класса ученики получают свидетельство об окончании общеобразовательной восьмилетней школы. Они могут продолжить образование в школе или в техникуме, или профессионально-техническом училище, где они завершат среднее образование и приобретут профессию высококвалифицированного техника или рабочего. Окончившие десять классов получают аттестат зрелости — свидетельство о среднем образовании — и могут поступать в высшие учебные заведения.

Перед поступлением в институт или другое учебное заведение абитуриенты — так называют поступающих — сдают документы в приёмную комиссию вуза. Члены приёмной комиссии распределяют абитуриентов по группам, составляют для групп расписание вступительных экзаменов. Экзамены принимают члены экзаменационной комиссии. После окончания вступительных экзаменов приёмная комиссия определяет проходной балл — минимальную сумму оценок, необходимую для того, чтобы пройти по конкурсу.

Высшие учебные заведения (вузы) — университеты, институты, заводы-втузы (втуз — высшее техническое учебное заведение), академии, консерватории, высшие училища и школы-студии — дают высшее образование. На получение высшего образования в нашей стране имеют равные права все окончившие среднюю школу, техникум или профессионально-техническое училище. В вузы могут поступать все граждане, имеющие законченное среднее образование. Срок обучения в вузах — от 4 до 6 лет (в большинстве вузов — 5). Учебный год делится на 2 семестра, и, как правило, каждый семестр заканчивается экзаменационной сессией — весенней или зимней. После сессии начинаются каникулы.

Учебные дисциплины делятся на общенаучные — их изучают, как правило, на младших курсах, и специальные. По желанию каждый студент может посещать факультативные занятия, слушать спецкурсы по интересующим его предметам, посещать спецсеминары.

В СССР существует дневная (очная), вечерняя и заочная формы обучения. Учащиеся вечерних и заочных отделений институтов получают высшее образование без отрыва от производства, т. е. продолжая работать. Государство предоставляет им льготы: дополнительные оплачиваемые отпуска на период экзаменационных сессий, возможность работать сокращённую неделю, т. е. иметь один оплачиваемый свободный учебный день в неделю. Учащиеся дневных отделений вузов получают денежные пособия — стипендии — от 40 до 70 рублей в месяц.

Все студенты бесплатно пользуются библиотеками института, получают там всю необходимую учебную литературу. Иногородним студентам дневных отделений предоставляется общежитие. Плата за общежитие — минимальная — около 3 рублей в месяц.

В самостоятельной работе студентов всё более широкое распространение получают автоматизированные обучающие системы (АОС). Одна из серьёзных задач в подготовке будущих специалистов — научить их самостоятельно работать со специальной литературой. Поэтому преподаватели, излагая лекционный курс, выделяют ряд вопросов, которые студенты должны изучить сами.

Для руководства этими занятиями составляются специальные консультационные программы, вводимые в ЭВМ. Каждая программа — это система обучающих воздействий, основывающаяся на тех заданиях и вопросах, которые преподаватель ставил перед студентами на лекциях. Программа имитирует диалог преподавателя со студентом. Ему задаются вопросы, подвопросы, указывается направление поиска решений. В программу закладываются эталоны решений задач и ориентирующие пояснения. Выполнив то или иное задание, студент может провести самоконтроль. Для обеспечения диалоговой связи между обучаемым и машиной разработаны специальные методические пособия.

Студенты привлекаются к управлению вузами — представители студенческих организаций входят в состав совета вуза (факультета), являются членами комиссии, которая распределяет стипендии.

Выпускникам вузов — молодым специалистам — гарантировано предоставление работы по специальности.

Наиболее способных выпускников, проявивших склонности и способности к научной работе, совет вуза может рекомендовать в аспирантуру. Срок обучения в очной аспирантуре — 3 года. Аспиранты работают по индивидуальным планам, глубоко изучают избранную специальность, овладевают методами научной работы, сдают экзамены кандидатского минимума, пишут кандидатскую диссертацию. Обучение в аспирантуре завершается защитой кандидатской диссертации на соискание учёной степени кандидата наук.

А теперь поговорим о том, как советские студенты проводят своё свободное время. Конечно, каждый делает это в соответствии со своими интересами. Студентам в нашей стране предоставлены широкие возможности для того, чтобы проводить свой досуг содержательно. В домах культуры и клубах вузов проводятся выставки, вечера, встречи с известными писателями, поэтами, актёрами, режиссёрами, художниками и целыми творческими коллективами. Здесь же работают различные кружки, секции, ансамбли художественной самодеятельности. Многие студенческие творческие коллективы стали настолько популярными, что пользуются известностью далеко за стенами своих вузов.

Спорт давно стал неотъемлемой частью жизни советского студенчества. Многие студенты, члены добровольного спортивного общества «Буревестник», на крупных всесоюзных и международных соревнованиях демонстрируют своё высокое спортивное мастерство.

Одной из форм проведения студенческих каникул стало участие в студенческих строительных отрядах (ССО). ССО возникли в 1959 году по инициативе студентов МГУ. Пять лет спустя в составе ССО было уже 30 тысяч добровольцев, а в 1981 году — более 800 тысяч. Летние рабочие месяцы стали называть «третьим трудовым семестром».

Движение ССО полезно и для студентов, и для хозяйственных организаций страны. Студенты могут попробовать свои силы в конкретных полезных для Родины делах, неплохо заработать, проверить себя на рабочем месте, увидеть новые края. Организации, заключающие договора со студенческими отрядами, получают дополнительный резерв рабочих рук в напряжённое время летних отпусков.

Студенческие строительные отряды участвуют в сооружении промышленных объектов, сельскохозяйственных комплексов, железных и шоссейных дорог, линий электропередач, жилых домов, школ, больниц, Дворцов культуры и т. д. За годы десятой пятилетки (1975—1980) студенческими строительными отрядами было выполнено работ более чем на 7 миллиардов рублей.

Сфера деятельности ССО вышла далеко за рамки строительства. Появились специализированные отряды, занимающиеся работой, связанной с будущей профессией студентов,— отряды связистов, медиков, педагогов и т. д.

По предложению студентов Литвы и Ленинграда ССО проводят традиционные дни ударного труда. Заработанные в эти дни средства передаются в фонд Всемирной федерации демократической молодёжи. Кроме решения производственных задач студенты занимаются культурно-просветительной, общественно-политической и спортивной работой.

Активное участие в ССО принимают иностранные студенты, обучающиеся в СССР. Каждый год всё больше и больше юношей и девушек изъявляют желание работать летом вместе со своими советскими друзьями на крупнейших стройках страны. Летом 1964 года первые 156 иностранных студентов выезжали на уборку урожая, а в 1980 году в составе Всесоюзного студенческого строительного отряда их трудилось уже более 5 тысяч. Только при Университете дружбы народов имени П. Лумумбы было создано 24 интернациональных студенческих отряда из представителей 50 стран. Они работали на стройках Сибири и Казахстана. Такая форма международного сотрудничества способствует воспитанию студентов в духе братства и дружбы между народами, знакомит их с успехами и проблемами советского общества.

А теперь познакомим вас с некоторыми цифрами. В 1982 году в СССР окончило вузы свыше 841 тысячи студентов. Народное хозяйство страны пополнилось молодыми специалистами в области промышленности и строительства (свыше 310 тысяч), транспорта и связи (более 42 тысяч), сельского хозяйства (приблизительно 81 тысяча), экономики и права (свыше 67 тысяч), здравоохранения, физкультуры и спорта (около 62 тысяч), просвещения (около 270 тысяч), искусства и кинематографии (около 9 тысяч).

Во многих городах СССР уже много лет работают и пользуются большой популярностью вечерние курсы по изучению иностранных языков. Только в Москве работает 15 таких курсов, на них обучается свыше 11 тысяч человек. Плата за обучение весьма низкая — 14,8 копейки за учебный час. Здесь занимаются желающие изучить английский, французский, немецкий, итальянский, японский и другие языки. Занятия проходят в вечернее время по 4 академических часа 3 раза в неделю. На курсах работает около 400 квалифицированных преподавателей.

Поступить на курсы несложно. Принимаются все желающие, независимо от возраста, образования, профессии. Двухгодичные курсы для специалистов при Московском государственном институте иностранных языков имени М. Тореза дают право на второй диплом о высшем образовании и право работать переводчиком.

Говоря об учёбе и занятиях, следует сказать несколько слов о библиотеках. Библиотеки в СССР — не просто хранилища книг, но и важные культурно-просветительные центры. Они равномерно распределены по всей территории страны и образуют единую государственную систему библиотек. Более 80% библиотек страны являются государственными и финансируются из государственного бюджета. Остальные библиотеки принадлежат профсоюзным, партийным, общественным организациям. Разумеется, многие собирают и личные библиотеки. Все библиотеки в СССР предоставляют свои фонды читателям бесплатно.

Система библиотек построена так, чтобы удовлетворять запросы всех категорий читателей. Она включает массовые, научные и специальные библиотеки. Массовые библиотеки составляют более 50% общего числа библиотек. Они есть во всех городах и населённых пунктах страны. К массовым библиотекам относятся и профсоюзные библиотеки — заводские, фабричные, колхозные, совхозные; библиотеки клубов и Домов культуры.

Научные и специальные библиотеки обслуживают, в основном, специалистов различных областей науки, народного хозяйства, культуры, а также учащихся высших учебных заведений.

По составу литературы различаются библиотеки универсальные, многоотраслевые (например, политехнические библиотеки) и специализированные (медицинские, сельскохозяйственные, педагогические, музыкальные и т. д.).

Крупнейшими научными библиотеками СССР являются Государственная библиотека имени В. И. Ленина и Всесоюзная государственная библиотека иностранной литературы в Москве.

Библиотеки проводят культурно-просветительную работу по пропаганде книги, распространению научных знаний, регулярно устраивают обзоры новой литературы, читательские конференции, литературные вечера и встречи с писателями, учёными, выставки книжных новинок.

Услугами библиотек в СССР пользуются около 200 миллионов читателей. Советский народ считается самым читающим в мире.

Основные сведения о фондах библиотеки представлены в алфавитном и систематическом каталогах. Поэтому надо знать, как организованы каталоги. Это необходимо для успешной работы в библиотеке.

С помощью алфавитных каталогов решаются два основных вопроса: есть ли в библиотеке известная читателю книга; какие книги известного читателю автора есть в библиотеке и на каких языках. Алфавитные каталоги состоят из карточек с аннотациями книг, учебников и статей. Карточки упорядочены по именам авторов.

Систематический каталог позволяет производить содержательный поиск информации. Описания произведений печати в систематическом каталоге сгруппированы по отраслям знаний, а внутри отрасли — по более узким темам и подтемам. Основной вопрос, на который отвечает систематический каталог, — какая литература по определённой теме имеется в библиотеке.

Справочные издания — энциклопедии, отраслевые и переводные словари, библиографические пособия, информационные обзоры, реферативные журналы на русском и иностранных языках — можно получить в читальных залах на полках открытого доступа.

Чтобы получить книгу из основного хранилища, читателю необходимо заполнить бланк требования.

Если в фондах библиотеки отсутствует необходимая читателю книга, её можно заказать в другой библиотеке города, иногородней, зарубежной библиотеке через межбиблиотечный или международный абонементы. Центральные библиотеки принимают заказы на ксерокопирование и микрофильмирование публикаций.

Тема 04. Биография, автобиография

Биография — это описание основных фактов и событий жизни человека. Если сам человек рассказывает о своей жизни — это автобиография.

Автобиографию человека можно в какой-то мере назвать самопредставлением человека. Поэтому автобиографии пишутся в соответствии с определёнными требованиями и представляют собой своеобразный документ. Основные требования — максимальная объективность и краткость. В автобиографии не требуется самооценки, необходимо лишь последовательно перечислить основные моменты своей жизни: где и когда родился, сведения о семье, когда окончил школу, где, когда и какую получил специальность, краткая информация о трудовой деятельности, семейном положении и т. д. В автобиографии получает отражение участие человека в общественной жизни коллективов, где ему довелось учиться и работать. На каждое новое место работы или учёбы вместе с анкетой обязательно представляется автобиография.

Анкета, как и автобиография, — это документ, представляющий человека. Например, вы приехали в незнакомый город и вам нужно остановиться в гостинице, вы записываетесь в библиотеку или поступаете в вуз. В этих и во многих других случаях жизни вам придётся заполнять анкету. Стандартный бланк анкеты содержит вопросы, ответы на которые дают самое общее представление о человеке. С некоторыми типами анкет вы можете познакомиться в заданиях...

Существует специальный документ, удостоверяющий личность человека. Это паспорт. Паспорт содержит сведения о возрасте, поле, семейном положении, постоянном месте жительства владельца. В СССР паспорт выдаётся человеку, когда ему исполняется 16 лет.

Пропуск и служебное удостоверение также удостоверяют личность человека. В них обычно указываются фамилия, имя и отчество человека и подтверждается, что этот человек работает или учится в том или ином месте.

Тема 05. Человек: портрет, характер

В играх, как и в жизни, вам придётся выступить во многих ролях: учащегося и преподавателя, руководителя и подчинённого, члена семьи и производственного коллектива, покупателя и продавца, туриста и гида.

Давайте сначала разберёмся в системе родственных отношений.

У моих родителей — отца и матери — есть свои родители. Это мои дедушки и бабушки. Их родители — мои прадедушки и прабабушки. Братья моей матери и моего отца — мои дяди, а сёстры отца и матери — мои тёти, или тётки, как ещё говорят. Их дети — мои двоюродные братья и сёстры. У меня есть ещё родные брат и сестра. Их дети — мои племянники (племянник — *м. р.*, племянница — *ж. р.*). У меня есть сын и дочь. Когда дочь выйдет замуж, её муж будет моим зятем, а когда женится сын, его жена будет моей невесткой. Жена сына будет называть мою жену свекровью, а меня свёкром, а муж дочери будет считать меня своим тестем, а мою жену — тёщей. Их дети будут нашими внуками (внук — *м. р.*, внучка — *ж. р.*), а мы с женой станем бабушкой и дедушкой.

Названия степеней семейного родства по непрямой линии — по линии жены или мужа — в современном языке постепенно отмирают. Люди средних лет чаще говорят *отец/мать моего мужа*, чем *свёкор* или *свекровь*; *отец/мать моей жены*, чем *тесть* или *тёща*, а *невестка* и *зять* уже многим непонятны.

Тема 06. Где мы живём

В этой теме речь пойдёт о том, где живут люди, и, конечно, прежде всего о квартирах, общежитиях, гостиницах.

Общежитие — это временное место жительства человека, которое предоставляется тем, кто приехал учиться или работать на определённый срок из другого города, населённого пункта страны. Студенческое общежитие — это «второй» дом студента, где он проводит пять-шесть лет своей жизни. В новых общежитиях студенты живут по двое в одной комнате, аспиранты и стажёры, как правило, имеют отдельные комнаты. Администрация общежития предоставляет студентам мебель, посуду, постельное бельё и т. д.

Студенческий комитет в общежитии объявляет дни генеральных уборок, выпускает настенные бюллетени и газеты, организует вечера и посещения театров, выставок, музеев. Сейчас в общежитиях всё большее распространение получает студенческое самоуправление. Это значит, вся организация внутренней жизни общежития переходит к студентам.

Основную долю оплаты за жильё в общежитиях берёт на себя государство. Студенты платят всего около 22 рублей в год (примерно 6 копеек в сутки).

Приезжающие в город по служебным делам обычно живут в гостиницах. В Москве много гостиниц. Это и хорошо известные гостиницы «Метрополь», «Националь», «Москва», «Россия» и многие другие. Сеть гостиниц нашей столицы постоянно расширяется. В последние годы вошли в строй новые крупные гостиничные комплексы в Измайлово и на ВДНХ, «Салют» на проспекте Вернадского, Центральный Дом туриста на Ленинском проспекте и другие.

За архитектуру Центрального Дома туриста коллективу его создателей в 1982 году присуждена Государственная премия РСФСР. Это комплекс многоцелевого назначения. В его состав входят: общественная часть с киноконцертным залом на 800 мест, в котором речи и выступления ораторов могут переводиться на 8 языков; зал «круглого стола», аудитории, просмотровый зал, библиотека, выставочный зал, бассейн с саунами; административно-обслуживающая часть и бюро Интуриста. Жилая часть гостиницы рассчитана на 1300 мест. Здесь есть рестораны, бары, банкетные залы, залы для приёмов. В торговой части — магазины «Берёзка» и «Кулинария».

Постоянное место жительства каждого советского человека — это его собственный дом (чаще в условиях сельской местности) или его квартира (в городе).

Конституция СССР предоставляет каждому гражданину страны право на жилище. Это право обеспечивается развитием и охраной государственного жилищного фонда, содействием кооперативному жилищному строительству, распределением жилой площади под контролем Советов народных депутатов, а также невысокой платой за квартиру и коммунальные услуги. Квартирная плата в стране остаётся неизменной с 1928 года и равна 16,5 копейкам за квадратный метр занимаемой площади. Согласно Конституции СССР граждане должны бережно относиться к предоставленному им жилищу.

Кстати, приведу такой пример. Недавно мой друг получил новую квартиру площадью 33 квадратных метра. Квартирная плата за месяц — 5 рублей 55 копеек. Коммунальные услуги (за месяц): отопление — 2 рубля 22 копейки, вода и канализация — 1 рубль 16 копеек, горячая вода — 2 рубля (эти расходы зависят от количества проживающих в квартире). Итого — 10 рублей 93 копейки. Стоимость израсходованной электроэнергии — по 4 копейки за киловатт — не превышает 3 рублей в месяц (в зимние месяцы), а за пользование газом он платит в месяц 42 копейки за каждого проживающего в квартире (независимо от расхода газа). Общая сумма коммунальных услуг составляет весьма незначительную часть бюджета семьи моего друга, а строительство квартиры обошлось государству недёшево: её стоимость превышает 6 тысяч рублей.

В ближайшее время (1988—1989 гг.) цены за жильё будут приведены в соответствие с затратами на содержание жилого фонда. Повышение квартирной платы не коснётся однако низкооплачиваемых трудящихся, учащихся и пенсионеров.

В СССР жилищное строительство осуществляется за счёт государственного бюджета. На средства трудящихся строятся односемейные дома в сельской местности и многоквартирные дома жилищно-строительных кооперативов в городах. Кооперативные дома строятся с помощью банковского кредита, а земельные участки под их застройку предоставляются бесплатно.

Подавляющее большинство горожан в нашей стране имеют отдельные квартиры в государственных домах. При вселении в такую квартиру человек не платит ничего, она поступает в бессрочное пользование семьи.

Каждый год в стране улучшают свои квартирные условия миллионы семей. Распределяют государственную площадь районные Советы народных депутатов. Если предприятие или учреждение имеет собственное строительство, то квартиры распределяются профсоюзным комитетом совместно с администрацией и Советом народных депутатов, на территории которого ведётся строительство.

Советы народных депутатов — органы государственной власти СССР, его политическая основа. Советы избираются на основе всеобщего, прямого, равного и тайного голосования. Советы народных депутатов в лице выборных представителей народа — депутатов — соединяют законодательную и исполнительную функции.

Исполком — исполнительный и распорядительный орган Совета народных депутатов края, области (сокращённо — облисполком), о́круга, района (райисполком), города (горисполком), села (сельсовет).

Получение новой квартиры — всегда большой праздник в жизни каждой семьи, и понятно, что каждая семья хочет поделиться своей радостью с родными и близкими, друзьями и коллегами по работе.

Новоселье — старинная традиция. Широко распространена она и в наши дни. Ежедневно тысячи новоселий справляются в стране. Родственники, друзья, товарищи по работе и учёбе собираются вместе за праздничным столом, чтобы разделить радость новосёлов, пожелать им счастья, успехов.

На новоселье принято дарить подарки. Обычно стараются подарить то, что пригодилось бы в хозяйстве. Родные или товарищи по работе нередко делают коллективные подарки — сразу от нескольких человек или коллектива. При этом всегда стараются узнать вкусы новосёлов.

То, что квартира в нашей стране, как мы уже сказали, предоставляется в бессрочное пользование семьи, не означает, что семья всю жизнь проживёт в этой квартире. Состав семьи меняется. Вырастают дети, у них появляются свои семьи, квартира становится тесной... Если средняя площадь на каждого члена семьи ниже или равна установленной норме, молодая семья имеет право на получение новой квартиры по месту жительства или на работе.

Место жительства может меняться по усмотрению граждан. Например, вы сменили место работы, дорога на работу и обратно стала отнимать слишком много времени... В жизни существует множество причин, по которым люди стремятся переехать в другой район города. В этом случае они обращаются в Бюро по обмену жилой площади, где им помогают найти подходящий вариант обмена.

Тема 07. Питание

Русская кухня необычайно разнообразна. Ведь помимо традиционных русских национальных блюд она использует блюда всех народов Советского Союза.

Для традиционной русской кухни характерен широкий ассортимент блюд из различных круп, холодных овощных закусок, первых и вторых блюд, в которых используются мясо и овощи. Среди них одно из первых мест занимает капуста. С XVIII в. в России приобрёл популярность картофель, с XIX в.— помидоры.

С глубокой древности русские люди употребляли в пищу мясо крупного рогатого скота, свиней, овец, домашней птицы — гусей, уток, кур. Использовались и продукты животноводства — молоко, творог, сливки, особенно сметана. Огромные лесные массивы дают людям дичь, грибы, орехи, мёд, лесные ягоды. Реки, моря и озёра, пруды, богатые рыбой, позволяют готовить великолепные рыбные блюда и разнообразные закуски из свежей, солёной и копчёной рыбы.

Подробные сведения о русской кухне вы можете получить из «Книги о вкусной и здоровой пище», аналогичных изданий, журналов «Работница», «Крестьянка», в которых часто печатаются рецепты наиболее интересных блюд.

В нашей многонациональной стране большой популярностью пользуются блюда народов союзных и автономных республик, например украинской кухни. Это знаменитый украинский борщ, различные мучные изделия — пампушки, галушки, вареники с творогом и вишней, украинские колбасы, всевозможные напитки из фруктов и мёда.

А пробовали ли вы замечательные кавказские шашлыки и великолепный узбекский плов? Обязательно попробуйте. Эти и многие другие блюда вы можете отведать в ресторанах Москвы. Это рестораны «Украина», «Минск», «Баку», «Вильнюс», «Узбекистан», «Арагви» и другие.

Тема 08. Улица

Когда человек попадает в незнакомый город, ему всегда бывает интересно походить по улицам, своими глазами увидеть здания, о которых он может быть читал или слышал раньше, познакомиться с атмосферой города. Такая прогулка таит в себе много неожиданного. Незаметно для себя вы погружаетесь в лабиринт улиц, вдруг замечаете, что отклонились от намеченного маршрута. Как теперь вернуться в гостиницу? Не отчаивайтесь! В этом случае вы смело можете обратиться к любому прохожему с вопросом *Простите/извините, как добраться до...* И каждый житель города будет рад подсказать вам кратчайший и наиболее удобный путь. Ну, а если вам не повезло и вы обратились к человеку, который сам плохо знает город? Ведь на улицах Москвы, например, столько приезжих! И это не страшно. Вас выручит... милиционер. Обратитесь к нему, и он придёт вам на помощь.

Но в незнакомом городе у вас могут возникнуть и другие проблемы. Например, вам необходимо разыскать человека, с которым вы когда-то учились вместе и не виделись много лет. Вы знаете его год рождения, его имя, отчество, фамилию, знаете, что он живёт именно в этом городе. Проходя по улицам Москвы, вы наверняка встречали киоски с названием «Мосгорсправка». Там-то вам и помогут разыскать вашего знакомого. И не только это делает справочная служба города. Здесь вам сообщат адрес любого предприятия и учреждения столицы, объяснят, как туда проехать, дадут нужные телефоны.

На улицах города вы уже, конечно, заметили киоски с названием «Союзпечать». Здесь продают газеты, журналы, почтовые марки, конверты, открытки и т. д. Около киосков всегда многолюдно, особенно утром и вечером, когда в продажу поступают свежие газеты.

С названием газет и журналов, которые издаются в Советском Союзе, вы можете познакомиться по каталогу подписки на периодические издания (см. СК, Подписка на газеты и журналы).

Наиболее массовые газеты — «Правда», «Известия», «Комсомольская правда», «Литературная газета», «За рубежом», «Советский спорт» и многие другие. Наиболее популярные журналы «Коммунист», «Проблемы мира и социализма», «Международная жизнь», «Советский Союз», «Огонёк», «Иностранная литература», «Москва», «Новый мир», «Звезда», «Юность», «Крокодил», «Наука и жизнь», «Советский экран» и другие.

Газеты и журналы можно не только покупать, но и получать по почте. Для этого нужно своевременно оформить подписку на интересующее вас издание. Подписку можно оформить на разный срок: на квартал (на 3 месяца), на полгода, на весь год. Выбрать издание и узнать его цену можно по специальному каталогу «Союзпечати».

Подписаться на газеты и журналы можно не только на почте, но и на работе, где подписка проводится ежегодно.

На улицах города вы, конечно, заметили киоски и магазины с названием «Цветы». Прекрасна давняя традиция в день рождения человека, в дни торжественные и важные в его жизни дарить ему цветы. Таких дней много: вот человек впервые отправляется в школу, а вот он уже оканчивает её... Люди выходят замуж и женятся, получают дипломы, защищают диссертации, отмечают праздники... Всех событий не перечислить, и каждое из них замечательно тем, что родные и близкие, друзья и знакомые в такие дни обязательно преподносят цветы. Преподносят цветы и в знак признательности и благодарности.

Дарить цветы приятно во всех случаях жизни. Однако следует помнить, что с цветами связана некоторая символика. Например, в день свадьбы невесте принято дарить белые или нежно-розовые цветы. В букете их должно быть нечётное количество. Считается, что жёлтый цвет в букете символизирует измену или перемену чувств, а красный — любовь и восхищение. В каждой стране эта символика может быть разной. И всё-таки это не более чем условность!

Тема 09. Служба быта

Хорошо организованная сфера бытовых услуг — важная часть жизни современного человека. Это сфера в нашей стране развивается необыкновенно быстрыми темпами, а государство уделяет её развитию пристальное внимание.

Социологами подсчитано, что благодаря службе быта население страны в настоящее время затрачивает на домашние работы на 9 с лишним миллиардов часов меньше, чем в конце 70-х годов. Сэкономленное время используется для культурного досуга, учёбы, приобщения к искусству. У родителей остаётся больше времени на воспитание детей.

Тем не менее современный уровень развития сферы бытовых услуг в стране считается ещё недостаточным. В недалёком будущем предполагается 4/5 всех домашних дел переложить на плечи службы быта.

Если вы прожили в нашей стране хотя бы небольшое время, вам, конечно, довелось не раз обращаться в предприятия и учреждения службы быта, а если вы ещё не знакомы с их работой, мы попытаемся очень коротко рассказать вам о них.

Предприятия сферы обслуживания бывают комплексными и специализированными. Пользоваться услугами комплексных предприятий очень удобно: это значительно экономит время, так как в них вы одновременно можете получить несколько видов услуг (причесаться, сдать костюм в чистку, починить обувь и т. д.). Это Дома быта, бюро «100 услуг» и т. п. Специализированные предприятия и мастерские службы быта — парикмахерские, ателье по пошиву и ремонту одежды, мастерские по ремонту обуви; телевизионной и радиоаппаратуры, фотоаппаратов, прачечные, мастерские металлоремонта и другие.

А знаете ли вы, что такое сбербанк? В сберегательных банках советские люди хранят свои денежные накопления. Сбербанки по поручению вкладчиков зачисляют на их счета заработную плату или пенсию, принимают платежи за коммунальные услуги и квартплату, принимают деньги на аккредитивы и выдают их, продают лотерейные билеты и т. д.

Следует отметить, что у большинства советских людей отношение к деньгам не такое, как в западных странах, они не стремятся составить капитал. Пока человек трудоспособен, он получает гарантированную заработную плату, которой ему вполне хватает на жизнь. Его право на труд гарантировано Конституцией, и ему не нужно думать о том, что он когда-нибудь останется без работы, а следовательно — без средств к существованию. Однако часть денег, остающихся после исполнения всех статей семейного бюджета, многие хранят в сберкассах. Это очень удобно, например для того, чтобы накопить деньги для приобретения предметов длительного пользования (цветных телевизоров, мотоциклов, автомобилей, для вступления в жилищно-строительный кооператив и т. д.). Государство стимулирует вкладчиков. Привлекая их свободные денежные средства, оно выплачивает вкладчикам проценты в зависимости от вида вклада.

Тема 10. Почта, телеграф, телефон

В наши дни услугами почты, телеграфа, телефона пользуется практически всё взрослое население страны. В Советском Союзе около 86 тысяч почтамтов, узлов и отделений связи. За год они обрабатывают и доставляют адресатам около 56 миллиардов писем, бандеролей, посылок и периодических изданий. Подсчитано, что больше всего корреспонденции отправляют и получают москвичи. Ежедневно работники столичного почтамта обрабатывают почти 7 миллионов всевозможных почтовых отправлений.

Московский почтамт — огромный комплекс, где трудится около 30 тысяч человек. Его главный зал обслуживает ежедневно более 40 тысяч посетителей. Здесь можно воспользоваться всеми видами почтово-телеграфных услуг: отправить и получить корреспонденцию, послать телеграмму, поговорить по телефону практически с любым населённым пунктом на территории СССР и за его пределами.

Основные операции обработки и доставки корреспонденции механизированы. Современные электронные комплексы контролируют производственные процессы. Счёт идёт на минуты, и вот уже автомобили везут контейнеры с почтой на железнодорожный вокзал или в аэропорт.

Чтобы письмо можно было обработать и доставить адресату быстро, предприятия связи ввели некоторые стандарты. На почтовых конвертах в СССР указывается почтовый индекс — код — в левом углу конверта. Образец заполнения почтового конверта вы найдёте в игре 10.007.

Если у вас появится желание рассказать своему другу, который живёт в другом городе, о своей жизни, вы пошлёте ему письмо. Правда, можно позвонить ему по телефону, но в коротком разговоре за 5—10 минут всего не расскажешь... Если же вы захотите поздравить его с Новым годом или с днём рождения, вы скорее всего пошлёте ему открытку или поздравительную телеграмму. А если вы хотите отправить ему подарок? Если это, к примеру, книга или какая-нибудь небольшая вещь, её можно послать бандеролью. Бандеролью можно послать любой груз весом до 1 килограмма в небьющейся упаковке. Если ваш подарок весит больше, отправьте его посылкой. Всё это можно сделать в любом почтовом отделении города.

Когда вы посылаете телеграмму, вам следует помнить о том, что основная особенность «языка» телеграмм — предельная краткость. Для краткости передачи информации в тексте телеграммы опускаются все предлоги, союзы, знаки препинания. Например: «прилетаю четверг рейс номер четыре четыре встречайте Борис».

При всей лаконичности такое сообщение передаёт всю полноту сообщения: ваш друг прилетает в Москву в четверг, и вы должны его встретить. Но когда и где? В Москве ведь не один аэропорт! Ответ на этот вопрос заключается в указании номера рейса. Вам остаётся только позвонить в справочное бюро Аэрофлота. Назовите номер рейса, и вам сообщат, в какое время и в каком аэропорту приземлится самолёт. Встречайте друга!

Представьте себе такую ситуацию: подруга звонит вам по телефону и хочет сообщить нечто важное. Но помехи мешают вам расслышать какое-то очень сложное слово.— Слушай внимательно. Говорю по буквам: Глеб, Анна, Людмила, Яков. Поняла? — Да,— радостно отвечаете вы.— Галя!

Как же вы догадались? А способ простой: подруга назвала простые имена (можно — названия городов), и начальные буквы этих имён вместе составили имя, которое вы не могли понять.

Тема 11. Городской транспорт

В городах Советского Союза существует развитая система общественного городского транспорта: автобусы, троллейбусы, трамваи, маршрутные такси. В Москве и во многих крупных городах нашей страны с населением более миллиона жителей особой популярностью пользуется метрополитен — самый комфортабельный и скоростной вид городского общественного транспорта.

Билеты на одну поездку в автобусе, в троллейбусе и в трамвае стоят 5 копеек; на маршрутном такси — 15 копеек. Цена билета не зависит от расстояния, на которое вы едете. Билеты на автобус, троллейбус, трамвай и маршрутное такси вы можете купить во время поездки в кассах-автоматах, но сейчас всё больше транспорта, где используются талоны — разовые билеты, которые покупают в «книжечках». В «книжечке» по 10 талонов. Их продают в киосках или водители в транспорте. Талоны в транспорте пассажиры сами компостируют («пробивают») во время поездки.

В метро пассажиры опускают пятикопеечные монеты в автоматы, проходя через турникеты. В вестибюлях метрополитена установлены автоматы по размену монет на пятикопеечные.

Если вы постоянно пользуетесь каким-то одним видом транспорта, например каждый день ездите из общежития в институт и обратно на автобусе, вам удобнее будет купить проездной билет на автобус на месяц. Такие билеты бывают на все виды городского общественного транспорта, кроме маршрутного такси. А если вы живёте далеко от института и едете туда сначала на автобусе, потом на метро и ещё две остановки на троллейбусе, удобнее всего купить единый билет на все виды городского общественного транспорта на месяц. Это не только экономит время, но и выгодно. Стоимость такого билета — 6 рублей в месяц.

А теперь поговорим немного об истории городского транспорта в Москве и транспортных проблемах современных городов.

Полвека назад лишь в некоторых городах нашей страны были трамвайные линии. Автомобиль на улицах был большой редкостью. Остро стояла проблема создания городского общественного транспорта.

В середине 20-х годов в стране был налажен выпуск первых отечественных автобусов и троллейбусов, и уже первая троллейбусная линия была оснащена машинами советского производства. В 1935 году в Москве пошли первые поезда метрополитена.

Как определить, где в условиях большого современного города рациональнее использовать автобус, троллейбус, трамвай? Где следует строить метро? Как планировать маршруты городского транспорта? Чтобы избежать возможных ошибок и просчётов, создана единая комплексная схема перспективного развития всех видов городского пассажирского транспорта. Такие программы разрабатываются с 1964 года для всех городов СССР с населением более 250 тысяч человек. В них учитываются и сложившаяся уличная и дорожная сеть, и проектируемые на ближайшие 10—15 лет магистрали, и данные об основных потоках пассажиров, о наличии личного транспорта.

Говоря о транспорте наших городов, нельзя не сказать несколько слов о ГАИ — государственной автомобильной инспекции. Главная задача ГАИ — организация дорожного движения и обеспечение его безопасности.

ГАИ обеспечивает регулярность движения автотранспорта, следит за тем, чтобы не нарушались правила дорожного движения, оказывает, когда это необходимо, помощь водителям и пассажирам, в том числе и доврачебную помощь пострадавшим в дорожно-транспортных происшествиях.

В обязанности ГАИ входит также контроль за содержанием автомобильных дорог, улиц, дорожных сооружений в безопасном для движения состоянии, за оснащением улиц и дорог средствами регулирования движением (дорожными знаками, светофорами и т. д.).

ГАИ контролирует техническое состояние находящихся в эксплуатации автотранспортных средств, периодически проводит их технический осмотр, производит регистрацию и ведёт учёт, выдаёт технические паспорта и государственные знаки на эти средства.

ГАИ ведёт учёт дорожно-транспортным происшествиям, анализирует причины их возникновения, принимает меры к их устранению.

В компетенцию ГАИ входит приём экзаменов по правилам дорожного движения и навыкам практического вождения транспортных средств, выдача удостоверений на право управления ими.

Тема 12. Город

В этой теме разговор пойдёт об экскурсиях по городам нашей страны, их достопримечательностях, их сегодняшнем дне, проблемах и перспективах развития.

Знакомясь с городами, вы столкнётесь с интереснейшим материалом. Полезные сведения вы найдёте в многочисленных экскурсионных справочниках и путеводителях для туристов. Мы же ограничимся лишь тем, что приведём образец описания туристского маршрута по Псковской земле для того, чтобы познакомить вас с особенностями речи экскурсовода.

По Псковской земле

Всесоюзный маршрут 152—69—02 (№ 20) продолжительность — 18 дней: Псков (3 дня) — автобус — Пушкинский заповедник (6 дней) — автобус — Алоль (6 дней) — автобус — Великие Луки (3 дня).

Время работы маршрута — с 4 мая по 15 сентября.

Путешествие начинается в г. Пскове. Псков — один из древнейших русских городов, в прошлом крупный торговый и военно-стратегический пункт, в настоящее время научный, культурный и административный центр области.

Первое упоминание в летописи о городе относится к 903 г., и сейчас город сохранил творения древних зодчих и умельцев: крепостные стены, башни, церкви самобытной псковской архитектуры XII—XVII столетий. Он по праву считается городом-музеем, здесь сохранилось более 100 памятников древнего зодчества. Древние крепостные стены, соборы гармонично сочетаются с корпусами промышленных предприятий, силуэтом современных жилых и административных зданий — всё это создаёт единый архитектурный ансамбль города.

Из Пскова туристы едут автобусом (112 км) в Государственный музей-заповедник А. С. Пушкина. Музей включает с. Михайловское (дом-музей, служебный флигель, парк), с. Тригорское (дом-музей, парк), городища Воронич и Савкину Горку, с. Петровское (дом и парк), Святогорский монастырь-музей.

На Псковщине окреп и возмужал талант великого русского поэта А. С. Пушкина. В разные годы под сень тенистых михайловских рощ приезжал поэт в родовое имение Ганнибалов—Пушкиных, здесь он «провёл изгнанником два года незаметных» с августа 1824 г. по сентябрь 1826 г. «Губерния Псковская, теплица юных дней» поэта — места, где текли часы трудов его «свободно-вдохновенных» — воспета во многих пушкинских строчках. И сегодня всё здесь дышит пушкинской поэзией. 17 марта 1922 г. декретом Совета Народных Комиссаров был образован Пушкинский государственный заповедник. В 1972 году вся страна отмечала 50-летие образования музея-заповедника, получившего высокую правительственную награду — орден Трудового Красного Знамени.

Здесь туристы совершают экскурсии в Михайловское, Тригорское, Петровское с их великолепными парками, многие уголки которых неразрывно связаны с творчеством А. С. Пушкина, в Святогорский монастырь-музей, у алтарной стены которого покоится прах великого поэта.

Свой отдых туристы продолжают на Алольской турбазе, которая находится среди голубых озёр, в сосновом бору.

За время пребывания на Алольской туристской базе для туристов организуется пешеходная природоведческая экскурсия «В окрестностях Алольской турбазы». Туристы могут совершить походы по системе окрестных озёр и рек, сходить на прогулку в лес, богатый грибами и ягодами, заняться рыбной ловлей. Участие в походах даёт возможность получить значок «Турист СССР».

Из Алольской турбазы туристы едут автобусом в г. Великие Луки — один из древнейших городов России.

Город Великие Луки известен с XII века (1166 г.). Город-крепость Великие Луки, которые называли «предсердием Москвы», выполнял роль стража молодого Московского государства.

В настоящее время Великие Луки — это второй в области после Пскова крупный город с корпусами фабрик, заводов, кварталами новых жилых домов, с широкими улицами.

Советское государство бережно охраняет исторические памятники и культурные ценности. На государственном учёте состоит более 150 тысяч памятников истории, археологии, архитектуры.

Восстанавливаются не только отдельные памятники, но и целые архитектурные ансамбли и города. Среди них такие всемирно известные, как Суздаль в европейской части СССР, Бухара, Самарканд и Хива в Средней Азии и многие другие.

Во всех союзных республиках работают общества охраны памятников истории и культуры. В Российской Федерации, например, это общество объединяет более 13 миллионов человек. Кроме того, существует большое количество краеведческих кружков. Больше всего краеведением занимаются школьники. Они собирают материалы по истории своего города, села, нередко находят ценную историческую информацию.

Знакомясь с нашими городами, вы, конечно, будете интересоваться не только их историей, но и их сегодняшним днём. Вы уже знаете, какими широкими масштабами ведётся в СССР гражданское и жилищное строительство, как растут и хорошеют наши города. Стараясь сохранить всё, что связано с историей, наши строители и архитекторы возводят комплексы прекрасных зданий. За последние годы значительно расширилась территория нашей столицы. Там, где раньше были деревни и сёла, возникли новые микрорайоны Москвы.

Южное Чертаново — один из таких районов. Границы его — Битцевский лесопарк и Варшавское шоссе. Первый ряд домов района отделён от оживлённой магистрали полосой сквера, в котором шумопоглотителями стали не только деревья и кустарники, но и специальные экраны. Вторую линию образуют 16-этажные дома. Они поставлены под разными углами к шоссе с таким расчётом, чтобы шум скользил вдоль фасадов, не проникая в жилые помещения. Здесь же 22-этажные дома башенного типа. За ними — зона детских учреждений: школы и детские дошкольные учреждения. Магазины и предприятия сферы обслуживания размещаются в первых этажах жилых зданий. Строятся культурно-бытовой и общественный центры: гостиницы, Дом культуры, спортивный комплекс с бассейном, Дом быта, универмаг. Рядом с центром микрорайона — новая станция метрополитена.

Новый микрорайон столицы — Строгино — расположен в северо-западной части города. Строгино всегда славилось чистым воздухом: близость Химкинского водохранилища и парка «Серебряный бор», зелёный лесной массив создают благоприятный микроклимат, а песчаные пляжи в излучине Москвы-реки летом влекут сюда тысячи горожан. Новосёлы охотно едут в Строгино. Население этого совсем нового микрорайона уже превысило 120 тысяч человек.

Во многих уголках района сохранены участки лесных массивов, в которые органично вписаны высотные, в основном 16-этажные, жилые дома. Основная улица — Строгинский бульвар, где формируется общественный центр района. Построен кинотеатр на 800 мест, строится гостиница, фирменные магазины, предприятия бытового обслуживания населения.

Второе рождение переживает Строгинская бухта Москвы-реки. Нынче в её средней части создан водоём, на берегах которого сооружается зона отдыха — базы водного спорта, пляжи.

От нового района до ближайшей станции метро — 10 минут езды на трамвае или автобусе.

И в заключение поговорим о проблемах больших современных городов. Крупные города — это центры научно-технического прогресса, экономической, политической и духовной жизни общества. В нашей стране к крупным городам относятся города с населением свыше 250 тысяч человек. Как правило, они многофункциональны. Многие из них — столицы союзных и автономных республик, краевые и областные центры. В них развит комплекс отраслей хозяйства, обслуживающих производство, поэтому постоянно существуют предпосылки и стимулы для расширения действующих предприятий и создания новых.

В больших городах наиболее остро встают проблемы общественного транспорта, охраны окружающей среды, необходимости удовлетворения потребности человека в общении с природой и многие другие.

Для решения этих проблем проводится комплексная программа мероприятий. Необходимо последовательно проводить линию на ограничение роста крупных городов, развивать малые и средние города, размещая в них специализированные, высокопроизводительные производства, филиалы предприятий, объединений. Дальнейшее развитие производства предусматривается за счёт его реконструкции, технического перевооружения, без увеличения существующих площадей, численности работников и объёма вредных стоков и выбросов. Разрешается, в основном, сооружение новых предприятий бытового обслуживания населения и коммунального, дорожного и жилищно-гражданского строительства, а также природоохранных объектов.

Тема 13. Гостиница

Эта тема представляет собой подраздел более общей темы — «Где мы живём», в которой мы рассказали вам о гостиницах. Конкретные материалы о гостиницах вы можете найти в справочниках нашей страны и в рекламных проспектах.

Тема 14. Работа

А теперь поговорим о работе. Работа, как известно, занимает важнейшее место в жизни каждого человека. В социалистическом обществе нет трудоспособных людей, которые могли бы жить не работая. И их не может быть. Труд — это потребность каждого советского человека и источник благосостояния каждого члена общества и всего народа нашей страны. Положение человека в обществе определяют, прежде всего, результаты его общественно полезного труда.

Конституция СССР провозглашает право каждого советского человека на труд,— то есть на получение гарантированной работы с оплатой его общественно полезного труда в соответствии с его количеством и качеством и не ниже установленного государством минимального размера.

Каждый гражданин нашей страны имеет право на выбор профессии в соответствии со своими способностями, призванием, профессиональной подготовкой, образованием и с учётом общественных потребностей.

Уже более полувека в СССР нет и не может быть безработицы. Повсюду в стране строятся новые заводы и фабрики, прокладываются автомобильные и железнодорожные магистрали, невиданными темпами ведётся жилищное строительство, строительство школ, больниц, библиотек и других общественных и культурных объектов. Повсюду нужны рабочие руки. Современному рабочему необходима высокая квалификация, соответствующая уровню высокоразвитого современного производства.

У входа почти на каждое предприятие и учреждение страны можно увидеть специальные стенды, которые приглашают на работу. Везде требуются рабочие, инженеры и техники, требуются учителя, врачи, лаборанты...

Приём на работу на предприятия и в учреждения нашей страны осуществляют отделы кадров. Они же занимаются переводом сотрудников с одного места на другое внутри организации в соответствии с желанием работающих и по производственной необходимости.

Ежегодно число высококвалифицированных специалистов в нашей стране пополняется за счёт выпускников вузов и техникумов. Их называют молодыми специалистами. Молодым специалистам гарантировано предоставление работы по специальности.

Ежегодно в учебных заведениях Советского Союза создаются комиссии по персональному распределению молодых специалистов. В состав комиссии входят ректор, деканы факультетов, представители министерств, в распоряжение которых направляются молодые специалисты, представители общественных организаций. Распределение проходит в торжественной обстановке. Выпускнику предлагают несколько мест будущей работы, при этом учитывается его специализация, научные интересы, успеваемость, семейное положение. С перечнем организаций, приславших запрос в учебное заведение, выпускники знакомятся заранее. На распределении выпускник уточняет характер предоставляемой ему работы, должность, размер заработной платы.

Выпускники вечерних и заочных отделений после окончания учёбы обычно остаются на тех предприятиях и в тех же учреждениях, где они работали в течение последних лет учёбы, но уже в должности, соответствующей их диплому.

Все молодые специалисты после окончания учебного заведения пользуются оплаченным месячным отпуском. Для проезда специалиста и членов его семьи к месту работы выдаются денежные средства. Предприятие и учреждение, в распоряжение которого направлен молодой специалист (если оно расположено в другом городе или населённом пункте), обязано обеспечить его жилой площадью.

А как обстоит дело с теми, кто не только что окончил учебные заведения или окончил их давно и хочет переменить место работы? Трудоустройство граждан осуществляется государственными органами по использованию трудовых ресурсов — Бюро по трудоустройству и информации населения. Прямые связи с предприятиями, учреждениями, организациями, обширные картотеки — позволяют в короткий срок подобрать человеку подходящее место работы. Из заявок, поступающих в такие бюро, видно, что всё больше растёт спрос на специалистов высокой квалификации, опытных станочников, наладчиков, инженеров по электронике и автоматике и многих других.

Старшеклассники школ ещё до окончания учёбы попадают в сферу внимания служб трудоустройства и профессионально-технического обучения. Многие получают профессию вместе с аттестатом зрелости в соответствии с профессиональной ориентацией школы, других привлекают технические училища, различные школы, курсы, где можно получить избранную специальность.

Нам хотелось бы познакомить вас с работой одного профессионально-технического училища страны. Это ПТУ (сокращённое название профессионально-технического училища) № 148 г. Москвы. Оно готовит кадры рабочих для автозавода имени Ленинского комсомола (АЗЛК). Завод предоставляет в распоряжение училища необходимое оборудование, готовит кадры мастеров производственного обучения. Ежегодно на завод приходит 250—260 выпускников училища, овладевших одной из 9 специальностей, в которых особенно нуждается АЗЛК: токарь-универсал, фрезеровщик, слесарь-инструментальщик, авторемонтник, наладчик токарных автоматов, наладчик-технолог по обслуживанию электронного оборудования.

В училище учебный корпус с кабинетами, столовой, большим спортивным и актовым залами. В производственном корпусе оборудованы мастерские, есть специальные помещения для работы и занятий научно-техническим творчеством.

Смета училища — более 0,5 миллиона рублей в год. 256 тысяч рублей стоит бесплатное двухразовое питание учащихся, 52 тысячи — их бесплатная одежда: форменный костюм, шапка, ботинки, пальто и т. д. Остальные средства идут в фонд заработной платы учителей, мастеров производственного обучения и обслуживающего персонала училища, премиальный фонд и некоторые другие расходы.

В училище поступают юноши и девушки после окончания 8 класса общеобразовательной школы. Здесь они получают профессиональные навыки и знания и завершают среднее образование. Обучение рассчитано на 3—3,5 года в зависимости от будущей специальности. По окончании обучения выпускники сдают государственные выпускные экзамены, как в школе, и экзамен на присвоение квалификации. Тех, кто за время учёбы проявил незаурядные способности, администрация совместно с профсоюзной и комсомольской организациями рекомендует для внеконкурсного поступления в средние специальные и высшие учебные заведения.

Для пожилых граждан, пенсионеров, которые по состоянию здоровья могут и хотят трудиться, Бюро по трудоустройству всегда найдут соответствующую их возрасту и возможностям работу. В последнее время в сферу обслуживания получили направления около 10 тысяч пенсионеров.

Программа социального развития на 1980—1985 гг. предусматривает создание наиболее благоприятных условий для высококвалифицированного труда. Обращается внимание на усиление его творческого характера, на сокращение ручных, малоквалифицированных и тяжёлых физических работ. Эти функции должна выполнять техника.

На обеспечение безопасности труда, устранение причин, порождающих профессиональный травматизм, профессиональные заболевания, направлены разрабатываемые в каждой отрасли комплексные планы улучшения условий труда, охраны труда и санитарно-оздоровительных мероприятий. Эти планы повсеместно создаются с участием комитетов профсоюзов. В ближайшие годы на их выполнение запланировано израсходовать свыше 40 миллиардов рублей.

Только за последние 2 года в целом по стране условия труда более чем 5 миллионов человек, в том числе 2,6 миллионов женщин, приведены в полное соответствие с современными нормами промышленной санитарии и гигиены. На многих фабриках, заводах, шахтах, совхозах вступили в строй новые рабочие столовые, медико-санитарные части, здравпункты, душевые, комнаты для отдыха и т. д. Огромное внимание уделяется строительству санаториев-профилакториев, где рабочие и служащие различных предприятий и учреждений могут отдыхать и поправлять своё здоровье после рабочего дня, в воскресные и выходные дни.

В стране по инициативе профсоюзов разработана и претворяется в жизнь система стандартов безопасности труда. С учётом её требований создаётся вся новая техника и разрабатываются технологические процессы. Повседневную работу по контролю за условиями труда и по профилактике травматизма ведут более 4 миллионов общественных инспекторов и членов комиссий по охране труда.

А теперь мы хотели бы познакомить вас со структурой социалистического государственного производственного предприятия в нашей стране. Во главе государственного производственного предприятия стоит директор. Директор организует работу предприятия и несёт полную ответственность за его состояние и деятельность. У директора есть заместители. Администрация предприятия ежегодно заключает коллективный договор с фабрично-заводским комитетом профсоюзов как представителем рабочих и служащих предприятия. В коллективном договоре фиксируются взаимные обязательства администрации и трудового коллектива, обеспечивающие производственную деятельность предприятия и мероприятия по улучшению условий труда, быта и отдыха трудящихся.

Права и обязанности структурных подразделений предприятия определяются в положениях, утверждаемых предприятием на основе примерных положений. Для некоторых отделов, наделённых контрольными функциями, например отдела технического контроля, бухгалтерии, юридического отдела, Совет Министров СССР утверждает специальные положения.

Важное направление деятельности Советского государства — расширение экономических и научно-технических связей с зарубежными странами. В этом находит свое выражение политика мира, которую неустанно проводит в жизнь СССР.

Особое внимание придаётся сотрудничеству с социалистическими государствами в рамках СЭВа на прочных основах общих социально-экономических интересов. Вошли в строй и успешно работают крупные интеграционные объекты — нефтепровод «Дружба», газопроводы «Союз» и «Братство».

В настоящий момент внимание в экономическом сотрудничестве со странами социалистического содружества сосредоточено на решении проблем энергетики, топливно-экономических ресурсов и их рационального использования, повышения технического уровня и качества продукции, кооперации в производстве прогрессивных видов машин и оборудования, расширения ассортимента и качества предметов народного потребления. На решение этих проблем направлены долгосрочные целевые программы сотрудничества, рассчитанные на период до 1990 года.

Сотрудничество с развивающимися государствами СССР строит на справедливой и равной основе. Этому служит торговля и оказание экономического содействия в создании промышленных и сельскохозяйственных объектов этих стран, подготовке высококвалифицированных национальных кадров, а также основанные на долговременной промышленной кооперации соглашения о торгово-экономическом и научно-техническом сотрудничестве.

СССР постоянно выступает за устойчивые взаимовыгодные экономические связи с капиталистическими странами, за их расширение на основе строгого соблюдения взаимных обязательств.

СССР — постоянный участник традиционных международных выставок и ярмарок.

Только в 1982 году в 22 странах было организовано 28 советских экспозиций и выставок. В 1983 году было запланировано участие Советского Союза в 23 международных ярмарках и экспозициях. В этом же году СССР проводит 19 международных выставок, связанных с разными отраслями экономики: «Уголь — 1983». «Наука-83» и другие.

Тема 15. Магазин

Ни один человек в повседневной жизни не может обойтись без магазинов, где можно купить всё — от продовольственных товаров и предметов первой необходимости до мебельного гарнитура или автомобиля. Принципиальная система торговли вам безусловно хорошо известна. Торговля продовольственными товарами в нашей стране производится в магазинах, которые называются продовольственными. Универсальные продовольственные магазины носят названия «Гастроном», «Продукты». В последнее время всё более широкое распространение получают магазины типа «Универсам». Это большие торговые комплексы. Есть и специализированные продовольственные магазины: «Хлеб», «Молоко», «Рыба», «Мясо», «Кондитерская», «Овощи и фрукты» и т. д. Работают фирменные продовольственные магазины. В Москве это «Океан», «Русский квас», «Вологодское масло» и т. д.

Магазины, где продаются промышленные товары, называются промтоварными. Они также делятся на универсальные (универмаги) и специализированные. Всем, кто бывал в Москве, знакомы крупнейший универмаг страны — Государственный универсальный магазин (ГУМ), Центральный универсальный магазин (ЦУМ), универмаг «Москва». Большой популярностью пользуется универсальный детский магазин «Детский мир». Специализированные промтоварные магазины — магазины «Обувь», «Одежда», «Ткани», «Галантерея» и т. д., торгующие каким-либо определённым видом промышленной продукции.

Система торговли в СССР существует в 3 формах: государственная, кооперативная (она обслуживает, в основном, сельское население) и колхозная (колхозы и колхозники продают на рынке излишки своей сельскохозяйственной продукции). На долю государственной и кооперативной торговли приходится более 90% всей розничной торговли.

Система планового ценообразования является составной частью и важнейшим инструментом осуществления экономической политики КПСС. Цены на основные продукты питания в СССР стабильны. Цены на хлеб, хлебобулочные изделия, макаронные изделия, крупы, растительное масло, сахар, основные виды рыбы и консервов остаются на уровне 1955 года, а на мясо-молочные продукты — 1962 года. Сохраняются цены на сложившийся ассортимент тканей, обуви, одежды, многих других предметов повседневного спроса, а также на основные товары культурно-бытового назначения — посуду, телевизоры, холодильники, магнитофоны, стиральные машины и т. д. Цены на новые модные, технически более совершенные товары устанавливаются с учётом производственных затрат и потребительских свойств. Поэтому проведение линии на стабильность цен не означает полной неподвижности. В определении цен на новые товары, как уже было сказано, учитываются условия производства, затраты на добычу сырья и его обработку, заработную плату и т. д. Это касается товаров особо модных, т. е. товаров не первой необходимости. В то же самое время снижаются цены на некоторые виды промышленной продукции.

В ходе реформы экономики (1986—1990 гг.) помимо государственной системы цен сложились две другие системы: кооперативные и договорные. Кооперативные цены устанавливаются по согласованию между производителем (продавцом) и организацией торговли. Эти цены ориентируются на спрос и предложение и рыночные цены.

Тема 16. Будни и праздники

В календарях, издаваемых в Советском Союзе, красным цветом отмечены праздничные даты и воскресные дни.

Государственные праздники: 7 ноября — годовщина Великой Октябрьской социалистической революции.

9 мая — День Победы над фашистской Германией в Великой Отечественной войне 1941—1945 гг., 7 октября — День Конституции, 8 марта — Международный женский день, 1 мая — День международной солидарности трудящихся, 1 января — Новый год. Эти дни являются нерабочими.

23 февраля страна торжественно отмечает День Советской Армии и Военно-Морского Флота. 22 апреля — День рождения В. И. Ленина, 30 декабря — День образования Союза ССР.

Есть праздники, отмечающие трудовые достижения людей определённой профессии. Это День учителя, День работников сельского хозяйства, День геолога, День рыбака и т. д.

Широко отмечаются в стране знаменательные даты, имеющие интернациональное значение: Всемирный день авиации и космонавтики, Международный день защиты детей, Международный день солидарности молодёжи и т. д.

Торжественно праздновались в стране юбилейные даты: 100-летие со дня рождения В. И. Ленина, 40-летие Победы советского народа в Великой Отечественной войне, 50-летие со дня образования СССР и др.

Страна праздновала юбилеи городов (800-летие Москвы, 250-летие Ленинграда, 2750-летие Еревана), общественных организаций, учебных заведений и заводов (200-летие МГУ, 250-летие АН СССР, 50-летие автомобильного завода имени Лихачёва). Широко отмечаются даты, связанные с именами выдающихся деятелей науки, культуры и искусства.

Накануне праздников проходят торжественные собрания, вечера, концерты. Самые большие торжественные собрания и праздничные концерты проходят в Кремлёвском Дворце съездов. Праздничные митинги, собрания, концерты и вечера проходят также на предприятиях и в учреждениях страны. Трудовые коллективы подводят итоги работы, отмечают успехи, намечают дальнейшие планы. В праздничных концертах участвуют профессиональные артисты и самодеятельные коллективы. Отмечаются праздники и в семейной обстановке.

До сих пор мы говорили о всенародных праздниках. Но в жизни людей много и личных и семейных праздников. День рождения человека в нашей стране отмечают и в его семье, в его учебном или трудовом коллективе. Празднуют свадьбы, новоселья, юбилеи совместной супружеской жизни (25 лет — «серебряная» свадьба, 50 лет — «золотая» свадьба). Торжественно проходят проводы на пенсию, в нашей стране право уйти на пенсию женщины имеют в 55 лет, мужчины — в 60. Отмечаются в кругу родных и друзей и такие даты, как окончание школы или института, защита диссертации и т. д. Каждый праздник хорош по-своему и имеет свои традиции. 1 мая и 7 ноября на Красной площади в Москве проходят праздничные демонстрации трудящихся, 7 ноября бывает военный парад. Вечером небо над нашими городами расцвечивается яркими огнями фейерверков, на улицах и площадях городов и сёл проходят народные гулянья. Поистине прекрасен весенний праздник 8 Марта. В этот день в нашей стране женщинам принято дарить цветы и подарки. Этот день отмечают на работе и дома. Мужья и дети стараются доставить радость своим жёнам и мамам. И страна не забывает своих лучших дочерей. Накануне праздника страна отмечает трудовые достижения советской женщины-матери, женщины-строителя нового общества.

И конечно нельзя не сказать о таком празднике, как Новый год. Этот праздник принято считать семейным. Близкие люди собираются вместе, чтобы пожелать друг другу счастья, здоровья, успехов в наступающем году. А дети, конечно, больше всего радуются новогодней нарядной ёлке, долгожданным подаркам Деда Мороза. Любит этот праздник и молодёжь, повсюду проходят новогодние балы. Люди поздравляют друг друга, веселятся всю новогоднюю ночь и с удовольствием смотрят традиционную праздничную программу Центрального телевидения — новогодний «Голубой огонёк».

Кстати, несколько слов о телевидении. Телевизионные передачи в СССР ведут 130 телевизионных центров. Крупнейшим является Московский телецентр в Останкине. Первая общесоюзная программа передаётся и принимается по всей территории страны. Четыре варианта программы с помощью космических спутников связи транслируются в отдалённые районы Советского Союза. Первая и вторая программы включают информационные, общественно-политические, художественные и познавательные передачи. Специальная программа рассчитана на жителей Москвы и Подмосковья. Учебная программа состоит из передач для школьников, учащихся средних специальных и профессионально-технических училищ, студентов заочных отделений вузов. Научно-познавательные передачи этой программы помогают специалистам народного хозяйства повышать общеобразовательный, профессиональный и культурный уровень.

Программа «Время», выпуски новостей, «Международная панорама», «Содружество» (о социалистических странах), «9-я студия», «Сегодня в мире» — это информационные программы советского телевидения. Передача «Ленинский университет миллионов» посвящена проблемам экономики, политики, права и истории Советского государства.

В постоянных передачах «Человек. Земля. Вселенная», «Очевидное —

невероятное» выступают крупнейшие советские учёные. Эти передачи расширяют знания телезрителей об окружающем мире, о последних достижениях науки и техники. Большой популярностью пользуются также телепередачи «Клуб путешественников», «В мире животных», «Здоровье».

Детям разного возраста адресованы передачи «Спокойной ночи, малыши!», «Умелые руки», «В гостях у сказки».

Большое место занимают передачи по литературе и искусству — «Страницы творчества советских писателей», «Литературные беседы», «Мастера искусств», «Поэзия», «Рассказы о художниках», «Кинопанорама», «Музыкальный киоск», «Встреча с песней», «Театральные встречи» и т. д. (С фрагментом телепрограммы вы можете познакомиться в игре 16.012.) Особое место занимают учебные программы. Имеются курсы по разным предметам для школьников, студентов-заочников. Телевидение обучает и иностранным языкам: английскому, немецкому, французскому, испанскому, итальянскому.

Радиопрограммы содержат сходные разделы — информация об экономической и культурной жизни страны, актуальные международные события, спорт, литературные, музыкальные передачи, передачи для детей и юношества.

Тема 17. Отдых

Конституция СССР гарантирует гражданам страны право на отдых. Это право обеспечивается установлением для рабочих и служащих рабочей недели, не превышающей 41 часа, сокращённым рабочим днём для ряда профессий и производств, сокращённой продолжительностью работы в ночное время, предоставлением ежегодных оплачиваемых отпусков, дней еженедельного отдыха, а также расширением сети культурно-просветительных и оздоровительных учреждений, развитием массового спорта, физической культуры и туризма, созданием благоприятных возможностей для отдыха по месту жительства и других условий рационального использования свободного времени.

По мнению социологов, в целом по стране стало больше людей, пользующихся учреждениями отдыха. Однако существует довольно большая категория отпускников, которые предпочитают проводить свой отпуск в деревне, у родственников и знакомых. Многие снимают дачи в загородной местности или живут в собственных дачах.

В последние годы очень изменились виды отдыха сельского населения. Если горожане стремятся на время отпуска уехать из города, то сельские жители охотно отправляются в различные туристические поездки по Советскому Союзу, а также в зарубежные путешествия. Всё больше распространяется практика отдыха колхозников и совхозных рабочих в санаториях и домах отдыха, туристических базах.

Санатории и дома отдыха в нашей стране находятся в основном в ведении профсоюзов. За последние годы на их развитие было израсходовано более 3 миллиардов профсоюзных и государственных средств, построены новые здравницы почти на 300 тысяч мест, множество санаториев и домов отдыха. Ежегодно в профсоюзных санаториях и домах отдыха проводят свой отпуск и поправляют здоровье более 10 миллионов человек. Это в два раза больше, чем 20 лет назад. В ведении профсоюзов также находятся 50 тысяч пионерских лагерей. Практически каждый советский ребёнок в возрасте от 7 до 14 лет ежегодно проводит хотя бы одну смену в пионерском лагере.

В целом по стране ежегодно 60 миллионов трудящихся отдыхают в разных санаториях, домах отдыха, на туристических базах, в пансионатах и т. д., что означает, что каждый четвёртый житель страны отдыхает и лечится по путёвке, которую ему выделил профсоюз. За так называемую соцстраховскую путёвку в профсоюзный санаторий или дом отдыха трудящийся платит только 30% её стоимости.

Что же такое дом отдыха? Это оздоровительное учреждение с регламентированным режимом отдыха, предназначенное для практически здоровых людей. Значительная часть путёвок в дома отдыха выдаётся членам профсоюза бесплатно или с частичной оплатой. Санаторий — это лечебно-профилактическое учреждение для лечения преимущественно природными (климат, минеральные воды, грязи) и физиотерапевтическими средствами, диетой, режимом. Различают санатории общего типа и специальные (детские, туберкулёзные и др.). В СССР большинство нуждающихся в санаторном лечении обеспечиваются путёвками бесплатно или на льготных условиях.

Каждый отраслевой профсоюз заранее знает, сколько путёвок, какой стоимости и в какого типа лечебные или оздоровительные учреждения он получит в централизованном порядке через Всесоюзный Центральный Совет Профессиональных Союзов (сокращённо — ВЦСПС).

Естественно, что при распределении путёвок преимущество имеют те профсоюзы, которые объединяют людей, занимающихся наиболее важным трудом для народного хозяйства страны или же интенсивным, требующим полной физической и нервной отдачи, а также работающих на вредном производстве.

Заранее зная свою квоту, руководство отраслевых профсоюзов распределяет путёвки между заводами, фабриками, учреждениями и организациями, входящими в систему этого профсоюза. А на самом предприятии или в учреждении члены профсоюза через свою профсоюзную организацию — профком — получают путёвки в соответствии с поданными заранее заявлениями.

В последние годы в Советском Союзе всё большее распространение получают различные виды семейного отдыха.

Особую популярность имеет в нашей стране такой вид отдыха, как туризм. Развитием туризма также занимаются профсоюзы. Сегодня они располагают примерно 1000 туристских баз, расположенных в самых живописных уголках страны. Для туристов проложено свыше 11 тысяч маршрутов — горных, речных, лесных и равнинных, так что каждый, планируя свой отдых, может выбрать маршрут по душе. Речь идёт о так называемых организованных туристах, то есть о тех, кто приобрёл путёвку, дающую ему (одному или с семьёй) право на обслуживание — жильё, питание, транспорт и т. д.

Формы туризма разнообразны. В туристских секциях на предприятиях и в учреждениях сейчас занимаются почти 6 миллионов человек. А в походах выходного дня принимают участие свыше 18 миллионов туристов. Практически во всех крупных городах действуют бюро путешествий и экскурсий.

Растут расходы на развитие туризма. За период 1985—1990 гг. стоимость предоставляемых населению туристско-экскурсионных услуг превысит 8 миллиардов рублей — это почти в полтора раза больше, чем в предыдущие годы. К концу 1985 года количество ежегодно обслуживаемых туристов составило 37 миллионов человек, а экскурсантов — около 200 миллионов.

«Интурист» — всесоюзное акционерное общество по обслуживанию зарубежных туристов и организации туристических поездок граждан СССР за рубеж — поддерживает деловые связи более чем с 700 туристскими фирмами и транспортными компаниями на всех континентах земного шара. «Интурист» имеет на территории СССР свыше 90 отделений и агентств, широкую сеть гостиниц, мотелей, кемпингов, кафе, баров, собственный парк автомобилей и автобусов.

«Интурист» предлагает интересные путешествия на самолётах, поездах, теплоходах, автобусах и автомобилях, морские круизы по Чёрному и Балтийскому морям, речные круизы по Волге и Днепру, групповые туры для поездок на Кавказ, на Украину, в Прибалтику, Молдавию, Сибирь, Среднюю Азию и Казахстан, в традиционные туристские центры — Москву, Ленинград, Киев. Желающие могут приехать на традиционные советские фестивали искусств «Московские звёзды», «Киевская весна», «Белые ночи», «Русская зима» и другие.

«Спутник» — Бюро международного молодёжного туризма — организует поездки зарубежной молодёжи в СССР и советской молодёжи за границу и по СССР.

Одним из видов активного отдыха в нашей стране является участие в массовых спортивных коллективах. В целом по стране их сейчас свыше 232 тысяч. Они действуют на предприятиях, в учреждениях, в учебных заведениях. Сейчас в стране всё более широкое распространение получает идея приближения физкультуры и спорта к жилым микрорайонам. В целом по стране построено свыше 60 тысяч открытых игровых площадок и около 15 тысяч спортивных залов в жилых кварталах.

Практически все советские дети (а не только «перспективные» в спортивном отношении) получили возможность заниматься любым видом спорта. При детско-юношеских спортивных школах под руководством опытных тренеров создаются группы начальной подготовки. Их двери открыты для всех желающих. Цель организации этих групп — не воспитание чемпионов, а закаливание детей, приобщение их к спорту.

Говоря о свободном времени человека, мы имеем в виду, конечно, не только время отпусков. После перехода на работу с двумя выходными днями в неделю объём досуга возрос до 130 дней в году. И после трудового дня у человека остаётся свободное время. В Конституции СССР записано, что государство ставит своей целью расширение реальных возможностей для всестороннего развития личности. Советское общество заинтересовано, чтобы это время тратилось с пользой для каждого человека.

Как распорядиться своим свободным временем — это, конечно, личное дело каждого человека, каждой семьи. Вместе с тем во многих городах страны профсоюзы широко пропагандируют работу клубов и Дворцов культуры. Это помогает людям лучше ориентироваться, куда пойти сегодня, поехать завтра.

Миллионы советских людей каждый вечер принимают в нашей стране тысячи профсоюзных клубов, Дворцов и Домов культуры. В них работают «клубы по интересам», не разделённые никакими ведомственными и социальными барьерами. Среди молодёжи популярны дискотеки. Прийти в клуб или Дом культуры может каждый.

Особой популярностью пользуются действующие при Дворцах и Домах культуры кружки художественной самодеятельности. В них ежедневно занимаются свыше 10 миллионов взрослых и 15 миллионов детей.

Хорошо известно, что лучший вид отдыха — это перемена занятий, поэтому профсоюзы активно пропагандируют и поддерживают материально такой вид организации досуга, как садоводство. Два выходных дня дают возможность в пятницу вечером выехать за город, а в воскресенье вечером вернуться назад. Время есть, и при традиционной любви горожан к природе можно с удовольствием позаниматься садом, огородом, вырастить цветы на своём приусадебном участке. Земельные участки государство предоставляет в пользование бесплатно.

За последнее десятилетие в пригородных зонах больших городов созданы тысячи садоводческих товариществ и кооперативов, объединяющих около 15 миллионов рабочих и служащих и членов их семей. По предложению профсоюзов им в последнее время расширены материальные льготы: до 3 тысяч рублей увеличена ссуда на покупку садового домика, предприятия выделяют средства на строительство дорог, электрификацию, водоснабжение и газификацию посёлков.

Тема 18. Поездка

Поездки, как известно, бывают разные: это и те поездки, которые каждый из нас совершает ежедневно в городском транспорте (о них мы рассказывали в разделе «Городской транспорт»), и организованные туристические поездки по нашей стране и за её рубежом (см. тему «Отдых»). Это, конечно, и деловые поездки, а также поездки, как мы их называем, по разным семейным обстоятельствам.

Сейчас мы поговорим о командировках. Командировка — деловая поездка со служебным поручением. Естественно, что расходы по командировке несёт предприятие или учреждение, которое командирует своего работника. Ему оплачивается дорога туда и обратно, проживание в гостинице и питание на время командировки. Перед командировкой намечаются её цели, составляется план. Работнику, отправляющемуся в командировку, выдаётся специальный документ — командировочное удостоверение. После возвращения он обязан представить отчёт о командировке и израсходованных средствах.

В принципе также оформляются командировки за границу — для участия в конференциях, симпозиумах, конгрессах и совещаниях. Выезжающему за рубеж выдаётся заграничный паспорт.

Поездки совершаются на различных видах транспорта. Самые распространённые — это самолётные, железнодорожные, морские, речные, автобусные, автомобильные поездки. Выбор средств транспорта в конечном счете определяется целью поездки. Естественно, что люди, отправляющиеся в командировку, имеют в своём распоряжении минимальное время, так как командировки обычно бывают связаны со срочными делами. Поэтому они предпочитают добраться до места назначения самолётом или в крайнем случае поездом, если расстояние не так велико. Ведь поездка из Москвы в Ереван, например, на самолёте занимает 3,5 часа, а поездом туда надо добираться несколько суток. Территория Советского Союза, как известно, огромна. Зато если вы совершаете поездку с познавательной целью — например, чтобы познакомиться с достопримечательностями какого-либо города или союзной республики, вы вполне можете отправиться туда и на поезде, и на автобусе, и даже на собственном автомобиле. Это даст вам возможность подробнее познакомиться со всем, что встретится на вашем пути. Ну а путешествие на современном теплоходе, с какой бы целью оно ни предпринималось, это всегда прекрасный отдых.

До сих пор мы говорили с вами о туризме как об организованном виде отдыха. Но не все любят отдыхать организованно. Многие предпочитают полную свободу в выборе маршрута путешествия, в возможностях проведения своего свободного времени, в выборе людей, которые будут рядом во время отпуска. Один мой приятель, например, недавно совершил интереснейшее путешествие на байдарках по рекам Карелии. Вместе с несколькими друзьями он побывал в таких прекрасных и ещё не обжитых местах, которые пока недоступны организованному туристу. Конечно, такое путешествие доставляет гораздо больше хлопот и неожиданностей, но в этом и заключается его непередаваемая прелесть, а хлопоты окупаются красотой нетронутой природы, с которой на каждом шагу встречается турист. Есть в нашей стране много любителей такого вида отдыха.

Но как выбрать интересный и подходящий по возможностям маршрут? Ведь территория нашей страны так велика, так многообразна её природа, столько вокруг достопримечательностей! Решить такой вопрос самостоятельно под силу только очень опытным туристам. Новичкам приходят на помощь работники Домов туриста. В Доме туриста вам порекомендуют интересные и посильные маршруты, расскажут, где и как вы можете получить необходимые в путешествии вещи: палатки, рюкзаки, байдарки и т. д.

И конечно, в любом крупном городе нашей страны вы всегда можете воспользоваться услугами Бюро путешествий и экскурсий.

Тема 19. Здоровье

То, что от состояния здоровья человека зависит его настроение, работоспособность и т. п., всем хорошо известно, а то, что от здоровья всего общества в целом зависят во многом его успехи,— тоже неоспоримая истина.

О здоровье советского человека заботится прежде всего государство. В Советском Союзе единая государственная система здравоохранения.

Начинается забота о здоровье человека с того пристального внимания, которое в нашей стране уделяется охране здоровья матери и ребёнка. О здоровье подрастающего поколения заботятся тысячи медицинских работников дошкольных учреждений и школ, врачи специальных детских поликлиник и больниц. Даже физическое развитие практически здорового ребёнка контролируется работниками районных поликлиник, не говоря уже о том, что в случае какого-либо серьёзного детского заболевания немедленно принимаются эффективные меры.

Каждый человек у нас в стране состоит на учёте в поликлинике того района, где он живёт. Многие предприятия и организации имеют свои ведомственные поликлиники, куда могут обращаться их работники.

Выявлению и профилактике заболеваний способствуют ежегодные диспансеризации, обязательные для всех больных и здоровых людей, состоящих на учёте в поликлинике. Развитая система добольничной помощи — поликлиники, здравпункты, диспансеры, медицинские консультации и т. п.— находятся в нашей стране повсеместно.

Несколько слов о работе «Скорой помощи». Пять вызовов в минуту, около трёхсот в час, семь тысяч в сутки — таков ритм работы Московской станции «Скорой помощи». Чтобы вызвать машину «скорой», достаточно набрать по телефону единый для всей страны код — 03. Медицинская бригада прибудет по вызову немедленно. Все вызовы поступают в центр управления оперативной службы, где круглосуточно дежурят операторы. На рабочем столе каждого дежурного — пульт с 72 лампочками: столько абонентов одновременно обслуживает оператор.

Вот кто-то в городе набрал по телефону 03. На всех пультах загораются световые сигналы. Через секунду-другую они гаснут: свободный оператор поднял телефонную трубку. В специальную карточку он записывает необходимые данные: где, с кем, когда и что случилось. По специальному транспортёру карта вызова поступает к старшему диспетчеру. Он передаёт её одному из диспетчеров направления, имеющих селекторную связь с подстанциями города.

В городе 36 подстанций. Они расположены таким образом, чтобы бригада смогла максимально быстро прибыть к месту вызова. Каждый диспетчер направления руководит работой 15—20 бригад. Какие из них в данный момент свободны, он видит на световом табло в диспетчерском зале. Там же огромный план города. Группа радистов постоянно поддерживает связь с бригадами. С момента поступления вызова до отправления бригады к месту вызова проходит не более 4 минут.

Станция «Скорой» и неотложной помощи в Москве — крупнейшее лечебное учреждение Советского Союза и мира. В её штате — тысячи опытных врачей, прошедших специальную подготовку. Они могут оказать любой вид экстренной медицинской помощи на месте происшествия и на пути в стационар. Однако практика подсказывает пути специализации. Поскольку наибольшее число вызовов поступает от больных с заболеваниями сердечно-сосудистой системы, большинство бригад «Скорой помощи» имеет кардиологический профиль. Есть и травматологические, и токсикологические, и неврологические, и педиатрические бригады...

Автомашины «скорой помощи» оборудованы аппаратурой, помогающей постоянно следить за работой жизненно важных систем организма. Прямо в машине врач может провести кардиологическое обследование, прибегнуть к помощи аппаратов искусственного дыхания, дефибрилляторов, восстанавливающих ритм работы сердца, вывести больного из шока и даже из состояния клинической смерти.

Стоимость каждого вызова зависит от характера заболевания и объёма оказанной медицинской помощи. В среднем — в пределах от 5 до 40 рублей. Но больной не платит за эти услуги: все расходы берёт на себя государство.

В заключение необходимо отметить, что медицинское обслуживание советского народа постоянно находится в центре внимания государства. Огромные средства выделяются на строительство новых больниц. Ежегодно в строй входят новые лечебные и лечебно-профилактические медицинские учреждения. За последние годы построены и успешно работают такие медицинские комплексы, как Всесоюзный кардиологический и Всесоюзный онкологический центры в Москве. Это не только крупнейшие лечебные заведения, но и центры развития медицинской науки.

Тема 20. Культура и искусство

Советский народ — достойный наследник и продолжатель лучших традиций культуры предшествующих поколений, духовного богатства человечества.

Многогранную тему культуры — сферы духовной жизни советских людей, социалистической по содержанию, национальной по форме и характеру — и искусства (литературы, архитектуры, скульптуры, живописи, графики, музыки, театра, кино, декоративно-прикладного искусства) невозможно полно раскрыть в нашем кратком комментарии. В списке литературы, помещённом в начале пособия, мы привели названия некоторых книг, чтение которых будет для вас полезным. В них вы найдёте ответы на вопросы, которые могут возникнуть у вас в ходе занятий по этой заключительной теме.

Мы ограничимся тем, что приведём некоторые интересные, на наш взгляд, цифры и факты и расскажем лишь о некоторых сторонах культурной жизни советских людей.

В предыдущих разделах мы затронули некоторые аспекты культурной жизни советского общества. Мы подробно рассказали вам об образовании, о постановке библиотечного дела в стране, кратко познакомили вас с содержанием передач советского телевидения и радио. Вы узнали о туристических маршрутах по нашей стране, познакомились с её историей и сегодняшним днём.

А теперь поговорим, в основном, о музеях, выставках, театрах и кино.

В настоящее время в стране работает свыше 1600 музеев. Всем, кто хотя бы один раз бывал в Москве, хорошо знакомы Государственный Исторический музей, Музей Революции, Музей изобразительных искусств имени А. С. Пушкина,

Государственная Третьяковская галерея и многие другие музеи и выставочные залы. Только в Москве их около 150.

В стране сейчас работает свыше 600 театров, на сценах которых с успехом идут лучшие произведения русской, советской и мировой классики, а также произведения современных советских и зарубежных драматургов.

Знаменитый Государственный академический Большой театр Союза ССР, ведущий театр оперы и балета нашей страны, пользуется заслуженной славой во всём мире. В 1976 г. страна торжественно отметила его двухсотлетний юбилей.

В Советском Союзе около 1800 детских театров и театров юного зрителя.

В 1979 году завершилось строительство прекрасного здания единственного в мире Детского музыкального театра в Москве. Для ребёнка театр — это не только сцена, где идёт спектакль или концерт. Всё, что окружает его в театре, должно воспитывать в нём чувство прекрасного. И вот Советская страна подарила своим детям такой театр.

В зрительном зале театра — 1200 тёмно-фиолетовых, синих, голубых, зелёных кресел, которые в сочетании с цветом основного занавеса создают иллюзию моря. В зале действие разворачивается прямо перед зрителем и с двух сторон от него. Дети чувствуют себя активными участниками происходящих на сцене событий. До начала спектакля в фойе маленького зрителя встречают актёры, одетые в костюмы любимых сказочных героев. Здесь же в киоске продаются пластинки с записями оперных и симфонических спектаклей. Родители, которые привели ребёнка на спектакль, могут отдохнуть в специальной комнате, где им расскажут о спектакле. Здесь же они могут посмотреть спектакль по телевизору, который перенесёт их в зрительный зал.

В нашей стране существуют не только профессиональные, оно и самодеятельные театры. Народный театр балета при Дворце культуры завода «Серп и молот» возник в конце 50-х годов из небольшой танцевальной студии, где едва насчитывалось четыре десятка человек, а теперь в группе — 270 человек. Днём они рабочие завода, а вечером — артисты, для которых привычными стали спектакли и концерты после рабочей смены. Есть у театра специальные классы для занятий, студия для начинающих.

Всё начинается с детского отделения, куда принимаются мальчики и девочки 7—9 лет, в основном дети рабочих завода. Здесь-то и готовят смену для основной взрослой студии. Постепенно студийцы вводятся в спектакли и концертные номера театра и становятся полноправными артистами. Приём в студию по конкурсу — слишком много желающих.

Режиссёров, балетмейстеров, дирижёров, хормейстеров для народных театров готовят ведущие театральные вузы: Институт культуры, ГИТИС, театральные училища при Малом театре и Театре им. Евг. Вахтангова, школа-студия при МХАТе.

Занятия в студии и на подготовительном отделении бесплатные. Около 100 000 рублей ежегодно на нужды театра отпускает профсоюз металлургов. На эти деньги оплачивается работа педагогов, покупаются костюмы, изготовляются декорации и сценическое оборудование, готовятся репетиционные помещения, организуется отдых самодеятельных артистов.

Коллектив даёт спектакли для рабочих завода, выезжает в другие города СССР. В репертуаре театра более 20 спектаклей и концертных программ.

Рабочий театр — спутник Большого театра.

Театр-спутник... Этот термин появился недавно. За ним скрывается не просто шефство профессионалов над любителями, а взаимодействие практически во всех областях творческой жизни.

Формы такого сотрудничества стали зарождаться ещё в 30-х годах, когда выдающиеся советские артисты И. М. Москвин, М. М. Тарханов, Н. А. Обухова приняли непосредственное участие в создании первых самодеятельных театров и музыкальных коллективов.

Сейчас почти с каждым народным театром страны работает театр профессиональный. А ГАБТ вот уже 17 лет бережно опекает народный балет «Серпа и молота».

Самым массовым видом искусства в нашей стране по праву считается кино. В стране свыше 150 тысяч стационарных и передвижных киноустановок, свыше 400 детских кинотеатров. Статистика утверждает, что в среднем каждый советский человек посещает кинотеатры не менее 16 раз в год.

В стране около 40 киностудий. Одна из них — крупнейшая в стране и Европе киностудия «Мосфильм». Ежегодно она выпускает на экран более 50 кинокартин. Это примерно 1/3 всех полнометражных художественных фильмов, создаваемых ежегодно в СССР. Её киноленты завоевали около 300 призов на различных фестивалях.

Традиционным стало проведение в столице нашей Родины Московских международных кинофестивалей под неизменным девизом: «За гуманизм киноискусства, за мир и дружбу между народами!»

Content

From the authors 5
Role Play 10
01. Set Phrases 10
    01.001 My name is... — Pleased to meet you. 10
    01.002 Have you been introduced? 10
    01.003 Who's calling? I can't hear what you're saying. 10
    01.004 I don't recognize you 11
    01.005 How are things? 11
    01.006 Come and see us! 11
    01.007 Fancy seeing you! 11
    01.008 Nice to see you! 12
    01.009 Wrong number 12
    01.010 If I'm not mistaken 12
    01.011 I really need to see you 12
    01.012 Oh good. I'm glad for her! 12
    01.013 By the way, I almost forgot... 12
    01.014 Where have you been? 13
    01.015 Now is not the time to take offence 13
    01.016 I've got a guestion! May I? 13
    01.017 You don't often hear it said 13
    01.018 Well, what is it? 14
    01.019 Oh, the dean's office! 14
    01.020 What else can we do? We'll apologize 14
    01.021 Could you repeat that, please! I didn't quite understand . 14
    01.022 Would you mind speaking more slowly and loudly? . . . 14
    01.023 Why so official? 15
    01.024 How did you put it? 15
    01.025 If I may 15
    01.026 Really? What's the matter with him? 15
    01.027 It's very simple 15
    01.028 What does "No down, no feathers" mean? 16
    01.029 What did you get? Congratulations! 16
    01.030 I have a favour to ask of you 16

01.031	Thank you for telling me	16
01.032	Is everyone here? Who's not here?	16
01.033	It sounds tempting. Shall we go?	17
01.034	Yes, if I must	17
01.035	You've convinced me	17
01.036	You must be joking!	17
01.037	That's great!	18
01.038	No, you can't! It's forbidden	18
01.039	Excuse me, where are the dictionaries, please?	18
01.040	Author, date of publication, book number	18
01.041	You're lucky	19
01.042	You must ask...for advice	19
01.043	You don't know her well enough!	19
01.044	Ask him to wait	19
01.045	Show him in	20
01.046	Let's leave it like this:...	20
01.047	Come in. What's up?	20
01.048	I'm not disturbing you?	20
01.049	Inopportunely!	20
01.050	Look in the reading room	20
01.051	He came round just now	21
01.052	Are you very busy?	21
01.053	Interesting article	21
01.054	It just doesn't work, and that's it!	21
01.055	Do you want me to help you?	21
01.056	The problem is	22
01.057	We'll vote on the proposition	22
01.058	We must discuss the problem as a whole	22
01.059	That's not realistic	22
01.060	What have you decided, then?	22
01.061	I don't see any sense in it	23
01.062	I'm counting on you	23
01.063	That's the opinion of the section	23
01.064	Why are you talking like this?	23
01.065	To no purpose!	24
01.066	Have you thought hard about it?	24
01.067	No, that won't do!	24
01.068	You have the right	24
01.069	And what have you come up with?	24
01.070	Why not?	25
01.071	We mustn't take any risks here	25
01.072	Are there any changes in the programme?	25
01.073	There's some misunderstanding	25
01.074	When did we see each other?	25
01.075	I can't say exactly	26
01.076	I didn't catch your name	26
01.077	Speak into the microphone!	26
01.078	Your time's up!	26
01.079	No questions? Thank you for your interesting report	26

01.080	The speaker said that...	27
01.081	Hence...	27
01.082	Let's sum up	27
01.083	What's your opinion?	28
01.084	In the hostel	28
01.085	Make yourself at home	28
01.086	I have no objection!	28
01.087	Don't you think we're alike?	28
01.088	She's wanted on the telephone	29
01.089	Someone was asking for you	29
01.090	I'll come with you!	29
01.091	Very likely	29
01.092	I wish you success in the New Year!	29
01.093	It's O.K. telling me now!	30
01.094	Everything will be all right	30
01.095	No, why should he?	30
01.096	That's a good idea	30
01.097	Or am I mistaken?	30
01.098	That's normal	30
01.099	Do you understand me?	30
01.100	It's time to go	31
01.101	Be careful!	31
01.102	Perhaps you're right	31
01.103	No way. I've already promised	31
01.104	Don't exaggerate	31
01.105	Fishing	31
01.106	It's very unlikely	32
01.107	That's strange	32
01.108	Is that it?	32
01.109	It's hard to compare them	32
01.110	And what do the instructions say?	32
01.111	Do as I say	33
01.112	I'll give you a lift	33
01.113	Would you mind showing me your ticket?	33
01.114	She likes painting	33
01.115	That's an idea!	33
01.116	Don't worry, I won't forget	34
01.117	May I have your passport, please?	34
01.118	Have you got one kopeck?	34
01.119	Here's your change!	34
01.120	You've also got a receipt for 72 kopecks	34
01.121	What else?	35
01.122	Could you get me a long white loaf, please?	35
01.123	What can I do for you?	35
01.124	Take your receipt!	35
01.125	Have you got some time?	35
01.126	About 10 or 15 roubles	35
01.127	It's difficult to say	36
01.128	How can I say...	36

01.129 That's impossible! 36
01.130 It's just there, you'll see it 36
01.131 Who's lost their glove? 36
01.132 Where do you suggest, then? 37
01.133 What can we do with you? 37
01.134 Wait a second, I'll be right back! 37
01.135 I forgot 37
01.136 We'll think of something 37
01.137 Not all at once 37
01.138 I'm glad for him 38
01.139 Best wishes to your wife. Give me a ring! . . . 38
01.140 Then it's very simple 38
01.141 I'm not well 38
01.142 Redial 38
01.143 What's your complaint? 38
01.144 That's how it should be. Well done! 39
01.145 I need to make an appointment to see the doctor 39
01.146 I've got an appointment written down for 11.30 39
01.147 Why? What for? 39
01.148 Let me have a look! 39
01.149 No question! 40
01.150 Pleasant journey! 40
01.151 Hello, enquiries? 40
01.152 Don't be shy! 40
01.153 Would you open the window? 40
01.154 Do you mind? 40
01.155 It doesn't matter. That often happens 41
01.156 How's everything at home? 41
02. Acquaintance, Introductions 42
  02.001 Names 43
  02.002 How many names does a person have? 43
  02.003 What's your name? 43
  02.004 Introduce us, please! 43
  02.005 Who can acquainted first? 43
  02.006 Who can remember the names of their colleagues best? 43
  02.007 I'm your Russian teacher 43
  02.008 Visiting card 44
  02.009 What's his profession? 44
  02.010 Who knows professions best? 45
  02.011 Where do you work?. 45
  02.012 We meet a colleague 45
  02.013 We meet a delegation 46
  02.014 Allow us to introduce ourselves! 46
  02.015 At the conference 47
  02.016 Interview 48
  02.017 May I introduce... 49
  02.018 I'd like you to meet... 50
  02.019 Topic for conversation 51
  02.020 New acquaintances 51

02.021 Fancy meeting you!	52
02.022 Whom do I see!	52
02.023 I think we already know one another?	53
02.024 You're wrong, I'm not...	54
02.025 Let me introduce myself!	55
02.026 Let's introduce ourselves!	56
03. Learning, Studies	57
03.001 Do you know our institute?	58
03.002 How can I find...?	58
03.003 Get to know our institute	58
03.004 Check how observant you are	58
03.005 What are we doing in the lesson?	58
03.006 A lesson is in progress	58
03.007 Where are...?	58
03.008 What is it?	58
03.009 Evaluation, recount	58
03.010 What's the time?	59
03.011 Conversation in the dean's room	59
03.012 Selection committee	60
03.013 The start of lessons	62
03.014 At break time	62
03.015 Student's day	63
03.016 How is your day organized?	63
03.017 In the language lab	63
03.018 In the head's office	65
03.019 The timetable is being drawn up	65
03.020 Why do people study language?	66
03.021 New means of learning	66
03.022 What do you do in your spare time?	66
03.023 In a branch of the Pushkin Institute of Russian language	66
03.024 I'm going on a course	67
03.025 In our institute we have guests from abroad	68
03.026 How can I reserve a book?	68
03.027 Methods of teaching a foreign language	69
03.028 The optimum system of public education	69
04. Information about Oneself	70
04.001 Let's think up a biography	71
04.002 What shall we ask?	71
04.003 Information about oneself	71
04.004 Your pass is No. 3178	71
04.005 Register yourself at our library	71
04.006 I have lost my library card!	73
04.007 May I introduce our new colleague!	74
04.008 What's his name?	75
04.009 Typical questionnaire	75
04.010 Notice to the Newspaper	75
04.011 Let's congratulate the hero of the day!	75
04.012 Write your curriculum vitae	75
04.013 Say something about your work plans!	75

04.014	How can I find X.X.?	76
04.015	We will be shown on television!	76
04.016	Star time	77
04.017	Hero of our time	77
05. Appearance and Character		78
05.001	Someone was asking for you	79
05.002	Pass the book on to my friend	80
05.003	10 questions (Who is it?)	81
05.004	Whom were you with yesterday?	81
05.005	The face of the generation	82
05.006	Youth today	82
05.007	Verbal portrait	83
05.008	Family album	83
05.009	Collective portrait	84
05.010	What sort of person is he?	84
05.011	Let's make up a portrait of our literary hero	84
05.012	The ideal person	84
05.013	Which of you is the most observant?	85
05.014	What will you put on this evening?	85
05.015	Which tie shall I choose?	86
05.016	What will people be wearing in the year 2000?	87
05.017	He's a good family man	87
05.018	Which features of character are needed most of all in family life?	87
05.019	The individual and creative work	87
05.020	The family and school	88
06. Where Do You Live?		89
06.001	Whose description is most detailed?	90
06.002	What is there in the room?	90
06.003	Your room is No. 23	90
06.004	Are you my room-mate?	91
06.005	I want to live in a different room	91
06.006	So this is how you live!	92
06.007	Management staff meeting	93
06.008	I've got a new flat!	93
06.009	Come to our house-warming party!	94
06.010	We're building a block of flats	95
06.011	How shall we furnish the flat?	95
06.012	Furniture exhibition	96
06.013	Accommodation exchange bureau	97
06.014	Flat to let	97
06.015	What shall we put where?	98
06.016	House-warming	99
06.017	Architectural competition	100
06.018	House of the future	100
06.019	Space house	100
07. Meals		101
07.001	Who knows Russian cookery best?	102
07.002	What shall we buy for lunch?	103
07.003	What can we make from this?	103

07.004 Shall we have dinner together? 104
07.005 Lunch time! 104
07.006 Where do you have lunch? 105
07.007 Is this place free? 106
07.008 In a canteen 106
07.009 We cook for ourselves 107
07.010 Compose a menu! 108
07.011 Where shall we go to have something to eat? 108
07.012 Ordering a meal 109
07.013 Are we feeding ourselves correctly? 109
07.014 Unexpected guests 109
07.015 It's my wife's birthday 110
07.016 Economising housewife 111
07.017 We've got guests 111
07.018 What shall we prepare? 112
07.019 Cooks' competition 113
07.020 What do you advise us? 113
07.021 Waiters' competition 113
07.022 A banquet 113

08. In the Street 114
08.001 What do we make use of on the street? 115
08.002 Where is...? 116
08.003 Do you know the street on which you are staying well? 116
08.004 We're lost 117
08.005 Excuse me, how can I get to ...? 117
08.006 Which stop should I get out at? 118
08.007 How do I phone from a public telephone? 118
08.008 At the newspaper kiosk 119
08.009 Would you like some ice-cream? 120
08.010 Do you have a two-kopeck coin? 120
08.011 Are you thirsty? 121
08.012 I need to buy some cigarettes 121
08.013 At the enquiry office 122
08.014 At the flower kiosk 123
08.015 Meetings, rendez-vous 124
08.016 What shall we do? 124
08.017 The organization of public services and amenities on the street . 124

09. Personal Services Establishments 125
09.001 What do these signs mean? 127
09.002 Local enquiries 128
09.003 The dry cleaners 128
09.004 Personal and household services center 129
09.005 At the hairdresser's 130
09.006 My typewriter is broken 131
09.007 The camera workshop 132
09.008 The petrol station 132
09.009 Lost property office 133
09.010 At the savings bank 134

10. Post Office, Telegraph, Telephone ... 135
    10.001 What's at this window? ... 136
    10.002 Which window do I need to go to? ... 136
    10.003 Write the address ... 137
    10.004 Send by book post ... 137
    10.005 At the post office ... 138
    10.006 Let's buy some postcards! ... 139
    10.007 Address on the envelope ... 140
    10.008 I'd like to send a telegramme ... 140
    10.009 Are there any letters for me? ... 142
    10.010 May I book a call to...? ... 142
    10.011 Hello! I can't hear you very well! ... 143
    10.012 Subscription to newspapers and magazines ... 145

11. City Transport ... 147
    11.001 How many forms of transport do we have in the city? ... 148
    11.002 What's missing here? ... 148
    11.003 At the (bus)-stop ... 149
    11.004 I'm bound to get lost! ... 151
    11.005 At the taxi rank ... 151
    11.006 Let's go to... ... 151
    11.007 Competition to find the best route ... 152
    11.008 At the driving school ... 152
    11.009 In the taxi ... 152
    11.010 How do I buy a ticket? ... 152
    11.011 At the entrance to the metro ... 153
    11.012 On the bus ... 154
    11.013 All and season tickets ... 154
    11.014 Transport in a big city ... 154
    11.015 Metro or car? ... 156
    11.016 Do you have to travel far to work? ... 156
    11.017 Accident! ... 156
    11.018 Who's fault was it? ... 158

12. City ... 159
    12.001 What do you know about our city? ... 160
    12.002 Old resident ... 161
    12.003 What building is that? ... 161
    12.004 Excursion around the city (preparation) ... 161
    12.005 Show me the city ... 161
    12.006 Walk through the city ... 162
    12.007 Let's get our photograph taken! ... 163
    12.008 Excursion around the city (realization) ... 164
    12.009 Competition of guides ... 164
    12.010 Shall we demolish this building? ... 164
    12.011 Competition of builders ... 164
    12.012 Problems of modern-day cities ... 164
    12.013 Townscape ... 166

13. Hotel ... 167
    13.001 What is there in the hotel? ... 167
    13.002 Let's build a hotel ...

- 13.003 How do I get into room 914? 168
- 13.004 You'll stay in room 517! 169
- 13.005 I need a room! 169
- 13.006 In the hotel room 170
- 13.007 Booking a room by telephone 170
- 13.008 Call in, if you would, at room 517! 171
- 13.009 I need another room! 172
- 13.010 Service bureau 172
- 13.011 Taxi for 8 a.m. 173
- 13.012 Breakfast for room 317! 174
- 13.013 I'm from the workshop 174
- 13.014 Get the tap fixed! 175
- 13.015 Meeting of the hotel management 176

14. Work   177
- 14.001 How many professions are there in the wide world? 179
- 14.002 Contact 179
- 14.003 Starting work 179
- 14.004 In the personnel department 180
- 14.005 The structure of the enterprise 180
- 14.006 First day at work 180
- 14.007 Information search 182
- 14.008 I've got an assignment for you 182
- 14.009 Do you know how to use this apparatus? 183
- 14.010 We've got some new apparatus 183
- 14.011 Instructions for using the apparatus 184
- 14.012 Discussing the plan of work for the year 184
- 14.013 Report on the year's work 185
- 14.014 Do you know that I'm changing jobs? 186
- 14.015 Let's discuss the project 187
- 14.016 Economic links 188
- 14.017 Brainstorm 188
- 14.018 Patent formula 188
- 14.019 Patent 188
- 14.020 At our enterprise we have people from... 188
- 14.021 Who is he? 188
- 14.022 The minimum according to safety regulations 188
- 14.023 Meeting of the organization committee 188
- 14.024 Conference 189
- 14.025 Are you going to the exhibition...? 189

15. Shopping   191
- 15.001 What is there to buy in this shop? 191
- 15.002 Edible—inedible 192
- 15.003 What is there in the shop? 192
- 15.004 In the food shop 193
- 15.005 In the book-shop 193
- 15.006 At the stationer's 194
- 15.007 Outside the shop window 195
- 15.008 May I see that hat, please! 196
- 15.009 Family budget 197

15.010 Buying souvenirs	198
15.011 Buying furniture	199
15.012 Buying a present for...	201
15.013 The best present	201
15.014 Order section	202
16. Weekdays and Holidays	203
16.001 Calendar	204
16.002 Day after day	204
16.003 What's the time?	205
16.004 My day	205
16.005 Morning and evening	205
16.006 Plans for the week	206
16.007 We're getting ready to go out... Aren't you ready yet?	206
16.008 Family matters. Could I ask you for some advice?	207
16.009 Parents at school. I am the father (mother) of Kolya Petrov	208
16.010 What shall I be?	209
16.011 At supper	209
16.012 What's on T.V. (radio) today?	209
16.013 Do we make proper use of time?	211
16.014 Happy holiday!	211
16.015 What are we going to do on the holiday?	212
16.016 Seeing in the New Year	213
16.017 Holiday concert	214
16.018 Celebratory gathering	215
16.019 It's my birthday today!	215
16.020 Happy birthday!	216
16.021 What and how do we celebrate?	216
17. Leisure	217
17.001 How many leisure pursuits do you know?	218
17.002 Who likes what?	218
17.003 How do we spend our free time?	219
17.004 What are your hobbies?	219
17.005 Our hobbies	221
17.006 Expert at sport	221
17.007 I've got a training session today	221
17.008 The talking newspaper	222
17.009 My son wants a dog	222
17.010 How did you spend Sunday?	224
17.011 T.V. competition: Relaxation and days off	224
17.012 Sunday	225
17.013 In the excursion bureau	225
17.014 We're going on a hike	226
17.015 Working term	227
17.016 I need a pass	229
17.017 How did you spend your holiday?	230
17.018 How you should relax	230
18. Travelling	231
18.001 Why do people travel?	232
18.002 Itinerary for a forthcoming trip	232

- 18.003 What did you see in the train? 233
- 18.004 Hello, I want some information! 233
- 18.005 Two tickets ... please! 235
- 18.006 To the station, please! 236
- 18.007 Conversation with the conductor 237
- 18.008 Would you mind changing places with me? 237
- 18.009 In a compartment 238
- 18.010 Conductor! Would you be so kind...! 238
- 18.011 What people talk about on the journey 239
- 18.012 In the aeroplane 239
- 18.013 Competition of conductors 240
- 18.014 Business trip 240
- 18.015 Help me to pack 241
- 18.016 Going abroad on holiday 242
- 18.017 Customs declaration 243
- 18.018 At the border 243
- 18.019 Give me the telegramme 243
- 18.020 Do you know who's coming to see us? 243
- 18.021 Meeting at the station 245
- 18.022 When will we see each other? 245
- 18.023 Confirmation of arrival (business letter) 246
- 18.024 Business meeting 246
- 18.025 Story about a trip 248

19. Health 249
- 19.001 The head doctor 250
- 19.002 What's the matter with you? 250
- 19.003 What's in the medicine chest? 250
- 19.004 Good-bad 251
- 19.005 Calling out the doctor 251
- 19.006 Where does it hurt? 251
- 19.007 At the polyclinic 251
- 19.008 Which doctor do you need? 252
- 19.009 In the doctor's surgery 252
- 19.010 The ambulance 253
- 19.011 What does that help? 254
- 19.012 At the chemist's 254
- 19.013 What is shock? 255
- 19.014 First aid 255
- 19.015 How can we be healthy? 255

20. Culture and Art 256
- 20.001 What shall we do there? 257
- 20.002 We and art (first part) 257
- 20.003 We and art (second part) 257
- 20.004 The plan of cultural events 258
- 20.005 Where shall we go today? 259
- 20.006 Let's go to the cinema! 259
- 20.007 Collective review 261
- 20.008 I've got tickets for the Bolshoi Theatre! 261
- 20.009 What do you know about the theatre? 262

20.010 At the theatre box-office	262
20.011 Before the start of the play	264
20.012 You're in the wrong seats!	264
20.013 In the interval	265
20.014 The museum of our town	265
20.015 What did you see there?	267
20.016 What shall we include in the excursion?	267
20.017 Excursion to a museum	267
20.018 For and against the screening of the literary works	267
20.019 The art room for 198...	267
20.020 Film festival	268
20.021 Attention, action!	268
20.022 What should we ask a famous person?	269
20.023 Interview	269
20.024 Who knows Russian classics best?	269
20.025 Traditions and innovations in art	269
Страноведческий комментарий	270

Артём Рубенович Арутюнов,
Пётр Геннадиевич Чеботарёв,
Николай Борисович Музруков

ИГРОВЫЕ ЗАДАНИЯ
НА УРОКАХ РУССКОГО ЯЗЫКА

Книга для учащегося

Зав. редакцией В. И. Михалевская
Редактор А. С. Казарян
Редактор перевода Е. В. Ларченко
Художник И. П. Смирнов
Художественный редактор В. С. Голубев
Технические редакторы В. Ф. Козлова, Н. И. Герасимова
Корректор Г. Н. Кузьмина

ИБ 5867

Сдано в набор 12.05.88. Подписано в печать 23.05.89. Формат $60 \times 90/_{16}$. Бумага офс. № 1. Гарнитура таймс. Печать офсетная. Усл. печ. л. 19,5. Усл. кр.-отт. 37,0. Уч-изд. л. 20,51. Тираж 25600 экз. Заказ № 617. Цена 1 р. 10 к.

Издательство «Русский язык» В/О «Совэкспорткнига» Государственного комитета СССР по делам издательств, полиграфии и книжной торговли. 103012 Москва, Старопанский пер., 1/5.

Можайский полиграфкомбинат В/О «Совэкспорткнига» Государственного комитета СССР по делам издательств, полиграфии и книжной торговли. 143200, Можайск, ул. Мира, 93.